추세추종 투자전략

추세추종 투자전략

TREND FOLLOWING MINDSET

천재 트레이더
톰 바소의 마음 편한 투자

마이클 코벨 지음 | 김태훈 옮김

이레미디어

일러두기

- 이 책은 한글 맞춤법 통일안에 따라 편집했습니다. 의미 전달을 위해 허용 범위 내에서 표현한 것도 있습니다.
- 최근 바뀐 외래어 표기법에 따라 정리했으나, 몇몇 이름과 용어는 사회에서 더 많이 통용되는 것으로 정리했습니다.
- 이미 국내에 출간된 도서는 책 제목을 적었고, 출간되지 않은 도서는 번역문 뒤에 원문을 같이 표기했습니다.

모든 것에 대해 리에우 찐Liễu Trịnh에게 감사드린다.

차례

◇◇◇◇◇◇

PART I
♦
시대를 초월한 주제에 대해 톰과 나눈 다섯 번의 대화

TREND FOLLOWING

PART II
♦
트레이딩에 대한 통찰

TREND FOLLOWING

미스터 세레니티와의 삶

나는 톰이 은퇴하고 일주일 후에 그를 만났다. 애리조나주 스코츠데일 Scottsdale에서 투 스텝Two-Step 댄스 레슨이 있었다. 화려한 자리는 아니었다. 오히려 카우보이들이 다니는 술집에 가까웠다. 자리를 떠날 때 나는 톰이 아주 수수한 SUV를 몬다는 사실을 알게 되었다. 나중에 그는 그 차에 대해 12년 된 실용적인 차라고 말했다. 우리는 두어 달 동안 레슨을 받으며 간헐적으로 만났고, 더 많은 대화를 나누었다. 나는 곧 톰이 열의와 활력을 바탕으로 수많은 관심사를 얻고자 한다는 사실을 알았다. 또한 시간이 지나면서 이런 열의와 활력이 오랜 경력에서 나온 것임을 깨달았다. 춤 말고도 골프, 노래, 요리, 그림, 낚시, 조경, 독서, 와인 제조 등 그의 관심사는 다양했다. 이렇게 많은 일에 시간을 들이면서 어떻게 평온함Serenity을 얻는지 궁금할 수 있다. 하지만 나는 톰을 알아가면서 그 비결을 이해했다.

근래에 나는 톰의 트레이딩 세미나에 진행자로 참가했다. 휴식 시간에 참가자 중 한 명이 가볍게 내게 '미스터 세레니티Mr. Serenity'와 함께 사는 게 어떤지에 대해 물었다. '미스터 세레니티'는 잭 슈웨거Jack Schwager가 톰에게 붙여 준 유명한 별명이다. 우리가 두어 마디 대화를 나누는 사이에 작은 무리의 사람들이 모여들었다. 생각보다 흥미로운 주제인 모양이었다. 하지만 톰의 인터뷰를 읽고 그의 투자법과 성공 비결을 연구하다 보면 '나는 그렇게 머리 아프게 살고 싶지 않아' 하고 생각하게 될 것이다. 원하는 모든 것을 의식적으로 포함하고자 하면 은퇴 생활도 정신없이 바쁘고 결국 스트레스가 찾아올 수밖에 없다. 하지만 더 깊이 파고들면 톰이 직장 생활에 적용했던 고도의 집중력과 스트레스를 받지 않는 태도를 은퇴 생활에도 적용한다는 사실을 알게 될 것이다. 그는 자신에게 맞도록 '삶의 영화'를 만들며, 각각의 관심사를 구획하여 느긋하게 즐긴다.

톰은 트레이딩 전략을 설계할 때 분석적이고도 공학적인 사고방식을 치밀하게 적용한다. 또한 그 전략을 세밀하게 실행한다. 그는 12살 때 자신에게 최면을 걸어서 잠드는 방법을 알려 주는 책을 샀다. 내가 증인이다. 톰은 약 6초 만에 잠들 수 있다. 그는 골프 스윙을 연습하면서 "왼발에 30퍼센트의 체중을 더 실어야겠어" 하고 말하며, 사람들이 우리가 키우는 멋진 구조견 밴조Banjo가 어떤 종인지 물으면 매번 이렇게 대답하기도 한다. "미니어처 푸들 25퍼센트, 미니어처 슈나우저 25퍼센트, 테리어 50퍼센트의 잡종인데 털색을 보면 휘튼Wheaten이 많이 섞인 것 같아요." (그냥 잡종 수색견이라고 말해도 충분할 텐데 말이다.)

톰은 조리할 때 다양하면서도 예상하지 못한 재료를 섞는다. 그러면 대다수 사람은 상상하지 못할 맛있는 요리가 된다. (나는 운 좋게 맛보는 역할을 담당한다.) 그는 1970년대 로큰롤의 백과사전이며, 몇 초만 들으면 히트곡과 음악가를 맞힐 수 있다. (나는 베토벤을 선호하는 쪽이다.) 또한 그는 연애 상대의 20가지 기준을 자세히 적은 목록을 가지고 있었다. 내가 이 사실을 알았을 때 얼마나 놀랐을지 상상해 보라! (다행히 나는 그중 19.5개를 충족했다. 나머지 0.5는 뭐냐고? 키가 180미터가 못 된다.) 그의 두뇌는 디테일에 집중한다. 우리의 친구는 "톰한테 몇 시인지 묻지 마. 그러면 시계 만드는 법을 말할 거니까" 하고 농담을 즐겨 한다.

평온함 문제로 다시 돌아가자. 나는 우리의 포트폴리오가 어떤 상태인지 자주 묻지 않는다. 나는 우리의 부동산 투자를 담당하며, 트레이딩 영역을 침범하지 않는다. 그저 가끔 "오늘 수익이 좀 났어?" 하고 묻는다. 그러면 "아니, 얼마를 잃었어"라는 대답이 돌아오곤 한다. 그때마다 나는 숨이 막혀서 가슴을 두드리고 싶어진다. 하지만 그는 태연하게 감정이 들어가지 않은 말투로 그 소식을 전한다. 반대로 상당히 큰 수익이 났다는 대답이 돌아오면 나는 손뼉을 치고 발을 구르고 싶어진다. 하지만 톰의 말투는 여전히 태연하기만 하다. 나는 그가 정말로 자신이 가장 좋아하는 말대로 살아간다는 사실을 깨달았다. "시장은 하려는 일을 한다."

　"'미스터 세레니티'와 같이 사는 게 어떠한가"에 대한 내 답은 실로 모든 측면에서 평온하다는 것이다. 나는 톰이 침착하게 '과제'를 처리해 나가는 모습을 가까이서 지켜본다. 우리가 함께하는 삶에는 변동성이 없다. 기본적으로 우리는 그저 매일 '여정을 즐긴다'.

브렌다 러셀 바소 Brenda Russell-Basso

톰 바소처럼 생각하기

"형편없다. 헛소리만 늘어놓는다. 정말 심하다. 이 사람은 문제가 있으며 이 팟캐스트를 치료 수단으로 이용한다. 순쓰레기다."

나의 '추세추종 Trend Following' 팟캐스트(www.trendfollowing.com/podcast)에 달린 댓글 중 내가 가장 좋아하는 글이다. 현재 1,000회의 에피소드를 넘긴 나의 팟캐스트는 1000만 명의 청취자를 확보했다. 내 팟캐스트에는 노벨상 수상자 6명과 수많은 억만장자 그리고 엄청난 수의 세계적인 기업인과 학자들이 출연했다. 그래도 한 명의 청취자가 자신의 분노를 토로한 것을 영광으로 여긴다. 나의 팟캐스트는 모두를 위한 것이 아니기 때문이다(자세한 설명은 조금 있다가 나온다). 지금부터 들어 보고 싶은가? 아마 4주 동안 하루 종일 듣게 될 것이다!

내가 여러 훌륭한 게스트에게 배운 것은 무엇일까? 공통된 주제는 무엇일까? 6가지가 떠오른다.

1. 올바른 일을 하고, 결과에 순응하라.
2. 타고난 재능을 얘기하는 것은 일에 대한 그들의 노력과 열의를 가린다.
3. 능력과 운을 구분하라.
4. 많은 사람은 진실을 좋아하지 않는다.
5. 결과보다 절차를 중시해야 앞서 나간다.
6. *이유*를 알지 못할 가능성이 높으므로, 그냥 추세를 따라라.

나는 (아직) 조 로건Joe Rogan이나 팀 페리스Tim Ferriss만큼의 청취자를 확보하지 못했다. 그래도 팟캐스트가 대단히 폭넓게 전파된다는 사실은 항상 나를 놀라게 만든다. 한 사람이 마이크만 가지고 스카이프Skype나 줌Zoom을 통해 낯선 곳에서 입소문을 동력으로 방송을 한다고? 놀랍다. 얼마나 재미있는 세상인가!

사람들이 나의 팟캐스트를 알게 되는 가장 특이한 계기가 뭐냐고? 그 부분에 있어서는 코미디언이자 〈사인필드Seinfeld〉의 공동 제작자인 래리 데이비드Larry David에게 감사드린다.

"웃겨서 당신의 팟캐스트를 듣기 시작했어요. 래리 데이비드에 대한 팟캐스트를 찾다가 〈커브 유어 엔수지애즘Curb Your Enthusiasm〉을 다룬 당신의 팟캐스트를 발견했어요. 이후로 투자 방식이 크게 바뀌었어요. 지금은 아이들에게 당신의 팟캐스트를 소개하고 있어요. 억지로 듣게 하는 건 아니에요. 자신들에게 좋은 게 무엇인지는 스스로 알아내겠죠."

멋지지 않은가! 세상은 참 좁다.

이런 류의 팟캐스트는 어떻게 출발할까? 바로 훌륭한 게스트와 함께 출발한다. 나는 운 좋게도 그런 게스트들을 모실 수 있었다. 하지만 처음부터 훌륭한 게스트와 함께한 것은 아니다. 나는 말 그대로 몇 년 동안 서서히 기반을 닦았다. 그러다 2012년에 나의 팟캐스트가 본격적으로 나아가는 데 있어 큰 도움을 준 게스트가 나왔다. 400회 방송과 관련하여 그 게스트를 언급하는 다른 청취자의 댓글을 보자.

"처음에는 '**톰 바소**가 출연하는 4시간짜리 방송을 다 들을 일은 절대 없어…' 하고 생각했지만 3시간째 듣고 나서는 '진행자한테 사과해야겠네. 세상에, 아주 좋잖아' 하고 생각을 바꿨어요."

보충 설명을 하겠다. 톰 바소는 잭 슈웨거의 『시장의 마법사들』 시리즈에 소개되었으며, '미스터 세레니티'로 잘 알려져 있다. 현재는 자산운용업에서 은퇴한 톰은 트렌드스탯 캐피털 매니지먼트 Trendstat Capital Management의 설립자 겸 대표를 역임했고 1980년에는 투자자문, 1984년에는 상품 투자자문이 되었다. 그는 추세추종 트레이딩에 관해 풍부한 경험을 가진, 살아 있는 전설이다.

나는 그를 팟캐스트 인터뷰 자리로 초대했고 그는 관대하게 응해 주었다. 뒤이어 그는 거듭 나의 팟캐스트에 출연했다. 반응이 어땠냐고? '*은퇴한 전설*' 톰에 대한 환호가 쏟아졌다. 톰의 어떤 면이 호응을 불러일으켰을까? 바로 그의 *마음가짐*이다. 오직 핵심만, 직설적으로. 단도직입적으로 말하되 마음을 담아서. 이는 그의 고유한 방식이다.

어느 날 '톰이 출연한 전체 에피소드를 모아서 하나의 대형 에피소드로 만들면 어떨까?' 하는 생각이 들었다. 그게 400회 에피소드다. 400회는 즉각 히트를 쳤고, 거기서 끝나지 않았다. 톰은 그 뒤로도 계속 출연했다. 사람들은 그를 사랑했다. 현명한 방송인인 나는 청취자들의 말을 들었다.

톰의 특별한 점은 무엇일까? 톰의 말을 꼭 들어야 하는 이유는 무엇일까?

대다수 투자자는 수급 또는 시장 가치를 뒷받침하는 다른 근본적인 요소를 분석하려고 한다. 그들은 정부 정책, 경제지표 예측치, 주가수익비율, 대차대조표 분석을 통해 매매 결정을 내린다. 이는 종교다. 이 종교(또는 사교)는 펀더멘털 분석이라 불리며, 블룸버그나 CNBC 등에서 하루 종일 들려준다. 모든 것은 추측 놀음이고 자존심 놀음이다.

모두 무시해라. 나는 다르게 생각하고 싶다. 추세추종자인 톰 바소처럼 생각하고 싶다. 이 책에서 내가 추구하는 목표는 단순하다. 톰에 대해 내가 찾아낼 수 있는 모든 것을 한 권의 고유한 책으로 만드는 일이다. 거기에는 나 그리고 다른 사람과 했던 톰의 모든 인터뷰와 톰이 추세추종과 관련해서 썼던 대다수 리서치 보고서가 포함된다.

톰과의 첫 인터뷰를 다루기 전에 나의 인터뷰 철학에 대해 조금 얘기하고자 한다. 나는 질문을 던지기보다 대화를 나눈다. 나는 최근에 일어난 일에 대한 시사적인 질문을 하지 않는다. 의미 없는 짓이다. 헤드라인과 관련된 인터뷰는 돈을 잃고 싶어 하는 초보 투자자들의 뇌를 중독시킨다. 나는 게스트들에게 시대를 초월하는 보편적인 통찰을 원한다. 지금부터 나올 내용이 바로 그것이다. 즉 톰과 내가 시대를 초월한 주제에 대해 나눈 대화(1부)와 톰의 주요 리서치를 통해 얻은 트레이딩에 대한 통찰(2부)이다.

저술가인 세스 고딘Seth Godin은 "앞으로도 이어 가겠다고 마음먹으면 '내일도 블로그에 글을 써야 할까?'에서 '내일은 블로그에 어떤 글을 쓸까?'로 질문이 바뀐다"고 말했다. 나도 그런 관점으로 나의 책과 팟캐스트를 바라본다. 나는 톰 바소 같은 사람이 나의 팟캐스트에 이어 이 책을 시작하는 데 도움을 줘서 아주 운이 좋다고 생각한다. 이제 남은 것은 당신의 몫이다. 톰이 전하는 시장에 대한 지혜, 돈을 버는 지혜를 받아들일지, 받아들이지 않을지는 당신의 선택이다.

————————————————————— ◆ —————————————————————

✕╱✕╱✕

PS.

나의 양방향식 추세추종 프레젠테이션을 받고 싶다면

영수증을 찍은 사진을 *receipt@trendfollowing.com*으로 보내라.

오랫동안 같이 일한 직원이 내게

새로운 게스트를 소개했다.

'그에게 전달할 질문지가 있나요?'

'없어.'

PART I

TREND

시대를 초월한
주제에 대해 톰과
나눈 다섯 번의 대화

FOLLOWING

TREND FOLLOWING **MINDSET**

여정을 즐겨라

10회: 2012.04.25.

톰 바소 은퇴한 지 약 8년 만에 처음 하는 인터뷰네요.

마이클 코벨 벌써 그렇게 되었나요?

저는 추세 트레이딩에서의 경험은 반감기가 없다고 느낍니다. 그 가치는 사라지지 않아요. 우리는 험난한 길을 헤쳐 온 그들로부터 많은 지혜를 얻습니다. 하지만 이따끔 몇몇 사람은 "몇 십 년 전에 활동한 사람들에게 무엇을 배울 수 있죠?" 하고 묻곤 합니다. 그때마다 저는 이렇게 대꾸하곤 하죠. "정말 그렇게 생각해요?"

톰 크게 바뀌는 건 없습니다. 같은 얘기예요. 오랜만에 하는 인터뷰라서 이전 자료들을 찾아보고자 구글에서 제 이름과 운영하던 회사인 트렌드스탯을 검색했는데 그 결과가 너무 많아서 놀랐습니다. 저는 30

페이지에서 읽기를 멈췄습니다. 모든 정보가 아직 인터넷에 남아 있는 걸 보니 놀라웠어요. 한 번 올라가면 영원히 남는 거죠. 옛날 생각이 났습니다.

마이클 젊은 시절 얘기부터 해 보죠. '톰 바소는 13살이나 16살 때 어땠을까?' 하고 궁금해 하는 사람이 많습니다. 그때 어떤 생각을 했나요? 초기에는 어떤 일을 했고, 투자 분야로 넘어오는 전환은 어떻게 일어났나요?

톰 12살 때는 석간신문을 배달했습니다. 《시라큐스 헤럴드 저널Syracuse Herald-Journal》이라는 신문이었죠. 82부 정도를 돌리고 일주일에 약 10달러를 벌었습니다. 그 무렵 뮤추얼펀드 세일즈맨이 우리 집에 찾아왔습니다. 저는 아버지와 그 사람이 나누는 대화를 듣고 흥미를 느꼈고, 뮤추얼펀드를 사기 시작했습니다.

마이클 12살 때요? 엄청 빨랐네요.

톰 대학에 입학할 무렵에 본전을 찾았습니다. 세일즈맨이 처음에 떼어 간 수수료 때문이었죠. 18살이 되어서야 겨우 본전을 찾은 겁니다. 그때 시장은 오르내린다는 걸 깨달았어요.
클라크슨 대학교Clarkson University 3학년 때 화학 전공자로서 어디서 일할지 고민했습니다. 25군데에서 일자리 제의가 왔고, 저는 어떤 회사가 좋은지를 판단하는 기준으로 해당 기업들의 주가 추이와 어떤 사업을 하는지를 살펴보기로 했습니다. 결국 세인트루이스에 있는 몬산토_{Monsanto}에서 일하게 되었어요. 몬산토의 주가 추이를 보다가 나중에는 트레이딩까지 했죠. 계속 오르내렸거든요. 그저 사서 갖고 있는 건 어리석은 짓이라는 걸 깨달았습니다. 40달러까지 오르기도 하고, 20달러까지 내리기도 했으니까요. 그때마다 돈을 버는 게 낫다고 생각했습니다. 그 당시에는 40달러 위로는 많이 오르지 않았거든요. 70년대에는 그랬습니다.

그러면서 '너무 많이 생각할 필요 없이 정량적으로 투자하는 방법은 무엇일까?'를 고민하게 되었습니다. 그때 저는 아주 바빴습니다. MBA 과정을 수료했고, 화학 엔지니어로 일했고, 트렌드스탯의 전신인 케네디 캐피털_{Kenndy Capital}이라는 초기 회사를 시작하고 있었죠. 케네디 캐피털은 지금도 세인트루이스에 소형주 운용사로 있습니다. 저는 케네디 캐피털의 지분을 팔고 트렌드스탯을 만들었습니다. 추세추종 기법을 활용하여 선물과 외환시장에 진입하는 것은 일종의 진화였죠. 저는 한도를 소진할 때까지 선물 투자를 했습니다. 이 일이 저 일로 이어지다 보니 금세 28년이 흘렀고 어느덧 은퇴할 때가 되더군요.

마이클　선생님 같은 분들은 평생의 얘기를 아주 빠르게, 약 30초 만에 끝내죠. 하지만 그렇게 빨리 놓아 드릴 수는 없습니다. 연구하고, 차트를 살피고, 오르내리는 추세의 속성을 관찰하는 것 외에 영감이나 영향을 받은 사람이 있습니까?

톰　사실 없습니다. 저는 엔지니어 출신이고, 컴퓨터를 아주 잘 다뤘습니다. 반면에 주식 중개인으로 일한 적은 한 번도 없습니다. 투자은행에서 일한 적도, 거래소 입회장에 서 본 적도 없습니다. 본격적으로 다른 사람의 돈을 운용한 것도 투자 클럽을 통해서였죠. 투자 클럽 회원 중에는 게으른 사람이 많았어요. 그들은 두 명에게 대부분의 거래를 맡겼습니다. 제가 그중 한 명이었어요.

저는 엔지니어 출신이라서 수학, 논리학, 문제 해결, 효율적으로 일하는 방법에 대해 많이 공부했습니다. 제가 보기에 인간의 활동은 두 범주로 나눌 수 있어요. 하나는 어떤 것을 만들어 내는 생산 측면입니다. 이건 컴퓨터에게 가르칠 수 있지만 어떤 이유로 사람이 직접 하기도 하죠. 다른 하나는 창조적인 측면입니다. 컴퓨터로 하여금 예술 작품 같은 새로운 것을 창조하게 할 수는 없습니다.

저는 시간이 한정되어 있다는 걸 깨달았습니다. 책이나 리서치를 통해 창의성을 발휘하고 트레이딩을 새로운 수준으로 끌어올리기 위해서는 실제 트레이딩 기능이 필요했습니다. 즉 매매가 가능해야 했고, 어느 지점에서 얼마나 사고팔지를 알아야 했죠. 저는 아주 짧은 시간 안에 끝내도록 이런 기능을 정교한 수준으로 끌어올려야 했습니다. 그래야 제가 좋아하는 창의적인 일을 할 시간이 생기니까요.

라디오섁RadioShack TRS-80을 기억하십니까? 제가 처음 구입한 컴퓨터입니다. 그다음에는 IBM을 거쳐서 AT를 샀죠. 그걸로 계속 프로그래밍을 했어요. 유일한 목표는 매일 트레이딩하지 않아도 되게끔 하는 것이었고, 저는 트레이딩을 고도로 자동화된 트렌드스탯 캐피털로 진화시켰습니다. 이 트레이딩 시스템은 80여 개의 선물 시장, 30여 개의 외환시장, 20여 개의 뮤추얼펀드를 포괄했고 우리는 다양한 전략과 금액으로 트레이딩을 했습니다. 덕분에 매일 의사결정을 하지 않아도 되었습니다. 상당히 복잡했지만 우리는 그냥 또 다른 컴퓨터를 사서 시스템을 이식했어요.

마이클 선생님은 독학한 외부자였어요. 뉴욕거래소에 속한 사람이 아니었죠. 많은 사람이 펀더멘털을 분석한다고 했을 때 기분이 어땠는지 얘기해 주세요. 가령 워런 버핏은 펀더멘털 투자자죠. 하지만 선생님은 가격을 핵심 변수로 삼고, 그에 따른 프로그램을 만들기로 결정했어요. 핵심은 매매 가격을 변수로 삼아서 얼마를 베팅할지 파악하는 것이었죠. 일체 외부의 영향을 받지 않고 시행착오를 거치면서 독자적으로 그런 투자법을 고안한 건가요?

톰 처음에는 초기에 한 투자를 돌아보았어요. 뮤추얼펀드 세일즈맨을 통해 뮤추얼펀드를 산 것과 이후에 실제 주식을 산 것 등을 말이죠. 펀더멘털 분석을 해 보려고 했지만 회계 정보가 너무 복잡한 데다 시간도 많이 걸렸습니다.

제가 아무리 많이 조사해도 누군가는 훨씬 많은 시간과 직원을 활용할 수 있다는 걸 깨달았습니다. 몬산토의 다른 엔지니어들이 점심시간에 그 얘기를 했죠. 그들은 "회계 정보를 분석하는 팀을 별도로 운용하는 월가의 투자사들보다 어떻게 더 잘할 수 있다는 거야?"라고 말했습니다. 저는 그 *문제*에 대해 생각했고 더욱 포괄적이고 객관적인 시각을 가져야 했습니다. 한발 물러서서 다른 사람들이 하는 일을 바라보면 그들이 하는 모든 게 결국에는 전투로 귀결된다는 걸 알게 되죠.

저는 워털루Waterloo 전쟁이 벌어지던 시기로 돌아간다고 상상했습니다. 나폴레옹과 웰링턴이 산 위에서 계곡에 있는 자신의 부대를 내려다보고 있어요. 어느 시점에 누가 이기느냐에 따라 전선이 왼쪽이나 오른쪽으로 움직이죠. 저는 그게 시장에서 일어나는 일을 잘 보여주는 그림이라고 생각했습니다. 많은 사람이 많은 일을 하고, 일부는 매수하고, 일부는 매도합니다. 그들 모두 자신이 옳다고 생각합니다. 그들 모두 자신이 무엇을 해야 하는지 알고, 근거 있는 행동을 한다고 생각합니다.

그 모든 것의 합이 가격으로 귀결됩니다. 전투의 경우에는 전선이 형성되는 지점이죠. 저는 '이걸 차트로 그리면 모든 참가자가 어디로 가격을 정하고 싶어 하는지 알 수 있어. 그걸 지켜보면 어느 쪽이 전투에서 이기는지 보일 거야'라고 생각했습니다. 다시 말해서 '매수자들이 매도자들을 이기고 있다면 나도 그쪽에 서야 해. 그들이 전투에서 이길 것 같으니까. 반대로 매도자들이 전투에서 이기고 있다면 그쪽에 서는 게 좋겠지'라는 식이었습니다. 그보다 깊이 생각해 본 적은 없습니다. 지금도 일상에서 하는 일들에 대해 그런 식으로 생각합니다.

마이클 선생님이 몇 년 전에 에드 세이코타Ed Seykota와 주고받은 이메일을 봤습니다. 선생님은 그의 질의응답 페이지에 누군가가 댓글로 남긴 글인 '톰 바소는 열기Heat를 그다지 좋아하지 않아요'에 대해 언급했어요. 초보 투자자들에게 그 의미를 설명해 줄 수 있을까요? 선생님은 세이코타에게 "잠깐만요. 반드시 그런 건 아니에요. 다만 고객들이 감당할 수 있는 것만 제공할 뿐이죠"라고 말했죠.

톰 제가 보기에 우리 시대의 수많은 머니 매니저Money Manager가 저지른 잘

못 중 하나가 '열기'라는 개념입니다. 저는 그걸 포트폴리오에서 감수할 수 있는 리스크라고 말합니다. 리스크는 수많은 접근법으로 측정할 수 있습니다. 저는 자본$_{Equity}$ 대비 손절 리스크의 구체적인 퍼센트를 사용했습니다. 현재 가격이 형성된 지점에서 손절매 지점까지 리스크를 감수하는 거죠. 그게 자본 대비 퍼센트로 표현되는 리스크의 한 형태입니다.

다음은 변동성입니다. '자본 대비 퍼센트 기준으로 시장은 매일 얼마나 빨리 오르내리는가?' 세 번째는 유로 달러 같은 특이한 투자 상품 또는 과거에는 가끔 미친 수준에 이르는 고증거금, 저변동성 유형의 투자 상품을 취하는 것입니다. 이런 상품을 포트폴리오에 너무 많이 넣으면 과도한 리스크를 지게 됩니다. 시장은 너무나 똑똑해서 거기에 증거금을 추가합니다. 그래서 저는 자본 대비 증거금의 퍼센트를 계산합니다.

이 세 가지를 모두 계산한 다음 계약 수 기준으로 가장 리스크가 적은 걸 선택합니다. 딱 그만큼만 합니다. 가장 적은 수의 계약, 가장 적은 리스크 노출을 선택하면서 제 선택은 항상 보수적인 방향으로 기울었습니다. 그렇게 하면 고객들이 매일 현황을 보며 과도하게 흥분할 일이 없습니다. 그래서 제게로 주의가 쏠리지 않죠. 고객들이 두 시간에 한 번씩 전화를 걸어서 "오늘 금값 봤어요?"라고 말하는 일도 없습니다. 저는 그것이 고객에게 도움이 되지 않는다고 생각합니다. 가격이 오르면 흥분하고 가격이 내리면 심란해 할 거니까요.

저는 고객과 저 자신의 심리를 안정시키려고 노력했습니다. 저도 흥분하고 싶지 않았습니다. 아마 그래서 잭이 '미스터 세레니티'라는 별명을 붙였나 봅니다. 제가 트레이더로서 하는 모든 일은 매일 따분

합니다.

마이클 고객이 열기를 견디게 해 주고 싶다고 말씀하셨는데요. 선생님 자신의 포트폴리오는 다르게 접근하지 않나요? 사람들은 선생님의 말을 듣고 '고객을 돕는 건 그렇다 치고, 자신의 포트폴리오로는 다른 걸 하고 싶을 거야'라고 생각할 겁니다. 그 차이가 있을까요? 선생님 자신의 포트폴리오로는 변동성과 리스크를 약간 더 감수할 것 같은데요.

톰 저는 무엇을 하고 있는지, 어느 정도의 리스크를 감수하고 있는지를 이해하고 있습니다. 일어날 수 있는 모든 일에 대해 철저하게 시나리오 분석을 하고, 제가 하는 일을 감당할 수 있다고 느낍니다. 반대로 저의 어머니는 83세이고, 은퇴 연금과 IRA에 약 10만 달러를 넣고 있습니다. 어머니는 아무런 지식 없이 그렇게 지낼 겁니다. 은행의 양도성 예금증서가 무엇인지도 잘 모르죠. 금융 지식이 그 정도밖에 되지 않아요. 저와 정반대인 셈이죠. 제가 금융 얘기를 할 때마다 어머니는 흐릿한 눈빛으로 제가 무슨 말을 하는지 이해하지 못한다는 신호를 보냅니다.

저는 고객의 입장에서 어떻게 해야 편하게 느낄지를 생각합니다. 머니 매니저는 다른 사람의 돈을 운용하는 대가로 돈을 받죠. 따라서 가장 먼저 생각해야 하는 문제는 '나의 고객은 어떤 사람들이며, 어떻게 하면 그들로 하여금 나에게 오랫동안 돈을 맡기게 만들 수 있을까?'입니다. 과거에 많은 CTA(선물, 옵션, 상품, 포렉스 등 다양한 투자 상품에 대한 투자자문이나 자산운용 서비스를 제공하는 회사—옮긴이)는 가령 어떤 해에는 50퍼센트의 수익을 내고, 다음 해에는 20퍼센트의 손실을 내고, 그다음 해에는 60퍼센트의 수익을 내고, 그다음 해에는 27퍼센트의 손실을 냈습니다. 실적이 중구난방이었죠. 그들의 태도는 "장기간 가급적 많은 돈을 버는 방식으로 트레이딩을 할 예정입니다. 여기에 동참할 계획이라면 환영합니다, 고객님"이라는 식이었습니다.

저는 다른 방식으로 접근하고 생각했습니다. '자산을 운용하는 게 나의 일이므로 나 자신을 약간 구속해야 해. 내가 무엇을 하고 싶은지가 아니라 고객이 무엇을 바라는지를 고민해야 해. 고객은 내가 하려는 일에 대한 대비가 되어 있지 않아.'

마이클 선생님은 스스로 고민거리를 많이 줄인 것 같습니다. 저는 큰 리스크를 감수하고 50퍼센트의 수익을 냈다가 25퍼센트의 손실을 내는 사람들을 비난하지 않습니다. 하지만 그들은 고객에게 나쁜 말을 훨씬 많이 들을 겁니다.

톰 운용자금도 들쑥날쑥합니다. 1억 달러가 모였다가 5000만 달러로 줄고, 다시 2억 5000만 달러로 늘었다가 1억 달러로 줄어드는 식이죠. 인력도 계속 해고하고 채용할 겁니다. 다만 그렇게 사업을 운영한다면 분명 혼란스러울 겁니다.

마이클 심리, 특히 매매 심리에 대한 얘기를 해 보고 싶네요. 제 생각에는 성공의 많은 부분이 심리에서 기인합니다. 기업인이든 트레이더든 매일을 살아남는다는 심리적 태도가 중요한 것 같습니다.

톰　동의합니다. 그게 투자에서 가장 중요한 요소입니다. 리스크 관리나 변동성 관리 그리고 자금 운용 측면 같은 두 번째로 중요한 요소보다 훨씬 중요합니다. 또한 모든 사람이 집중하는 것, 그러니까 매매 결정 모델에 대한 시뮬레이션보다 훨씬 중요합니다. 사실 그건 가장 덜 중요한 문제죠.

마이클　하지만 대다수 사람은 여전히 그런 걸 좋아하죠.

톰　그 이유는 쉽게 알 수 있습니다. 제가 발표한 리서치 결과도 있고, 그보다 훨씬 광범위한 다른 리서치 결과들도 있었으니까요. 그 방식은 어떤 시장을 대상으로 무작위적인 숫자 생성 방식에 따라 매매를 하는 것입니다. 양호한 손절 지점을 설정하고, 자금을 잘 운용하면 플러스 수익률이 나오겠죠. 동전을 던져서 그 결과에 따라 매매한다고 했을 때 매매 결정 모델이 얼마나 중요할까요? 이렇게 자금을 운용해도 적절한 리스크를 감수하면서 약간의 돈을 벌 수 있는데 말이죠.

하지만 그 점을 넘어서 심리에 대해 생각해 봅시다. 많은 사람은 트렌드스탯과 톰 바소가 로봇처럼 투자한다고 생각했습니다. 아무런 생각도 하지 않고, 아무런 일도 하지 않는다는 거죠. 하지만 저는 트렌드스탯의 오너입니다. 언제든 원하기만 하면 우리가 운영하는 블랙박스(사용자가 내부 구조를 볼 수 없는 프로그램—옮긴이)를 바꿀 수 있어요.

좋은 심리 상태를 유지하지 못하고, 어떤 일을 하고 있는지를 이해하지 못하고, 특정한 유형의 시장 행동이 나의 어떤 버튼을 누르는 경향이 있는지를 알지 못하면 문제가 생길 수 있습니다. 경로를 유지하면서 특정한 시장 행동이 정상인지, 정상이 아니라면 어떻게 대처할지를 알고자 한다면 먼저 나 자신을 이해해야 합니다. 또한 내가 직면한 시장의 심리를 이해해야 합니다. 그렇지 않으면 길을 잃습니다. 컴퓨터가 있으니까 원하기만 하면 모델은 언제든 바꿀 수 있습니다. 심리가 모든 것 중에서 가장 중요합니다. 심리는 모든 사람의 행동을 이끌고, 타당한 시스템을 버리게 만듭니다. 종종 트레이더들은 어떤 시스템이 부진하면 조정을 시도하고, 그 결과 너무 복잡하거나 단순하게 만들어 버립니다. 혹은 수익을 내고 자신감에 가득 차서 너무 많은 레버리지를 쓰다가 망해 버리죠. 심리적인 문제로 타격을 입는 양상은 다양합니다. 자신을 이해하는 것이 가장 중요합니다.

마이클 "자신을 이해하는 게 중요하다"고 말하셨는데, 감정적인 동요에 대해서도 얘기해 주세요. 트레이딩 경력 내내 평온함을 유지했나요, 아니면 감정적인 동요를 겪은 적이 있나요?

톰 트레이딩을 시작한 지 4, 5년이 되었을 때 은을 거래한 적이 있습니다. 그 무렵 부모님이 제가 살던 세인트루이스로 찾아왔죠. 저는 착한 아들이라서 일주일 동안 트레이딩을 중단하고 관광 가이드 노릇을 했습니다. 화학 엔지니어로 일하는 한편 부모님을 모시고 다니느라 투자 상황을 점검하지 못했습니다. 나중에 확인해 보니 은 가격이 크게 올랐더군요. 그래도 저는 원칙 있는 트레이더로서 '가격은 이미 올랐으니 뒤늦게 뛰어들지는 말자'고 결정했습니다. 부모님이 돌아간 후 투자 상황을 점검해 보니 아깝게 기회를 놓쳤더군요.

만약 기회를 잡았다면 그해의 모든 시장을 통틀어 가장 큰 수익을 올릴 수 있었습니다. 가격이 계속 오르는 걸 지켜보는 내내 정말 짜증이 났습니다. 저는 그런 일이 다시는 일어나선 안 된다는 걸 깨달았습니다. 더 이상 짜증 내고 싶지 않았거든요. 저는 저 자신에게 "전략을 수립했다면 매일 실행해야 하며, 어떤 기회도 놓치지 말아야 해"라고 말했습니다.

저는 그 이후로 아주 오랫동안 기회를 놓치지 않았습니다. 모든 준비를 했으니까요. 예비 조치를 취해 두었고, 손절매도 설정했습니다. 가령 장이 열리는 날 인터뷰를 해야 하거나 휴가를 갔을 때도 모든 준비를 해 둡니다. 저는 이번 여름에 이탈리아로 가서 3주 동안 있을 예정입니다. 저는 그동안에도 트레이딩을 할 것이고, 그게 전혀 지장이 되지 않을 겁니다. 휴가는 충분히 즐길 겁니다.

마이클　많은 사람의 경우 그런 상황에 처하면 '접근법을 자동화해야지'라고 생각하기보다 무작정 화를 낼 것 같아요. 선생님은 쉽게 흥분하지 않는 모양이네요. 그보다 문제를 해결하는 데 더 집중하는 편인가요?

톰　저는 엔지니어의 관점에서 문제를 해결하려고 합니다. 문제를 일종의 화학 공장이라고 생각하는 거죠. 한쪽에서 원료를 투입해서 가공한 다음 다른 쪽으로 제품을 뽑아내는 거예요. 저는 트레이딩도 많은 경우 화학적 공정으로 봅니다. 먼저 위성이나 전화선, 인터넷선 또는 다른 모든 경로를 통해 정보를 입수합니다. 그다음 그 정보를 눈과 뇌를 통해 수동적으로 처리하거나 트렌드스탯에서 하는 것처럼 데이터베이스와 프로그래밍 언어를 통해 컴퓨터로 처리합니다. 그러면 거래소, 증권사, 선물중개사 등으로 주문이 나가게 됩니다.

제게 트렌드스탯은 작은 화학 공장입니다. 돌이켜 보면 트레이딩을 시작하던 때에도 같은 방식으로 생각했습니다. 저는 많은 정보를 입수했고, 매일 처리해야 했습니다. 그러나 시간이 많지 않았기 때문에 최대한 빠르게, 자동적으로 처리할 수 있게 만들었죠. 덕분에 주문을 내고 다른 일을 할 수 있었습니다.

그게 제가 생각하는 문제 해결입니다. 하지만 은 거래와 관련된 다른 사례는 약간 더 감정이 개입했습니다. 저의 계좌는 트레이딩 초기에 5만 달러에서 10만 달러 정도까지 불어났습니다. 정확한 수치는 기억나지 않네요. 저는 당시에 헌트_Hunt 형제가 은을 매집하여 만들어 내려던 상승세에 올라탔습니다. 저는 은만 거래했고, 추세추종 전략을 고수했습니다. 아주 많은 계약을 안고 있었습니다. 수익이 나는 한 계속 들고 있었고, 손절 지점을 짧게 설정했습니다. 어느 날 은값이 상한가와 하한가를 오가며 날뛰기 시작했고, 헌트 형제의 은 매집 문제가 불거졌습니다. 결국 은값은 폭락했습니다. 다행히 저는 손절 처리를 해서 괜찮았지만 계좌 잔액이 한 달 또는 6주 만에 10만 달러에서 50만 달러까지 불어나는 걸 본 상태였죠.

계좌 잔액은 이후 두 주 동안 25만 달러로 줄어들었습니다. 최종적으로는 그 거래로 15만 달러를 벌었습니다. 수익률은 150퍼센트 정도였을 거예요. 그때는 지금의 제가 아는 걸 전혀 몰랐습니다. 그 후로 매일 은값을 들여다봤을 겁니다. 포트폴리오의 다른 부분은 거의 신경 쓰지 않았습니다. 은에 집착했던 거죠. 그러다가 은값이 날뛰는 걸 보면서 '잠깐만…'이라고 생각했습니다.

마이클 집착하고 있다는 걸 깨달았군요.

톰 맞습니다. 저는 하루 일과를 마치고 차분하게 그날을 돌아보는 습관이 있습니다. 객관적으로 자신을 관찰할 수 있는 능력은 아주 유용합니다. 어떻게 보면 자아가 분열된 것 같지만 정신이 이상하거나 그런 건 아닙니다. 그저 판단하려 들지 않고 자신을 성찰합니다. 차분하게 '오늘은 어땠지? 평온함을 유지했어? 오늘 해야 할 모든 일을 했어? 다른 사람한테 화를 낸 적이 있어? 뭔가를 놓칠 만큼 과도하게 흥분한 적이 있어? 감정적인 태도를 취했어?'라고 묻습니다. 하루를 결산하는 거죠.

은 매매를 복기해 보니 추세를 잘 추종했고, 손절 지점을 설정했고, 수익을 최대한 불렸고, 적게 손실을 본 게 옳았다는 생각이 들었습니다. 포지션의 크기만 통제했다면 감정이 동요하거나 날뛰는 일은 없었을 겁니다. 그 깨달음이 최초의 리스크 관리 계획으로 이어졌습니다. 은 매매의 경우 손절 지점이 멀어질수록 리스크는 엄청나게 커졌습니다. 5개나 10개의 포지션을 구축할 이유가 없었습니다. 제게 필요한 것은 6계약이나 4계약, 어쩌면 1계약뿐이었는지도 모릅니다. 걸프전이 발발했을 때 끝까지 원유 선물 1계약을 유지한 트렌드스탯의 고객은 한두 명뿐이었을 겁니다. 유가는 32달러에서 밤새 40달러까지 올랐다가 다시 내렸으며, 다음 날 개장 때는 22달러 정도였으니까요. 변동성이 미친 수준이어서 모든 사람이 포지션을 모조리 청산당했습니다. 누구도 1계약조차 보유할 만큼 충분한 자본이 없었거든요.

마이클 골프를 치세요?

톰 사실 방금 골프장에서 돌아왔습니다.

마이클 저는 골프를 크게 좋아하지는 않지만 보기는 합니다. 얼마 전에 2012년 마스터스 대회의 마지막 부분을 봤어요. 제 가족 중 일부는 남부 출신입니다. 그래서 뛰어난 남부 골퍼인 부바 왓슨Bubba Watson이 경기하는 모습을 즐겨 봅니다. 그는 중요한 샷을 때려서 마스터스 대회에서 우승해요. 저는 그에게 배울 게 없어요. 전설적인 스포츠의 위업은 한 번의 샷으로 달성되고, 선수는 그걸로 명예의 전당에 입성하죠. 하지만 선생님은 여기서 과정에 대해 얘기해요. 오로지 과정에 초점을 맞춰요. 결과에만 매달리지 않고 과정에 집중해요. 꾸준하게 노력해요.

부바의 샷을 보면 금융 위기 동안의 트레이딩과 비슷한 것 같아요. 존 폴슨John Paulson이나 마이클 버리Michael Burry처럼 부동산 위기 동안 엄청난 수익을 올린 사람들이 있습니다. 그들은 아주 똑똑하고 탁월한 트레이딩을 했죠. 이렇게 모든 것을 건다는 생각에 대해 이야기해 줄 수 있을까요? 돈의 세계에서 한 번의 홈런을 치는 것과 오랫동안 꾸준히 수익을 내는 것의 차이를 설명해 주세요. 긍정적인 면과 부정적인 면을 사람들에게 제시해 주셨으면 합니다.

톰 버핏이 홈런을 치는 유형이라고 생각하는 사람이 많습니다. 그는 경력 전체에 걸쳐 몇 번의 대형 홈런을 쳐서 수익의 상당 부분을 올렸죠. 하지만 그동안 손실도 많이 봤습니다. 그 점은 얼버무려지는 것 같습니다. 물론 대부분의 추세추종 사례가 그렇듯이 수익이 손실을 충당하고도 남습니다. 그건 괜찮습니다. 버핏은 그런 식으로 상당한 이미지를 쌓았습니다.

반면 트렌드스탯 같은 투자사들은 그저 꾸준히 수익을 내면서 고객을 행복하게 만들려고 노력합니다. 지나치게 요란한 투자는 하지 않습니다. 아마 과거에 업계에서 저의 이미지는 따분했을 겁니다. 저의 투자 방식을 보고 흥분하는 사람은 많지 않았을 겁니다.

마이클   그래도 선생님은 따분했던 적이 없었죠?

톰   한 번도 그랬던 적이 없습니다. 저의 사업은 언제나 양호했습니다. 트렌드스탯은 좋은 고객과 좋은 직원을 확보하고 있었습니다. 저는 사업을 운영하는 걸 즐겼습니다. 지금은 은퇴 생활을 즐기고 있죠. 저는 무엇을 하든 매일을 즐길 겁니다. 다만 여기서 배워야 할 교훈은 홈런을 치고 싶은 건 좋지만 부바 왓슨이 *힘든 과정을 거치지 않았다*고 생각하지는 말아야 한다는 겁니다.

그가 몇 주 전에 제가 다니는 클럽에 온 적이 있습니다. 백 티Back Tee에서 67타를 쳤는데 아주 수월하게 보였습니다. 다음 날에는 정말 어려운 사막 코스인 에스탄시아Estancia에서 56타를 쳤습니다. 그는 공이 휘어지게 만드는 걸 좋아해서 어려운 샷도 칠 수 있죠. 그는 왼손잡이인데 그 샷도 능숙하게 쳤습니다. 그는 어려운 샷을 상상하고, 웨지를 휘두릅니다. 그러면 공이 대다수 사람이 가능하다고 생각하는 것보다 훨씬 많이 왼쪽이나 오른쪽으로 휘어집니다. 그게 그의 일반적인 플레이 방식입니다. 마스터스 대회에서 보여 준 샷은 그가 편하게 느끼는 수준을 벗어난 게 아니었습니다. 그게 그의 과정입니다.

마이클　지난여름에 폴 멀베이니Paul Mulvaney를 인터뷰했습니다. 나름의 추세추종 시스템을 운용하는 그는 2008년 가을로 접어들 때 10월 동안 40퍼센트의 수익을 올리게 될 줄 상상도 못했다고 말했습니다. 그가 한 일은 그저 자신의 트레이딩 절차를 따른 것뿐이죠. 제 생각에는 그게 선생님이 말하는 요지인 것 같군요.

톰　그렇습니다. 1997년에 엔-달러가 80 수준까지 떨어졌을 때 외환 트레이딩 프로그램에서도 같은 일이 일어났습니다. 이후 추세가 반전되었죠. 150에서 140까지 내려갔다가 반등한 건지는 기억나지 않습니다. 양방향으로 큰 스윙이 나왔습니다. 저는 매달 계속 포지션을 이월시켰습니다. 1년 반 동안 같은 트레이딩을 했죠. 사람들은 트레이딩을 '오늘 사서 다음 주에 판다'라는 식으로 생각합니다. 하지만 저는 그때 꼬박 1년 반 동안 외환 트레이딩을 했습니다.

그래서 아주 많은 돈을 벌었고, 고객들에게도 많은 돈을 벌어다 주었습니다. 인센티브와 다른 모든 수입을 계산하면 아마 기록적인 한 해였을 거예요. 그러나 그렇게 될 줄 전혀 몰랐죠.

저는 일종의 아마추어 경제학자입니다. 저는 경제학에 대해 많이 알고 있습니다. 저의 페이스북 포스트를 보면 제가 많은 문제에 대해서 어느 방향으로 기우는지 알 수 있을 겁니다.

마이클　나름의 의견을 갖고 계시는군요? (웃음)

톰 그럼요. 저는 철학적인 측면에서는 자유주의자에 가깝죠. 하지만 결정에 참여하는 사람들의 행동을 바탕에 두고 경제를 분석하는 걸 좋아합니다. 그런 관점에서 바라보면 대개 경제가 어느 방향으로 갈지 알 수 있습니다.

마이클 지금 제가 들고 있는 건 몇 년 전에 선생님이 쓰신 'CTA에 자산을 할당할 때—저렴할 때 사라'라는 글입니다. 저와 얘기를 나눈 이들 중에 스스로 계좌를 운용하거나 펀드를 매매하면서 이런 생각을 따르는 트레이더가 놀랄 만큼 많았습니다. 작은 펀드를 운용하는 친구가 있는데 그는 추세추종자들의 동향을 체계적으로 정리한 지수를 추가적인 지침으로 삼아요. 그는 그게 투자 시스템의 일부는 아니지만 포지션을 늘리기 시작할 때 연관성이 있다고 생각해요.

톰 추세추종은 비대칭적 수익이 존재한다는 사실에 기반합니다. 방금 말씀드린 엔 거래처럼 아주 오래 수익이 나는 경우도 있습니다. 한 해 전체에 걸쳐 트렌드스탯의 모든 거래를 계산해 보면 2, 3건의 거래가 모든 수익을 올리죠. 그런 거래를 따로 놓고 보면 '이 3건만 할 걸'이라는 생각도 듭니다. 그런 거래가 그해에 0과 수익의 차이를 만들죠. 나머지 모든 거래는 0으로 수렴할 수 있습니다. 몇 년은 그런 수준에 근접하기도 합니다.

시장이 계속 횡보할 것이라고 가정하면, 그런 환경에서는 추종할 추세가 없기 때문에 추세추종자들은 돈을 벌지 못합니다. 대개 투자 기간에 따라서 '데이 트레이더'가 많은 수익을 얻을 만큼 긴 추세가 나오지 않기도 합니다.

반면 1997년의 엔값이 날뛸 때나 나중에 달러값이 많이 떨어졌을 때와 같은 기간도 있습니다. 그런 기간에 얻는 수익은 횡보 기간에 입은 모든 손실을 충당하고도 남죠. 다만 횡보 기간에는 언제나 끝이 있듯이, 수익이 나는 기간에도 언제나 끝이 있습니다. 그렇다면 많은 시장에서 트레이딩하는 추세추종자의 동향을 살피는 게 타당하죠. 많은 잡음은 손실을 초래합니다. 많은 추세 시장은 한 트레이더가 너무 많은 돈을 벌고 과도한 레버리지를 쓰면서 광분할 때 다시 포트폴리오의 균형을 잡을 수 있는, 수익성 있는 기간을 만듭니다. 당신은 거기서 약간의 돈을 빼서 보다 보수적으로 행동하는 다른 트레이더들에게 분배할 수 있습니다. 그래야 모두가 돈을 잃는, 다음 정적인 횡보 기간에 수익을 보전할 수 있습니다.

반대로 누군가가 큰 손실을 내는 경우에도 그 사람이 투자법을 바꾸었거나 그 사람에 대한 신뢰를 완전히 잃지 않았다면 투자 배분의 균형을 맞추는 게 좋습니다. 다음 시기에는 실적을 회복할 테니까요. 하지만 투자업계는 완전히 반대로 하는 것 같아요. 제가 쓴 다른 백서의 제목이기도 한 '성과 간극'은 CTA 수익률과 고객 수익률의 차이를 말합니다. MA 데이터베이스(요즘은 바클레이즈Barclays 데이터베이스)에서 7500만 달러 이상을 5년 이상 운용한 모든 CTA를 대상으로 시간가중수익률을 분석해 보면 고객들이 실제로 얻는 금액가중수익률보다 높습니다. 즉 고객들이 실적이 좋은 CTA를 쫓아다니다가 바닥에서 돈을 뺀다는 얘기입니다. 대단히 불합리하죠.

정말로 안타깝고 슬픈 일입니다. 고객들이 좋은 수익을 얻을 수 있는 길을 버리고 자신에게 해가 되는 일을 하는 걸 보면 마음이 아파요. 그래서 글까지 썼는데 누구에게도 도움이 되지 않은 것 같습니다.

마이클　심리적 측면에서 투자자들은 왜 손실이 날 때 투자하지 않을까요?

톰　트레이딩을 제대로 이해하지 못해서인 것 같습니다. 투자자들은 자신의 심리를 제대로 다루지 못해요. 심리가 얼마나 중요한지도 알지 못하죠. 그 결과 손실이 나면 최종 실적도 손실이 날 것이라고 추정하고, 돈을 전부 잃을 때까지 몇 달이 걸릴 거라고 계산하기 시작합니다.

수익이 날 때도 마찬가지입니다. 투자자들은 '이 사람은 5년 동안 아주 좋은 실적을 올렸어. 수익은 계속 늘어나고 절대 줄지 않아. 그러니까 최종 실적은 차트의 고점을 뚫을 거야'라고 생각합니다. 자신이 보기에 돈을 모두 잃을 사람보다 차트의 고점을 뚫을 사람을 선택하는 건 아주 당연하죠. 이처럼 투자자들은 한발 물러서서 자신이 스스로 덫에 걸렸다는 사실을 깨닫지 못합니다.

고객들은 추세추종자가 장기적으로 돈을 번 이유를 이해하지 못합니다. 분명 당신은 많은 비판과 헛소리에 시달릴 거예요. 실제로 그러한 페이스북 댓글을 좀 봤습니다. 사실 시장의 월간 변동률 추이를 확인하는 건 아주 쉽습니다. 트렌드스탯의 경우 얼마나 많은 시장을 대상으로 삼았는지는 모르지만 변동성이 큰 기간에는 추세추종 전략으로 큰 수익을 올린 반면 변동성이 작은 기간에는 돈을 잃었습니다.

즉 변동성이 크면 수익이 나고, 변동성과 방향성이 약하면 손실이 납니다. 1년에 걸쳐 월별 수익률과 다양한 시장의 월간 지수를 보면 바로 알 수 있습니다. 심지어 2월의 CTA 평균수익률이 어떨지 예측하는 것도 가능합니다. 과거에 일어난 일이니까요. 아마 2월에 손실이 날 겁니다. 과거에 그랬으니까요. 아니면 2월에 수익이 날 겁니다. 과거에 큰 수익이 나거나 작은 수익이 났으니까요. 실제로 데이터가 있으면 이런 내용을 파악할 수 있습니다. 우리는 추세추종에 따른 수익이 어디서 나오는지 이해할 수 있습니다.

하지만 박사학위를 따고, 컴퓨터와 수많은 직원을 가진 요란한 사람들은 그걸 못하는 것 같습니다. 그래서 저는 트렌드스탯에서 손실이 나는 동안에도 저 자신의 프로그램에 따라 매수를 했습니다. 고객들은 전화를 걸어 대고, 저를 해고했습니다. 그러다가 저의 헤지펀드가 신고점을 기록하니까 사람들이 돈을 쏟아부었죠. 오히려 저는 신고점에서 일부 자금을 빼서 다른 매니저들한테 넘기거나 다른 일을 했습니다. 일부 수익을 안전하게 빼내서 포트폴리오의 균형을 잡은 거죠.

알고 보면 저는 언제나 고객들과 정반대의 일을 했습니다. 고객들에게 저처럼 하라고 설득했지만 말을 듣지 않았습니다.

마이클　절대 안 바뀌는 사람들이 있죠.

톰　그게 제가 일을 그만두고 골프나 낚시, 요리, 댄싱, 노래를 즐기기로 한 여러 이유 중 하나예요.

마이클　노래요? 그럼 조금 불러 주실 수 있나요? 저는 몇 년 전에 에드 세이코타와 무대에 선 적이 있습니다. 어떤 노래를 하실 건가요?

톰　할 수 있죠.

마이클　어떤 노래요?

톰　제가 좋아하는 노래는 이거예요. "날아서 달까지 나를 데려다줘요Fly me to the moon… 별들 속에서 살게 해 줘요and let me live among those starts."

마이클　좋네요. 우리 방송에서 처음 선생님의 노래를 듣는군요!

트레이딩과 시장 얘기로 돌아가죠. 선생님처럼 오랫동안 펀드를 운용하면서 좋은 실적을 기록한 사람들과 가끔 얘기를 합니다. 그들은 외부 사람들은 대부분 예상하지 못한 말들을 해요.

런던에서 데이비드 하딩David Harding과 여러 번 얘기를 나눌 기회가 있었습니다. 그는 바퀴벌레나 마돈나처럼 끈질기게 살아남는 것에 대해 얘기했습니다. 살렘 에이브러햄Salem Abraham은 유성 충돌을 피하는 법에 대해 얘기했습니다. 명백히 그들은 생존에 대해 얘기하고 있었습니다. 현실은, 성공할 기회를 얻으려면 여전히 시장에 있어야 해요.

톰　지금 이렇게 당신과 얘기할 수 있는 이유 중 하나는 제게 위험과 변동성을 통제할 수 있는 능력이 있기 때문입니다. 저는 살렘이 얘기한 유성 충돌을 피했고, 데이비드가 얘기한 바퀴벌레처럼 살아남았습니다. 둘 다 흥미로운 비유군요. 제게는 "내일의 게임을 할 수 있으려면 오늘의 게임을 할 수 있어야 한다"는 말로 들리네요.

제가 내일 게임에서 밀려나면 누구에게도 더는 도움이 되지 못할 겁니다. 따라서 계속 게임을 할 수 있어야 합니다. 통계를 내 편으로 만들려고 애쓴다는 점에서는 카지노와 비슷하죠. 저는 추세추종이 그 일을 잘한다고 생각합니다. 게다가 뛰어난 자금 운용 모델을 쓰면 훨씬 더 잘할 수 있습니다. 위험, 변동성, 증거금, 매매하는 시장의 유형을 통제하면 많은 노력이 큰 결실을 안겨 줍니다.

잘 통하는 투자법을 확보하고, 그 작동 방식을 속속들이 자세하게 이해하면 어떤 유형의 시장이 수익을 안기고 상처를 입힐지 알 수 있습니다. 그러면 장기적으로 통계가 당신에게 유리한 방향으로 작동합니다. 계속 돌아와서 게임을 할 수 있는 거죠. 당신은 생존자가 됩니다. 저처럼 업계에서 28년이나 30년 동안 활동하게 되는 거예요. 충분히 오래 업계에 머무르면 사람들은 당신의 이름을 알게 되죠. 수많은 MFA 컨퍼런스나 MRA 컨퍼런스에 참가하고, 수많은 사람과 악수를 나누고, 인터뷰를 하고, 《월스트리트저널》에서 당신의 말을 인용하기 때문입니다. 그 이유는 단지 당신이 살아남았기 때문이에요. 당신이 요란해서 그런 건 아니에요.

마이클　매달 돈을 벌 수 있다고 믿는 사람들을 자주 봅니다. 그들은 어떤 방식으로든 매달 돈을 벌 거라고 생각해요. 실제로 그런 경우도 있을 겁니다. 서버가 거래소 서버 바로 옆에 있어서 광속으로 트레이딩을 할 수 있다든가 하는 이유로요. 저는 잘 모르지만 말이죠.

만약 한 번도 손실을 내지 않고 매달 1퍼센트에서 2퍼센트의 수익을 낸 곳이 있다면 저는 '롱텀 캐피털 매니지먼트Long-Term Capital Management처럼 결국에는 망할 전략을 쓰고 있거나 버나드 메이도프Bernard Madoff 같은 경우일 거야'라고 생각할 겁니다.

톰　동의해요. 에릭 크리텐던Eric Crittenden(롱보드 캐피털 매니지먼트Longboard Capital Management의 공동 설립자)은 세 번째 경우로 "변동성 공매도 매니저가 있는 모양"이라고 말할 겁니다. 변동성 공매도_{Short Volatility} 전략은 가령 네이키드 옵션을 매도하는 것을 말합니다. 행사 가격을 충분히 멀리 설정해서 매도하면 대부분의 경우 옵션은 가치 없이 소멸되고 당신은 돈을 벌 수 있습니다.

이런 식으로 이번 달, 다음 달, 그다음 달에도 수익을 낼 수 있습니다. 그러다가 롱텀 캐피털의 경우처럼 누군가가 왕창 레버리지를 쓴 상황에서 시장의 아주 큰 움직임으로 변동성 공매도 전략이 난관을 맞는 시나리오가 발생합니다. 결국 변동성이 폭발하고, 변동성 공매도 전략을 쓴 곳은 치명적인 타격을 입습니다. 레버리지와 다른 모든 것 때문에 3년에 걸친 월간 수익은 물거품이 됩니다. 그러면 망해서 사라지는 거죠.

그래서 저는 추세추종자라고 말하면서 매달 수익을 내는 곳을 의심합니다. 진짜라면 대단하다고 인정합니다. 그러기 위해서는 정말로 어려운 퍼즐을 풀어야 하니까요.

마이클 선생님이 교수라고 다시 가정해 볼게요. 저는 선생님의 강의를 듣습니다. 강의 제목은 금융심리학 개론이에요. 저는 18살이고, 별로 아는 게 없습니다. 저 같은 학생들을 대상으로 어떤 얘기를 들려주시겠습니까? 많은 측면에서 일반 대중이 그러니까요. 강의 첫날에 어떤 말을 하시겠습니까? 어떻게 궁극적으로 선생님의 기반, 배경, 지식을 배우는 지점까지 그들을 이끄시겠습니까? 첫 주에 그들이 알아야 할 것은 무엇입니까? 정말로 그들이 알아야 할 기본적인 내용은 무엇입니까?

톰

이동평균이 무엇인지, 추세추종 모델이 무엇인지, 리스크와 변동성은 어떻게 관리하는지 같은 기본적인 내용을 다루기 전에 실제로 주식을 거래하는 법부터 알아야 합니다. 가령 제 어머니는 83세의 은퇴자이신데 주식 중개인을 모릅니다. 중개인을 둔 적도 없고, 주문을 넣은 적도 없습니다. 그래서 기본적인 거래조차 하기 힘들 겁니다.

사람들에게 시장에 대한 기본적인 내용이나 거래하는 법을 가르쳐야 합니다. 시장은 매도자와 매수자가 모이는 곳이라는 사실을 알려줘야 합니다. 첫날에 선물 시장에서는 '틱Tick' 단위를 쓰고, 외환시장에서는 '핍Pip' 단위를 쓴다는 것을 알려 준 다음에는 성공적인 트레이딩의 세 기둥에 대해 얘기할 겁니다. 그중 하나는 자신이 무엇을 하려는지 아는 겁니다.

그게 무슨 말이냐면 각자 시장이 특정한 방향으로 움직이는 이유에 대해 나름의 결론을 내려야 한다는 겁니다. 경기가 시장을 이끈다고 생각하는 사람이 있을 겁니다. 경제학 전공자라면 경제학을 토대로 판단을 내리고 싶을 테니까요. 그런 결론에 도달했다면 자신이 편안하게 느끼는 수준에서 리스크와 변동성, 포트폴리오를 선택해야 합니다. 그다음에는 매매 결정 모델을 만들어야 합니다. 이 세 가지 요소를 갖추면 성공할 가능성이 있습니다. 설령 경제학자라고 해도 말이죠. 그다지 마음에 들지는 않지만 모든 것을 갖춘다는 전제 아래 투자를 잘하는 경제학자도 있을 겁니다.

저는 그런 방식으로 접근할 겁니다. 앞서 말한 세 가지 요소를 가르칠 겁니다. 무엇을 하고 싶은지 알아야 하고, 자신의 관점에서 무엇이 시장을 움직이는지 판단해야 합니다. 그게 기본적으로 거래를 이끕니다. 그런 시스템을 고수할지 아니면 폐기할지, 새로운 시장을 추가

할지, 전략을 수정할지 등 거래와 관련된 모든 것을 결정하는 건 자신이니까요. 그게 편안하지 않다면 거래를 할 수 없습니다. 또한 어떤 시장에서 거래할지도 정해야 합니다. 타당해 보이는 시장도 있고, 그렇지 않은 시장도 있을 겁니다. 차트에서 돌파가 나오거나 이동평균이 기준을 넘을 때 매매하는 것 같은 의사결정 모델도 필요합니다. 즉 행동에 돌입하는 요건이 필요합니다. 제 생각에는 앞서 말한 세 가지 요소를 갖추면 적어도 게임에 들어설 준비는 된 것 같습니다.

마이클 요즘 노래, 골프, 댄싱 같은 재미있는 일 말고 어떤 걸 생각하는지 알고 싶어요. 아직도 생각하는 게 있잖아요. 큰 그림이 뭔가요?

톰 제가 가장 많이 생각하는 것 그리고 당신과 저의 친구들이 올린 페이스북 포스트를 보고 깨달은 것은 트레이딩의 세계에는 수많은 사람이 있다는 겁니다. 저는 80개의 상품 시장과 30개의 외환시장에서 매매했고, 온갖 종류의 ETF와 뮤추얼펀드, 주식, 옵션 심지어 국채까지 거래했습니다. 그리고 저는 우리나라가 부채를 5조 더 늘리는 걸 지켜보고 있습니다. 우리는 온갖 양적완화로 달러의 가치를 떨어트리고 있습니다.

저는 은퇴한 후에 어떻게 살아남고, 자산을 지키고 불릴지 매일 고민합니다. 저는 거래 가능한 거의 모든 상품을 거래했습니다. 저는 CD가 무엇인지 이해하지 못하는 우리 어머니 같은 사람이 정말 안타까워요. 저도 그걸 이해시킬 방법을 떠올리기가 어렵거든요. 추세추종자들은 그걸 아주 잘 해낼 겁니다. 하지만 그러면서도 그들은 경주에서 이긴 후 주위를 둘러보며 "이기긴 했는데…"라고 말할 겁니다.

마이클 암울하군요.

톰 네. 당신이 성공적인 트레이더이고, 1퍼센트에 속한다고 칩시다. 당신은 무엇을 해야 할지 살피고 있습니다. 고객이 장기적으로 구매력을 보존할 수 있도록 포트폴리오의 포지션을 구축할 방법을 찾는 거죠. 또한 달러의 가치가 낮아지는 시기에 부를 유지할 수 있도록 자산을 불려야 합니다. 그 방법을 찾는 건 아주 어렵습니다.

마이클 수많은 여건과 시장 그리고 사회경제적, 정치적 패턴을 경험하셨는데요. 2012년 이후로는 과거와 아주 다른 상황이 펼쳐질 것 같다고 말씀하는 건가요?

톰 우리는 추세추종자들이 좋아할 만한 아주 큰 변동의 동력을 쌓아가고 있는 것 같습니다.

예측을 하는 게 아닙니다. 단지 우리가 미국의 금융 시스템에 과도한 부담을 가하고 있다고 생각합니다. 부채가 GDP의 100퍼센트 이상, 108퍼센트에 이르는 지경이잖아요. 그건 아마 대단히 이례적이고 드문 상황일 겁니다. 다시 말해서 미국과 다른 나라들의 경제 통계를 보면 우리는 이전에 보지 못했던 수준으로 치닫고 있습니다. 그러면 붕괴의 위험, 버블의 위험이 생길 것이고, 버블이 터질 수 있습니다. 변동성이 아주 커질 수 있는 거죠.

앞으로 어느 방향으로 일이 진행될지는 모릅니다. 그저 추세추종을 통해 여러 거대한 움직임을 활용할 수 있기를 바랄 뿐입니다. 동시에 모든 변화가 끝났을 때 우리가 가진 것의 가치가 걱정됩니다. 지금보다 순자산은 늘어나겠지만 그걸로 뭔가를 살 수 있는 만큼의 가치가 없을지도 모릅니다.

은퇴 상황을 살펴보면 저의 할아버지는 98세까지 사셨고, 현재 저는 59살입니다. 지금은 건강하게 삶을 즐기고 있습니다. 하지만 할아버지처럼 98세까지 산다고 치면 앞으로 39년이나 남았습니다. 제가 일을 한 기간보다 많이 남은 거죠. 이렇게 수십 년 단위로 생각하는 건 아주 흥미롭습니다. 저는 포트폴리오를 관리해야 하고, 적어도 순자산을 비슷한 수준으로 유지할 방법을 찾아야 합니다. 그래야 은퇴 생활을 즐길 수 있습니다.

근래에는 이런 문제를 점점 더 많이 생각합니다. 아주 까다로운 퍼즐이죠. 해결책은 저뿐만 아니라 나라 전체의 손에 달려 있습니다. 주위에서 일어나는 일을 통제할 수 없기 때문입니다. 저는 전 세계를 돌아다녔습니다. 그 과정에서 '호주로 이민을 가면 어떨까? 스위스나 영국은 어떨까?' 하는 생각을 했습니다. 모두 좋은 나라고, 방문하기도 좋죠. 하지만 저의 나라는 미국이고, 저는 애리조나 피닉스Phoenix를 좋아합니다. 살기 아주 좋은 곳이라고 생각해요. 여기서 저를 쫓아내는 건 쉽지 않을 겁니다. 다만 여기서 살기로 결정했다면 미국과 애리조나의 시민으로서 수십만 페이지의 세법과 씨름해야 합니다. 또한 머리를 쥐어뜯으며 '말도 안 돼. 정말 멍청한 짓이야' 하고 생각하게 만드는 온갖 경제적 결정에도 대처해야 합니다.

우리가 계속 멍청한 결정을 한다면 저는 혼란스럽고 비합리적인 환경에서 다른 모든 사람과 같이 살아남으려고 애쓰게 될 겁니다. 제가 할 수 있는 일에 대한 지식은 더 많은 상태로 말이죠. 지금은 사람들에게 "이런저런 절차를 따르면 잘 살아남을 수 있을 거야"라고 말할 수 있을 만큼 쉬운 답을 찾기가 정말 어렵습니다. 단순히 금화를 사는 것처럼 쉬운 일은 아닐 겁니다. 요즘 텔레비전에 그런 광고가 계속 나오더군요. 금은 좋습니다. 하지만 값이 오를 수도 있고, 내릴 수도 있습니다. 사람들은 뭔가를 산다는 측면에서 당신의 금화를 원할 수도 있고, 원하지 않을 수도 있습니다.

아직 알 수 없는 게 너무 많습니다. 1970년대와 1980년대에는 경기가 횡보했습니다. 활발하게 성장하지 않았죠. 레이거노믹스Reaganomics(감세와 규제 완화에 초점을 둔 레이건 대통령의 경제정책—옮긴이)가 시행된 후 경기가 한동안 좋아지기도 했습니다. 클린턴 정부 시절에도 그런 대로 잘했습니다. 부시 정부 시절도 괜찮았습니다. 하지만 지금은 경제 시스템에 너무 많은 부담을 가하고 있습니다. 정말 큰 움직임이 나올 것 같아요. 그래서 모두 추세추종자가 될 것을 권합니다. 다만 큰 움직임에 대처하는 방법을 찾아내기가 쉽지 않을 겁니다.

마이클 기업가 정신에 대해 얘기하고 싶어요. 회사를 운영하는 건 어떤가요? 생각과 감정 측면에서 많은 변화를 일으킨다고 생각한 적이 있나요?

톰 언제나 그렇습니다. 지금은 이전보다 덜한 것 같기는 한데 그렇지 않은 사람들도 보이더군요.

반 타프Van K. Tharp는 트레이더들을 대상으로 심리에 대한 프로그램을 운영하고 있습니다. 한동안 저는 그와 같이 강연을 했죠. 그 사이에 저는 제 삶과 저를 둘러싼 세상에 대처하는 가장 쉬운 방법은 삶에서 일어나는 모든 일에 대해 개인적으로 책임을 지는 것이라는 결론을 내렸습니다. 설령 그게 다른 사람 때문에 일어난 일이라고 해도 말이죠. 그래서 제가 책임을 질 수 있는 수준까지 판단을 잘하려고 노력합니다.

모든 것에 대한 책임을 지면 다음 사고 단계로 넘어갈 수 있습니다. 어느 정도의 통제력이 생기고 결정이나 경로를 바꾸는 등 뭔가 다른 일을 할 수 있습니다. 삶의 폭을 넓힐 수 있습니다. 저는 화학 엔지니어로 시작해서 은퇴할 무렵에는 외환 트레이더였죠. 사람들은 그 말을 들으면 즉각 "어떻게 그렇게 되었어요?"라고 묻습니다.

몬산토에서 화학 엔지니어로 일할 때 4년마다 호황과 불황이 번갈아 찾아왔습니다. 호황일 때 고용된 화학 엔지니어가 4년 후에는 해고 당했죠. 저에게는 비상수단이 필요했습니다. 그러기 위해서 포트폴리오를 운용하고 재산을 늘려야 했습니다. 그래야 해고당하더라도 다른 일자리를 찾으며 한두 해를 버틸 수 있으니까요.

그러다 보니 아주 많은 투자금을 운용하게 되었습니다. 그걸 안 사람들은 자기 돈도 대신 운용해 주기를 바랐죠. 그렇게 자산운용업으로 끌려 들어간 겁니다. 그래도 저는 그 결정에 대한 책임을 지고 "좋아. 화학 엔지니어 일은 더 이상 하고 싶지 않아. 이제는 머니 매니저가 될 거야"라고 말할 수 있었습니다. 삶에서 일어나는 모든 일에 책임을 지면 전부 자신의 통제권 안에 있게 되죠. 저는 그게 사업가가 하는 일이라고 생각합니다. 사업가는 통제권을 쥐며, 일이 되도록 만들 수 있다는 사실을 깨달아요. 누군가가 일을 넘겨줄 때까지 기다리지 않습니다.

마이클 제 아버지는 하루 종일 못된 인간들에게 "알겠습니다"라고 말해야 하는 일은 하고 싶지 않았다고 자주 말했죠.

톰   자산운용업에도 고객이 있습니다. 외환 트레이딩 사업을 할 때는 자금 세탁 감사를 받아야 했습니다. 국세청에서 나와서 확인을 했죠. 항상 그런 대상은 있습니다.

마이클   그들에게 "알겠습니다"라고 말하지 않으면 문제가 생기죠.

톰   단지 고분고분하지 않다는 이유로 그들은 한 주 더 머물 수도 있습니다. 삶을 힘들게 만드는 거죠.

TREND FOLLOWING MINDSET

미스터 세레니티와의 질의응답

83회: 2012.11.28.

마이클   간단하게 묻고 싶은 게 있습니다. 제가 홈페이지에 올린 철학자 앨런 와츠_{Alan Watts}의 동영상을 보신 걸로 압니다. 앨런 와츠는 "돈이 목적이 아니라면 무엇을 하시겠습니까? 어떻게 욕망을 실현하시겠습니까? 삶을 어떻게 전개해 나갈 겁니까?"라고 물었어요. 이 물음에 어떻게 답하시겠습니까?

톰   저는 20대 때 그에 대한 답을 얻었습니다.

누군가 당신에게 "돈이 더 많다면 무엇을 갖겠습니까?"라고 물으면 당신은 여기에 어떤 답을 내놓을 겁니다. 그러면 그 사람은 "좋아요. 그다음에는요?"라고 묻겠죠. 당신은 그에 대한 답변으로 어떤 걸 갖겠다고 답할 겁니다. 하지만 그 사람은 "이제 그걸 가졌으니 무엇을 가질 건가요?"라고 또 물을 수 있습니다. 어쩌면 영원히 물을지도 모르죠.

결론은 행복입니다. 당신이 어떤 운을 타고나든 당신은 선택을 할 수 있습니다. 가난해도 웃으면서 매일을 즐기는 사람이 얼마나 많습니까? 부자인데도 불행한 사람이 얼마나 많습니까? 각자가 실로 선택하기만 하면 행복할 수 있습니다.

저는 그저 돈은 많은 융통성을 제공한다고 생각합니다. 돈은 적절한 영양을 섭취할 수 있는 약간 더 나은 기회 또는 운동을 통해 몸을 건강하게 유지할 수 있는 더 나은 능력을 제공합니다. 그런 작은 혜택들이 있죠. 하지만 결국에 돈은 당신이 허락해야만 행복을 제공할 수 있습니다.

마이클 질의응답을 시작하기 전에 그 점을 먼저 밝히는 게 중요하다고 생각했습니다. 궁극적으로 중요한 게 무엇인지 사람들이 알아야 한다고 생각합니다.

톰 예를 들어 보죠. 여기 좋은 추세추종자가 되고 싶다는 사람이 있습니다. 그는 추세추종 전략을 터득합니다. 20, 30년이 지난 후 그는 아주 좋은 수익을 내고, 자신의 돈을 운용합니다. 하지만 여전히 그의 삶은 불행할 수 있습니다. 번 돈으로 부동산을 사서 삶을 복잡하게 만들 수도 있고, 5번이나 이혼하면서 더 복잡하게 만들 수도 있습니다. 그밖에 다른 온갖 부수적인 것이 행복을 방해할 수도 있습니다. 좋은 추세추종자가 된다고 해서 무조건 행복해지는 건 아닙니다. 추세추종자가 되기 전에도, 성공적인 추세추종자가 된 후에도 행복해지기를 선택할 수 있습니다.

마이클 이제 그 문제는 설명이 되었으니 본격적인 질문으로 들어가겠습니다. 첫 번째 질문은 댄 몬태그Dan Montag의 질문입니다. "손실이 났을 때 감정을 어떻게 다스리시나요? 『새로운 시장의 마법사들』 이후로 달라진 점이 있나요?"

톰 좋은 질문이네요. 댄은 똑똑한 사람이에요.

제 머릿속에는 '바람에 맞서는 닻Anchored to the Wind'이라는 개념이 있습니다. 아주 빠르게 연이은 수익을 내고 돈이 기록적인 금액으로 쏟아져 들어와서 믿기 힘들 지경인 시기가 오면, 저는 계좌의 본전을 맞추고자 애쓰던 4년간의 노력을 기억하려고 합니다. 또는 최근에 손실이 날 때 어떤 기분이었는지를 생각합니다. 들뜬 마음을 가라앉히려는 거죠.

반대의 경우도 마찬가지입니다. 손실이 나는 시기에는 모든 시장에서 수익을 내면서 돈이 척척 벌리던 때를 기억하려고 합니다. 그렇게 짜증이나 불안 같은, 손실이 날 때 느끼는 모든 부정적인 감정을 상쇄시킵니다. 그러면 다시 다른 방향에서 중립적인 상태로 돌아옵니다.

목표는 매일 완전 중립 상태로 시작하고, 같은 상태로 끝내는 겁니다. 하루의 실적은 수천 일의 트레이딩으로 이어질 기나긴 흐름 속의 한 조각 데이터일 뿐입니다. 평생의 실적조차 모두 데이터 포인트일 뿐이고요. 한발 물러서서 거리를 두고 바라보면 마음이 차분해집니다. 수익이 날 때도, 손실이 날 때도 그렇습니다. 합리적으로 생각할 수 있게 되죠.

마이클 다음 질문입니다. 선생님이 올린 페이스북 포스트를 보면 대부분 '여정을 즐겨라'라는 문구로 끝나는데요. 무엇이 그런 생각을 갖게 했나요? 여정을 즐기기 힘든 시기가 있었나요?

톰 이 모든 일에는 최종 목적지가 없습니다. 그리고 결국 우리 모두는 죽을 테죠. 그래서 저는 종종 트레이더들에게 '여정을 즐겨라'라는 말을 남깁니다. 어느 시점이 되면 우리는 더 이상 추세추종자가 아니라 죽은 사람이 되어 있을 겁니다. 우리는 매일 주위에서 일어나는 마법 같은 일을 살피고, 새로운 아이디어와 세상에 대해 관찰해야 합니다. 그게 핵심입니다.

최종 목적지가 애초의 생각과 다르거나 현실로 다가오면 실망스러울지도 모릅니다. 그러나 우리는 군이 거기에 도달할 필요가 없습니다. 거기까지 도달하려고 지옥을 지나는 건 시간 낭비입니다. 기껏 거기까지 가서 "이게 다야?"라고 말하는 일은 없어야 합니다. 제게는 여정을 즐기는 게 전부예요.

저는 매일 '오늘을 재미있게 살아야' 하고 생각하며 하루를 시작합니다. 오늘 아침에는 2시간 10분 동안 새로운 방식으로 골프를 쳤어요. 그저 스코츠데일의 아름다운 아침을 즐겼습니다. 코스에 나온 사람은 저 혼자였습니다. 아주 조용하고 아름다웠죠. 그게 여정을 즐기는 겁니다. 머리가 터지도록 트레이딩을 하는 게 아니고요.

마이클 저는 오늘 일과를 시작하기 전에 강사와 같이 요가를 했습니다. 한 시간 반에서 두 시간 정도 걸려요. 수업이 끝날 때 저는 바닥에 누워서 눈을 감아요. 강사는 방금 선생님이 말한 내용을 거의 그대로 읽어 줘요. 지금의 순간, 여정을 즐기라는 거죠. 시간이 지나면 언젠가는 모든 게 끝나요. 그러니 미래에도, 과거에도 살지 말고 바로 지금을 살아야 한다는 거죠.

톰 맞습니다.

마이클 인생에서 특별히 여정을 즐기기 힘든 시기가 있었나요?

톰 네. 저 자신에 대해 많은 걸 이해하기 전으로 화학 엔지니어로 일하던 20대 때였을 겁니다. 그때 저는 MBA를 따려고 했고, 4년 후에 세인트루이스 남서부의 숲속에 지을 집을 설계하고 있었습니다. 이외에도 세인트루이스에서 주식 투자 자문사인 케네디 캐피털을 만들었고, 상품 트레이딩을 하고 있었습니다. 아침에 일어나서 하루 종일 열심히 일하다가 지친 상태로 잠들고, 다시 일어나서 같은 일을 반복했습니다. 회사에 나가지 않는 주말에는 상품 트레이딩을 위한 리서치를 하거나 주식 트레이딩을 개선하기 위해 시간을 썼습니다.

지금은 60살이라는 나이와 기운에 맞게 속도를 훨씬 잘 조절하는 것 같습니다. 하지만 여전히 많은 일을 하려 들고, 때로는 약간 서두르기도 합니다. 그래도 항상 때가 되면 '일을 제쳐 두고 재미있는 걸 할 시간이야'라고 생각해요. 가능한 한 매일 여정을 즐기는 시간을 조금이라고 가지려고 항상 노력합니다.

마이클 래리의 질문입니다. "수익이 난 포지션에 대한 탈출 전략이 무엇인가요? 손실이 난 포지션에 대해 손절매를 활용하는 것보다 수익이 난 포지션에서 탈출하는 게 더 까다로운 것 같습니다."

톰 저는 래리를 압니다. 똑똑한 트레이더죠. 그의 팟캐스트를 들어 봤는데 마음에 들더군요.

래리의 질문에 대한 답은 아주 간단합니다. 저는 수익 거래와 손실 거래 사이에 큰 차이가 없다고 생각합니다. 저는 이런 식으로 해요. 오늘 방향이 상방이면 롱 포지션을 잡습니다. 그리고 포지션 아래에 손절 지점을 설정합니다. 상승이 계속되면 손절 지점을 계속 유지하거나 위로 올립니다. 포지션을 따라 올라가는 거죠. 방향이 바뀌면 결국 지정된 매도 지점에 이르고 이제는 하방 움직임이 나옵니다. 그러면 더 이상 포지션을 잡고 싶지 않습니다. 저는 이렇게 트레이딩을 단순하게 합니다. '20퍼센트가 올랐으니까 수익을 취하는 데 있어서 다른 방식을 적용해야 해'라는 식으로 생각하지 않아요. 그냥 놔둡니다.

에드 세이코타가 한 아주 유명한 말이 기억나네요. 아마 제가 30대 때였을 겁니다. 그의 강연을 듣고 있었는데 누군가가 "포지션을 잡을 때 어느 정도를 목표로 정하나요?"라고 물었습니다. 에드는 그 사람을 보며 "거의 무한정 높게 정합니다. 수익이 오래 나기를 바랍니다. 평생 포지션을 유지하면서 다른 포지션을 잡을 필요가 없기를 바랍니다"라고 말했습니다. 아주 좋은 대답이에요. 그렇게 하지 못한다고 생각할 이유는 없습니다. 물론 제게는 그런 일이 한 번도 일어나지 않았습니다. 그래도 계속 가면 그냥 놔둬야 합니다.

마이클 계속 가지 않을 경우에 대비한 계획도 필요하겠죠?

톰 계속 가지 않으면 방향을 바꿔서 손절이 되죠. 계속 가다가 주춤한 후에 방향을 바꾸면 익절이 됩니다. 제가 보기에 두 경우는 다를 게 없어요. 그래서 다르게 접근하지 않으려 합니다. 다르게 접근하는 사람도 있습니다. 그걸 리서치 프로젝트로 보지 못할 이유는 없지만 제게는 심리적 측면에서 전혀 타당하지 않습니다. 방향이 하방이면 포지션을 잡고 싶지 않습니다. 수익이 났든 손실이 났든 상관없어요. 그냥 포지션을 잡고 싶지 않습니다.

마이클 클린트 스티븐스Clint Stevens와 스티브 번스Steve Burns는 '헤지Hedge'에 대해 질문했습니다. 그들은 하락 추세에서 롱 포지션을 정리하는 게 아니라 헤지를 활용하여 손실을 줄이는 선생님의 트레이딩 방식과 그 이점에 대한 선생님의 생각을 듣고 싶어 합니다.

톰 약간 시간이 걸리지만 아주 단순합니다. 당신이 순전히 기술적이든, 부분적으로 펀더멘털을 반영하든 원하는 전략을 취한다고 가정합시다. 저는 약간의 펀더멘털을 토대로 주식과 ETF를 걸러 내는 걸 좋아합니다. 가령 고배당 수익을 바란다면 그것을 기준으로 포지션을 걸러낼 수 있습니다. 주가수익비율PE ratios 같은 가치 평가 수단도 마찬가지입니다. 저는 아주 비싼 것보다 약간 싼 걸 사고 싶습니다.

제가 똑똑하게 롱 포지션을 분산시킨 포트폴리오를 구성했다고 가정합시다. 논의를 위해 지난 9월에 그렇게 했다고 칩시다. 마침 당신이 전화를 하기 직전에 거래를 마치면서 확인했는데 지난 두어 달 동안 상당한 헤지를 걸어 둔 주식 포트폴리오의 자본이 9월 중순과 똑같았습니다. 한 푼도 늘거나 줄지 않았습니다.

저는 하락이 나올 때마다 헤지를 걸고, 상승이 나올 때마다 헤지를 해제합니다. 제가 잡아 둔 모든 멋진 포지션에서 시간이 흘러갑니다. 그만큼 기부를 하거나 더 나은 세율을 적용받을 수 있는 장기 자본소득에 가까워지는 거죠.

저는 헤지를 걸 때 SPY ETF를 공매도합니다. 이 ETF는 유동성이 아주 높아서 언제든 원할 때 공매도가 가능하죠. 또한 언제든 원할 때 발을 뺄 수 있습니다. 어떤 때는 초당 30회씩 매매가 되기도 합니다. SPY ETF를 공매도하면 포트폴리오에 완충 지대를 만들 수 있습니다. 동시에 롱 포지션은 오랜 기간에 걸쳐 장기 자본소득이 되고, 일을 제대로 한다면 알파Alpha(지수수익률 대비 초과수익률—옮긴이)를 얻을 능력을 갖습니다. 모든 등락을 헤쳐 나가서 당신을 위해 뭔가를 하도록 거들어 주는 거죠.

그게 헤지의 역할입니다. 헤지의 단기적 속성에 대비하여 세금 측면에서 장기적 이득을 볼 수 있습니다.

마이클　브랜든 브록먼Brandon Brockman의 질문입니다. "전략 개발 및 테스트 과정에서 어떤 지표가 거래 시스템에 대한 신뢰를 주었습니까? 또한 테스트에서 실제 트레이딩까지 거래 시스템을 진전시킬 때 어떤 과정을 거치나요?"

톰　좋은 질문이네요. 하지만 답이 길어질 것 같아요. 역사와 과정을 얘기해야 하거든요.

우리는 트렌드스탯에서 투자 콘셉트를 고안할 때 그것이 가치를 더하는지 아닌지를 파악하려고 애썼습니다. 그래서 여러 시도를 했죠.

첫째, 정제된 데이터로 구성된 데이터베이스를 만들고 이상Anomaly이 없도록 철저하게 확인했습니다. 가령 고점-저점 범위를 벗어난 포지션의 구축과 청산 같은 것 말입니다. 이것은 우리가 항상 데이터베이스에서 찾아내려는 명백한 이상입니다. 그런 일이 일어나서는 안 되니까요. 포지션의 구축과 청산은 고점-저점 범위 안에서 이뤄져야 합니다. 그렇지 않다면 뭔가가 잘못된 거죠.

우리는 데이터를 정제한 다음 전반적으로 검토하면서 콘셉트를 잡습니다. 그리고 여기서 매수하라거나 저기서 매도하라고 말하는 실제 지표를 프로그래밍에 넣습니다. 그다음 척도를 만들어요. 우리는 주로 최대 손실폭, 평균 손실폭, 회복 시간을 살핍니다. 또한 리스크 대비 수익률도 많이 살핍니다. 우리는 손실폭 대비 수익률로 리스크를 측정하고, 변동성 대비 수익률 같은 것도 측정합니다.

이 모든 일은 유용합니다. 하지만 현실적으로 제가 새로운 지표를 편안하게 받아들일 수 있었던 데는 다른 이유가 있습니다. 저는 사무실에 가서 비서인 리사에게 말했죠. "지금부터 문을 닫고 리서치 결과를 살필 거니까 급한 일이 아니면 방해하지 말아요." 저는 자를 들고 1페이지부터 시작합니다. 자를 대고 읽으며 그날 시장이 어떻게 움직였는지, 그날 활용한 전략의 결과가 어떤지를 확인합니다. 그리고 저 자신에게 이런 질문을 던지죠. '시장이 움직인 양상에 비추어 볼 때 전략이 기대한 성과를 이루었는가?' 그 정도까지 결과를 이해하는 게 아주 중요합니다. 그게 2주나 한 달, 6달 또는 1년 정도 힘든 시기를 겪을 때 결국 추세추종자나 다른 트레이더들로 하여금 시스템을 포기하게 만드니까요.

"전략이 통하지 않으면 어떻게 하나요?"라는 질문이 있었죠? 지난 두어 달 동안의 시장 데이터를 살피세요. '전략의 내용 그리고 적용 방식 면에서 이 기간에는 힘들 수밖에 없었어'라는 생각이 든다면 괜찮습니다. 전략에 문제가 없다면 굳이 고치지 마세요. 계속 실행하세요. 좋은 때를 기다리세요. 언젠가는 그날이 올 겁니다.

손실이 나면 많은 사람은 전략이 더 이상 통하지 않는다고 생각합니다. 제 경우 제가 활용한 모든 전략을 통틀어 하루도 손실이 나지 않은 것은 없습니다. 언제나 손실이 나는 날은 있기 마련이에요. 그런 날에는 '시장이 들쑥날쑥 횡보하고 있군. 나의 추세추종 모델은 횡보장에서는 약간 손실을 입을 수밖에 없어. 추세가 형성될 때까지 기다리자. 그러면 나아질 거야'라고 생각합니다.

매일을 견디다 보면 그렇게 생각하는 수준에 이르게 됩니다. 저는 자를 대고 6장의 출력물을 훑으면서 매일의 데이터를 살핍니다. 몇 시간이 걸리는 일이죠. 그래도 이렇게 하면 '이 모델은 통하고 있어. 나는 이 모델이 다양한 상황에서 어떻게 반응할지 잘 알아. 지표는 양호해. 규모를 키워서 본격적으로 자금을 넣어야겠어'라고 생각할 수 있습니다.

마이클   짐 바이어스Jim Byers의 후속 질문을 드리겠습니다. "초기의 큰 손실에서 어떤 교훈을 얻었는지 말씀해 주시겠습니까?"

톰   네, 바로 기억나네요. 은 거래였습니다. 이와 관련해서는 『시장의 마법사들』 인터뷰에서도 말했을 겁니다.

투자가 기분 좋게 진행되고 있었습니다. 선물 포트폴리오 규모는 수십만 달러였고, 저는 두어 개의 은 계약에 투자했습니다. 그때는 헌트 형제가 은을 매점하려던 시기였습니다. 은값이 천정부지로 치솟았죠. 저의 모든 기대치를 뛰어넘는 수준이었습니다. 당시 저는 우직한 추세추종자였습니다. 그래서 목숨을 걸고 포지션을 유지하면서 등락을 견뎌 내고자 했습니다. 시장이 어느 방향으로 가든 적당하게 손절 지점을 옮기려고 했습니다.

그런데 은값이 너무 빨리 오르는 바람에 저의 손절 지점이 꽤 동떨어지고 말았습니다. 50만 달러나 60만 달러 수준으로 말도 안 되는 수익이 나더군요. 수익률은 400~500퍼센트나 되었습니다. 그래도 저는 같은 포지션을 유지했습니다. 얼마 지나지 않아 엄청난 하락이 나왔습니다. 저는 포지션에서 빠져나왔고, 포트폴리오의 규모는 결국 25만 달러에서 30만 달러 정도로 줄었습니다. 정부가 매점을 막고 증거금을 늘리면서 몇 주 만에 30만 달러를 잃은 것입니다. 모든 것이 무너졌고, 매일 하한가가 이어졌습니다.

이 일로 저는 포트폴리오에서 자본 대비 변동성의 비율을 바꾸지 말아야 한다는 사실을 배웠습니다. 그때 저는 여러 은 계약을 들고 있었습니다. 그 계약을 유지하면서 우직한 추세추종자로서 끝까지 버티지 못할 이유는 없었습니다. 다만 마지막에도 처음과 같은 수의 계약을 들고 있을 필요가 없었습니다. 저는 바뀌는 상황에 따라서 계약을 줄일 수 있었습니다. 그러면 포트폴리의 변동성을 낮추는 한편 여전히 상당한 포지션을 유지할 수 있었을 겁니다.

이러한 방식을 쓰면 포트폴리오가 15개의 은 포지션 모음이 아니라 제대로 된 포트폴리오처럼 작동했을 겁니다. 하지만 제 경우는 은 포지션이 매일 포트폴리오 전체를 좌지우지했습니다. 나머지 포지션은 아무런 영향을 미치지 못했습니다. 변동성에 따라 지속적으로 포지션을 조정하면 80개의 상품 시장에서 복수의 시스템으로 거래할 수 있습니다. 컴퓨터는 모든 포지션의 변동성이 어느 정도여야 하는지 정확하게 알려 주었죠. 이렇게 하면 하나의 시장이 그날 일어나는 일을 너무 많이 좌우하는 일은 없습니다.

그게 제가 배운 교훈입니다. 자본에 비례하여 리스크를 통제하는 방식으로 확장된 아주 귀중한 교훈이었죠. 트렌드스탯의 말기에는 수많은 방식으로 포지션의 규모를 통제했습니다. 포지션 규모 설정의 핵심은 모든 포지션이 포트폴리오에 유의미한 영향을 미쳐야 한다는 겁니다. 작은 영향이나 큰 영향이 아니고 의미 있는 영향이어야 합니다. 그 수준에 이르면 포트폴리오를 제대로 관리할 수 있습니다.

마이클　자금 운용 방식의 활용, 자금 운용 방식의 유형, 리스크 통제에 접근하는 방식, 불타기를 하는지 여부에 대한 질문이 많습니다.

톰　저는 쉬운 계산 방식으로 자금을 운용합니다. 현재 지점에서 손절 지점까지의 리스크에 계약 수를 곱하면 금액 기준 리스크, 순포지션이 나와요. 그것을 포트폴리오의 자본으로 나누면 그 시점에 해당 포지션의 리스크가 포트폴리오에서 차지하는 비중이 나옵니다. 변동성도 마찬가지입니다. 한 포지션의 변동성을 계약 수로 곱하면 됩니다.

저는 지난 20일 동안의 평균 실질가격 변동폭Average True Range으로 변동성을 파악합니다. 그것을 자본으로 나누면 자본 대비 변동성이 나옵니다. 증거금도 같습니다. 포지션의 증거금을 계약 수로 곱하고, 자본으로 나누면 자본 대비 증거금의 비중이 나옵니다.

이 세 가지 척도에 대해 일정한 기준을 정할 수 있습니다. 그리고 컴퓨터로 계산하여 이 기준들 중 하나라도 초과하면 포지션을 매도하여 기준 내로 되돌릴 수 있습니다. 심지어 저는 초기 포지션과 기존 포지션의 규모를 지속적으로 제한하기도 했습니다. 포지션에서 수익이 나기 시작하면 필연적으로 약간의 추가적인 변동성과 리스크를 수반하기 때문입니다. 다만 수익을 내면서 원하는 방향으로 가는 경우 계속 가도록 냅둡니다.

우리는 자본 대비 초기 포지션 리스크와 변동성 리스크의 기준 그리고 포트폴리오의 규모를 정했습니다. 그다음 시장이 우리가 원하는 방향으로 가면 여지를 약간 더 허용했습니다. 그러다가 우리가 정한 기준을 넘어서면 기준 내로 돌아올 때까지 계약을 줄였습니다. 그러면서도 에드 세이코타가 말한 대로 언제나 "달까지" 우리의 포지션이 날아가도록 냅두었습니다.

마이클 로스 헨드릭스Ross Hendricks와 매튜 프라이Matthew Fry는 시스템 테스트에 대해 질문했습니다. "처음 백테스트Back Test(투자 모델을 과거 데이터에 적용하여 실효성을 검증하는 것—옮긴이)를 하려는 프로그래머에게 어떤 조언을 해 주시겠습니까?" 또한 매튜는 "시스템에 대한 전진 분석Walk Forward(기간별로 시뮬레이션을 돌려서 최적의 매개변수를 찾아내기 위한 테스트 방식—옮긴이)의 가치를 믿으십니까? 그렇지 않다면 시스템의 상태를 점검하는 최고의 척도는 무엇이며, 변화가 필요한 때라는 사실을 어떻게 아나요?"라고 물었습니다.

톰 모두 좋은 질문이네요. 저는 운 좋게도 화학 엔지니어로 시작했습니다. 그래서 4번의 추세 프로그래밍과 기본적인 프로그램 수업을 듣고 프로그램이 무엇인지 이해했습니다. 태어날 때부터 프로그래밍에 대한 지식이 있었던 건 아닙니다. 모두가 그렇죠. 배워야 해요.

관련 도서를 사거나 수업을 들으세요. 처음 시작할 때는 엑셀 스프레드시트 같은 단순한 수단을 살필 것을 권합니다. 저는 프로그래밍 전담 직원을 두지 않아요. 요즘 저는 투자할 때 엑셀로 테스트를 합니다. 엑셀은 아주 강력하고 쓸모 있어졌습니다. 지금은 컴퓨터에 장착된 기가바이트 단위의 하드 드라이브와 빠른 연산 속도를 활용하여 옛날의 IBM PC나 1980년의 TRS-80으로는 프로그래밍할 수 없는 많은 작업을 엑셀로 할 수 있습니다.

컴퓨터는 작은 규모로는 아주 강력해요. 그러니 처음에는 엑셀로 시작하는 걸 고려해 보세요. 그러면 조금 더 쉽게 내역을 확인할 수 있습니다. 엑셀 안에서 조금 복잡한 걸 하고 싶다면 비주얼 베이직 모듈을 설치하세요. 이와 관련한 많은 강의와 책이 있습니다. 저라면 거기서 시작할 겁니다.

많은 기성의 전략 프로그램은 살펴볼 만한 도구를 제공합니다. 하지만 그중 다수는 당신이 추구하는 궁극적인 트레이딩 방식과 맞지 않을 수 있습니다. 당신이 앞으로 하게 될 트레이딩에 대한 현실적인 관점을 제시하지 못하는 것이죠. 다시 말해 이런 기성의 프로그램은 당신이 운용하려는 포지션 규모를 커버하지 못할 수도 있습니다. 가령 한 계약을 토대로 삼고, 그 기준으로만 작동하는 거죠. 그래서 한 계약을 매매할 때는 결과를 얻을 수 있지만 자금 운용의 효과를 확인할 수는 없습니다.

자칫 역사에 대한 이상한 관점을 얻을 수도 있습니다. 그래서 좋거나 나쁜 물이 들 수 있습니다. 역사를 바라볼 때는 당신의 전략을 신뢰할 수 있어야 합니다. 엄격하게 실행되지 않은 시뮬레이션을 토대로 일부 전략과 사랑에 빠져서는 안 됩니다. 그러다가 나중에 갑자기 전략이 흔들리면 신뢰가 무너지면서 계속 밀고 나갈 수 없게 됩니다. 저라면 그렇게 시작할 겁니다.

제게 '전진 분석'은 일정한 기간에 대해 전략을 적용하고, 거기서 도출된 특정한 데이터베이스를 활용하여 매개변수를 재최적화Re-Optimize하는 것입니다. 이후 데이터베이스의 다음 부분을 공략하고 그 결과를 활용하여 다시 매개변수를 최적화합니다. 그다음 그걸 데이터의 세 번째 부분으로 앞서 돌려 보는 식이죠. 하지만 저는 그게 약간 투박합니다. 실제 세계는 그렇게 돌아가지 않으니까요. 제게는 매일이 다른 날입니다. 가령 실질 변동폭을 보세요. 20일에 걸친 평균 실질 변동폭은 매일 변합니다. 평균 실질 변동폭을 매개변수 중 하나로 삼는다면 매일 전진이 이루어지고, 새로운 20일과 평균 실질 변동폭이 생길 겁니다. 매일 상황이 달라지는 거죠.

그래서 거기에 따라 전진 분석을 해야 합니다. 그래야 실제로 매일 트레이딩에서 하는 일에 더 가까워집니다. 저는 데이터의 큰 부분을 따로 떼어서 최적화한 다음 그 결과를 다음 데이터 덩어리에 적용하는 방식보다 그런 유형의 전략을 더 좋아합니다.

이를 매일 하는 전진 분석이라고 생각하면 됩니다. 매일 지난 20일에 걸친 평균 실질 변동폭을 계산하는 방식으로 역사적 데이터베이스에 전진 분석을 적용할 수 있습니다. 그다음 데이터베이스를 살펴서 판단을 하고, 자금 운용에 대한 결정을 내리고, 데이터베이스에 모든 내역을 기록하면 됩니다. 그러면 잘하는 거예요.

마이클 앤드류 더비셔Andrew Derbyshire의 질문이 올라왔네요. 그는 과거에는 추세추종에 대한 회의적 시각에 어떻게 대처했는지 알고 싶어 합니다. 가령 데이비드 하딩David Harding은 CNBC에서 그런 시각에 대처해야 했죠.

톰 분명 회의적인 시각이 있었고, 지금도 존재합니다. 사실 그게 추세추종이 여전히 아주 잘 통하는 이유 중 하나예요. 모두가 그걸 믿으면 그렇게 잘 통하지 않을 겁니다.

저는 경력 후반기에 추세추종자들이 어디서 돈을 벌거나 잃는지에 대해 조사했습니다. 20개에서 30개의 상품으로 구성된 각종 포트폴리오의 월간수익률을 기준으로 각 시장에서 방향 변화가 이루어진 절대적인 양을 측정했죠. 그다음 그 수치를 해당 기간 동안 CTA들이 올린 수익과 비교했습니다. 처음에는 트렌드스탯 포트폴리오를 대상으로 삼았습니다. 시장별로 세부적인 데이터를 갖고 있었으니까요. 나중에는 거시적 차원에서 다양한 가격의 투자 상품으로 구성된 전체 포트폴리오의 평균 가격과 CTA 업계의 다양한 수익을 따졌습니다.

그 결과 시장이 움직이는 시기와 CTA 또는 추세추종자가 돈을 버는 시기 사이에 확실한 상관관계가 존재한다는 걸 확인했습니다. 이는 아주 논리적이에요. 누구도 거기에 반박할 수는 없습니다. 또한 누구도 그렇지 않을 거라고 생각할 이유도 없습니다.

이때 '향후 20년 동안 시장이 움직일 것인가, 아니면 한자리에 머무를 것인가?'라는 의문이 생깁니다. 시장이 20년 동안 움직이지 않을 것임을 안다면 아마 추세추종자가 되고 싶지 않겠죠. 트레이더가 되고 싶지 않을 거예요. 시장이 움직이지 않으면 큰돈을 벌 수 없습니다. 한 가격에 사서 더 높은 가격에 팔거나, 더 높은 가격에 팔고 더 낮은 가격에 사야 하니까요. 시장이 전혀 움직이지 않으면 더 높거나 낮은 가격이 나오지 않아요. 같은 가격만 나오죠.

시장은 움직여야 합니다. 컴퓨터, 시장에 대한 훨씬 많은 참여, 시장에 작용하는 모든 힘 덕분에 변동성이 늘어났습니다. 그래서 말도 안 되게 높은 수준으로 가격이 폭발할 가능성이 아주 많습니다. 지금은 제가 필사적으로 반대하는 양적완화 때문에 달러가 다소 평가절하되고 있습니다.

원유는 달러로 거래됩니다. 달러가 계속 가치를 잃으면 중동이나 다른 지역의 사람들은 우리에게 파는 석유에 대해 더 많은 달러를 원할 겁니다. 조만간 우리는 그 대가를 지불해야 할 겁니다. 거래 통화는 이미 과거의 수준을 벗어났습니다. 따라서 상품도 기존의 변동폭을 벗어나는 편향이 생길 겁니다.

이 모든 점을 고려할 때 데이비드 하딩 같은 추세추종자는 앞으로도 돈을 벌 겁니다. CNBC와 인터뷰 프로그램의 일부 진행자는 그 사실을 이해하지 못해요. 다우 5분 차트만 살피니까요.

거기서 단절이 생깁니다. 추세추종자가 누리는 우위는 미래의 변동성입니다. 미래에는 변동성이 늘어날 것이고, 거대한 움직임이 훨씬 많이 나올 겁니다. 그때까지는 헛소리를 참아야 해요.

마이클 CNBC 프로듀서들이 저를 초대해서 프로그램에 대한 즉석 프레젠테이션을 요청한 적이 있습니다. 그때 스튜디오를 지나면서 아주 흥미로워하던 기억이 나네요. 넓은 공간에 리포터들, 그러니까 텔레비전에서 보던 사람들이 모여 있었거든요. 그 옆에 세트가 있었습니다. 시청자들은 작은 텔레비전 화면으로 프로그램을 보죠. 하지만 스튜디오 안에 있으면 '와, 이 모든 게 가공된 거야. 다 가짜야. 진짜가 아냐'라는 걸 깨닫게 돼요. 거기 서서 실시간으로, 생생하게 방송 현장을 보면 채널을 돌리면서 텔레비전 화면의 제약 안에서 보는 것과 많이 달라요.

톰　그중에서 많은 부분이 그저 잡음을 만들어 내는 것에 불과합니다. 다우가 오늘 50퍼센트 하락한 이유를 그냥 들으면 되는데, 데이비드 하딩 같은 사람이 향후 10년을 다루면서 엄청난 노력이 필요한 전략에 대해 얘기하는 걸 듣고 싶어 하는 사람이 있을까요?

마이클　맞습니다.

톰　일반인들은 그런 걸 몰라요. 제 생각에 CNBC는 전문 트레이더가 아이디어를 얻기 위해 갈 만한 곳이 아닙니다. 그 반대라면 몰라도 말이죠.

마이클　데이비드 하딩으로부터 한 번도 접하지 못한 유형의 답변이나 사고 과정을 접하면 '이 사람이 누구이고 어떤 일을 하는지 알아봐야겠어. 배울 게 있을지 몰라'라고 생각할지도 모르죠.

톰　그러려면 데이비드가 들려주는 좋은 정보와 질문을 하는 진행자가 말하는 나쁜 정보를 구분할 줄 알아야 합니다.

마이클 그렇군요.

톰 물론 그럴 능력이 있다면 데이비드 하딩의 얘기를 들을 필요가 없겠죠.

마이클 딱히 답이 없는 상황이네요.

클린트 스티븐스Clint Stevens로부터 질문이 왔습니다. 그는 "잭 슈웨거가 쓴 『새로운 시장의 마법사들』에 당신이 포함된 이유로 '평온함'에 수익률을 더한 결과"라고 적혀 있다면서, 트레이딩 접근법을 어떻게 개발했는지, 지금까지 인생을 어떻게 경영했는지를 물었습니다. 다른 일은 아무것도 하지 않는, 잔뜩 흥분한 상태에 뚱뚱한 몸으로 과로에 시달리는 트레이더는 되지 않겠다고 처음부터 생각했나요?

톰 네. 크게 보면 그래요. 다만 머니 매니저로서 저의 직무는 고객의 자산을 관리하는 것이었다는 점이 약간 다릅니다. 저의 자산을 관리하는 게 아니었어요. 저는 고객의 말을 듣고 그들이 좋아하는 것과 좋아하지 않는 것에 대해 질문했습니다. 이 과정에서 일반적인 고객은 자신이 고용한 목적대로 머니 매니저가 머니 매니저로서 일을 하도록 허용하지 않는다는 안타까운 사실을 알았습니다.

머니 매니저가 원하는 대로 트레이딩을 하고 그에 따라 포트폴리오의 실적이 너무 많이 오르내리면 고객들은 불안해 하면서 머니 매니저를 해고해 버립니다. 고객들은 언제나 수익률을 좇으면서 자본 곡선Equity Curver(일정한 기간에 걸쳐 트레이딩 계좌의 수익 변화를 나타내는 곡선—옮긴이)의 고점에 있을 때 돈을 맡기고 싶어 합니다. 그러다가 자본 곡선이 손실기를 지날 때는 돈을 빼 버리죠. 이는 성과 보수 측면에서 대단히 손해입니다. 또한 고객의 실제 투자수익률 측면에서도 대단히 손해입니다. 저는 초기부터 제게 최고의 머니 매니저가 될 기회를 주는 고객을 만드는 게 저의 할 일이라고 판단했습니다.

그러면 자신이 아니라 고객을 중심으로 전략을 설계하게 됩니다. 고객은 저보다 위험 감수도가 훨씬 낮죠. 그 점이 간접적으로 제 삶의 질에도 영향을 미칩니다. 훨씬 순하고, 변동성이 적은 전략을 만들었기 때문이죠. 저는 양호하면서 약간은 따분한 리스크 대비 수익률을 고수하고자 했습니다.

당시 활기 넘치는 뉴요커로서 프루덴셜Prudential에서 선물 리서치 부장으로 일한 잭은 『시장의 마법사들』을 파는 데 도움이 되는 소재를 찾고 있었습니다. 그 대상은 4배, 100배, 1,000배의 수익을 올리면서 세간의 전설이 된 사람들이었죠. 그런 사람들에 대한 얘기는 책을 파는 데 도움이 됩니다. 하지만 저의 얘기는 그다지 흥미롭지 않습니다. 엔지니어 출신의 머니 매니저로서 대단치 않은 수익률을 올리며 그저 느긋하게 흘러가고 있을 뿐이니까요.

겉으로 보면 그다지 흥미로울 게 없었습니다. 하지만 사람들이 계속 저를 인터뷰해야 한다고 잭에게 얘기했습니다. 그는 혼란스러워하며 '왜 다들 톰이 흥미롭다는 거지?'라고 의아해 했습니다. *그리고 때가 되었죠.* 그는 저와 인터뷰하면서 제가 삶을 누릴 수 있도록 설계한 모든 양상과 제가 실제로 즐거운 삶을 살고 있다는 사실을 알았습니다. 그리고 그 자신은 다소 애석하지만 아직 제가 찾은 방법을 찾아내지 못했습니다.

잭은 그때까지 쓴 두 권에 소개한 것들 중에서 저의 트레이딩 스타일을 가장 따라 해 보고 싶다고 말했습니다. 크게 고민할 일 없이 평화롭게 트레이딩 과정을 통제할 수 있으니까요. 잭은 애초에 트레이딩은 스트레스를 수반할 수밖에 없다고 생각한 것 같습니다. 즉 트레이딩은 일종의 마초들이 하는 일이고, 높은 수익률을 올려야 한다는 거죠. 그러기 위해서는 스트레스를 견디면서 자본 곡선을 오르내려야 합니다. 사실 말도 안 되는 거죠. 그건 그저 편견에 불과합니다. 저는 또 다른 세상을 보는 시야를 열어 준 겁니다.

마이클   제 아버지도 그런 라이프스타일을 선택했습니다. 제 아버지는 치과 의사였는데, 개업하고 얼마 지나지 않아 주 4일 근무를 하기로 결정했습니다. 매주 금요일을 쉬었죠. 20대에 그런 방식을 따랐어요. 이처럼 다르게 일하는 방법을 생각하는 데 활용할 수 있는 방식, 기법, 아이디어들이 있습니다.

처음에 얘기한 앨런 와츠의 동영상으로 돌아가 보죠. 그는 많은 동양 사상을 서구에 소개했습니다. 그는 "어떻게 하면 당신의 삶을 다른 구조로 만들 수 있으며, 일찍이 그 문제를 생각할 수 있을까요?" 하고 물었습니다. 당신은 어떻게 쉴 없이 뛰어다니는 삶에 갇히지 않는 건가요?

톰   저는 은퇴했습니다. 더 이상 트렌드스탯은 없어요. 10명의 직원을 두지도, 40대의 컴퓨터를 돌리지도 않아요. 오직 한 대의 컴퓨터로 대부분의 일을 하죠. 한 대를 더 장만할까 생각은 하고 있습니다. 직원도 없고, 예비 인력도 없습니다. 하지만 좋은 트레이딩 전략을 만들어야 하죠. 그 전략을 지금 거래하는 다양한 시장에 맞는 다양한 트레이딩 스타일로 바꿔서 적용하고 있습니다. 트렌드스탯에서는 오렌지주스를 거래한 적이 없습니다. 우리의 덩치가 너무 컸거든요. 하지만 이제는 오렌지주스를 거래할 수 있고, 실제로 거래하고 있습니다. 그때그때 여건에 맞춰 가야 합니다.

은퇴한 후에 다른 시장에서 거래하는 것 외에 달리 하는 일이 있냐고요? 오늘은 2시간 넘게 골프를 치고 싶었습니다. 저는 하루 종일 컴퓨터 앞에 앉아서 차트를 들여다보며 시력을 망치고 싶지 않습니다. 차라리 뒷마당에 나가서 나무를 다듬거나 꽃을 심거나 운동을 하거나 등산을 하거나 골프를 치는 등 제가 좋아하는 모든 일을 하고 싶습니다.

트레이딩 전략을 만들 작정이라면 제가 원하는 라이프스타일을 누리는 방향으로 설계하지 못할 이유가 있을까요? 이렇게 해도 좋은 전략적 원칙을 트레이딩에 적용할 수 있습니다. '어떻게 트레이딩 전략을 라이프스타일과 조화시킬까?'라는 질문에서 출발하기만 하면 되는 간단한 일이라고 생각합니다.

저는 종종 "외판원은 일주일에 5일을 외지에서 일하고 주말이면 집에 오죠. 트레이딩은 토요일 오전에 하면 되지 않나요?"라고 말합니다. 일주일에 한 번 데이터를 뽑아서 토요일 오전에 살펴보고, 그에 따라 결정을 내린 후 인터넷으로 주문을 하는 겁니다.

마이클　지난 몇 년 동안 주봉 시스템을 활용하는 대형 펀드, 추세추종 펀드가 많다는 사실을 알고 놀란 적이 많습니다.

톰　그건 다른 접근법을 제공하죠. 일부 대형 CTA가 고전하는 이유 중

하나는 운용하는 자금의 규모가 너무 크다는 데 있습니다. 그들이 드나드는 행위는 시장에 영향을 미칩니다. 그래서 그들은 2, 3일에 걸쳐서 진입과 탈출을 하고 주간 차트를 살펴야만 합니다. 그래도 리스크 관리와 포트폴리오 분산화 측면에서 해야 할 일을 하는 한 성공하지 못할 이유는 없어요. 수익 흐름이나 리스크 대비 수익률 프로필은 조금 바뀔 수 있습니다. 하지만 대형 투자자들은 그렇게 해야 합니다. 그들은 핵심적이지 않은 트레이딩을 할 수 없습니다. 자금 규모가 너무 크니까요.

수많은 사람이 돈을 맡기려 하고, 직원들은 투자업계에서 명성을 쌓으려 하고, 더불어 당신은 새로운 시장으로 진입하려는 상황에서 CTA는 어려움을 겪습니다. 그렇다고 들어오는 돈을 거절하기는 힘듭니다. 따라서 나름의 선을 정해 두고 "운용 규모는 1억 달러로 잡고 거기서 끊을 겁니다. 1억 달러가 넘어가면 돌려줄 겁니다"라고 말해야 합니다.

많은 CTA가 그렇게 했습니다. 운용하는 자금의 규모를 제한한다는 걸 알리는 거죠. 그러면 자금을 배분하는 쪽은 '이 사람은 자금을 반환하고 있어. 자금을 계속 투입하는 게 어렵나 봐'라거나 '정직한 자세로 임하는군. 일주일에 한 번씩 거래하면서 수익률을 희석시키지 않아'라고 생각할 겁니다.

이 얘기에는 양면이 있습니다. 하지만 해당 트레이더는 조명을 받습니다. 그는 의심의 눈길을 견뎌 내고 자금을 반환하는 이유를 설명할 수 있어야 합니다. 어떤 사람들은 자금을 반환하지 않습니다. 그리고 그들의 수익률은 시간이 지날수록 희석됩니다.

마이클 제가 여러 책을 쓰면서 한 일들 중 하나는 오랜 실적을 가진 다양한 트레이더를 살펴서 트레이딩 전략의 타당성을 보여 주는 것이었어요. "수십 년 동안 어떤 실적을 올렸는지 보세요"라는 거죠.

운용 자금과 자산에 대해 얘기하다 보면 자산운용이라는 개념이 그 두 가지에 혼합됩니다. 현재 선생님은 직원 없이 혼자 트레이딩을 하면서 좋은 삶을 살고 있습니다. 존 헨리John W. Henry는 근래에 투자사를 접었습니다. 하지만 이 바닥에서 30년 동안 버티면서 아주 큰 성공을 거둔 사람을 비판하기는 힘들어요.

톰 그는 살아남았죠.

마이클 네, 맞습니다. 존은 대규모 자산을 운용하다가 전혀 관계없는 다른 사업에 뛰어들어서 큰돈을 벌고자 했죠. 과연 그가 복수의 포춘 500 기업에 투자하지 않는 게 놀라운 일일까요? 이런 일을 넓게 바라보려면 약간 물러설 필요가 있습니다.

톰 정말 그렇습니다. 그는 저보다 레버리지를 약간 더 많이 썼죠. 그 탓에 등락도 조금 더 심했습니다. 그래도 그는 계속 눈길을 끌었고, 마케팅 내지 영업 능력이 좋아서 아주 오랫동안 사업을 했습니다. 대단한 일이죠. 하지만 우리는 '존 헨리는 남은 생애 동안 무엇을 하고 싶을까? 그다지 관심 없는 선물 트레이딩 회사를 계속 운영할까?' 하고 생각해야 합니다. 그건 아주 큰 부담입니다. 그리고 그는 돈이 아주 많죠. 그런 그가 굳이 그런 부담을 짊어질 필요가 있을까요?

마이클 그래요. 생각해 보면 꼭 놀라운 일만은 아니에요. 선생님이 삶을 바꾼 것과 비슷해요. 저는 오래전에 존이 프로 스포츠팀을 인수했을 때 이미 알았습니다. '분명 다른 데 관심이 있군. 한 번의 생애에서 두 가지 큰일에 관심을 갖는 건 어려워'라고 생각했죠.

톰 누가 알아요? 그가 우리가 전혀 알지 못하는 완전히 다른 일을 살피고 있을지도 모르죠.

마이클 그런 점은 인정해 줘야 해요. 지금 이 순간을 살면서 상황에 적응하는 것 말이에요. 멋진 얘기예요. 20킬로그램이나 과체중인 몸으로 축구 경기장에서 버드와이저를 마시며 선수를 비판하는 사람이 많다는 걸 아시잖아요. 경기에 뛰어들어서 땀을 흘리며 성과를 내는 사람들을 칭찬해야 합니다. 저는 100퍼센트 경의를 표해요.

톰 그럼요.

마이클 선생님은 동전 던지기 결과로 매매하는 실험을 하셨죠. 래리는 그 얘기를 듣고 싶어 합니다. 선생님은 대다수 트레이더가 매매할 때 가장 좋아하는 진입을 덜 강조하고, 탈출과 적절한 자금 관리를 더 강조하지 않나요?

톰 대개 초보 트레이더들에게 가장 큰일은 트레이딩에 대한 책을 읽는 겁니다. 그들은 『추세추종 선언Trend Following Manifesto』 같은 책을 읽습니다. 또한 이동평균이 무엇인지, 지수 이동평균Exponential Moving Average, EMA

이 무엇인지, 구간 돌파 시스템이 무엇인지, 차트에 포함되는 요소는 무엇인지에 대해 많이 공부합니다. 그들은 매수와 매도에 매몰됩니다. 그것도 많은 경우 한 계약에 불과해요. 그래야 계산하기가 쉽거든요. 그들은 그 내역을 스프레드시트에 입력하면서 트레이딩을 시작합니다. 그들은 여러 방식을 시도하고, 통하는 것처럼 보이는 방식을 찾아내고, 마술처럼 성공하기를 바랍니다.

그동안 저는 자금 운용에 대한 교훈을 얻었습니다. 저는 자금 운용이 매수와 매도보다 훨씬 중요하다는 사실을 확실하게 깨달았죠. 하지만 머니 매니저 후보로서 저를 면접했던 사람들은 자금 운용이 아니라 트레이딩 전략에 대해 알고 싶어 했습니다. 고객은 우리가 하는 일에 대해 더 알고 싶어 합니다.

저는 '핵심은 자금 운용이 아니라 트레이딩 전략'이라는 헛소리를 완전히 종식시켜야 했습니다. 그래서 정제된 데이터베이스와 5~7개의 시장을 대상으로 하는 전략을 개발했습니다.

실험 방식은 무작위적인 숫자 생성 수단으로 동전을 던지는 겁니다. 하루를 마감할 때 포지션이 없는 경우 동전을 던져서 앞면이 나오면 매수하고, 뒷면이 나오면 매도합니다. 포지션이 정해진 이후에는 단순한 구간 돌파 전략을 씁니다. 매도하는 경우 매수 스톱 주문을 걸고, 매수하는 경우 매도 스톱 주문을 겁니다. 스톱 주문 지점은 가격이 향하는 방향으로 이동시킵니다. 그렇게 스톱 주문이 발동될 때까지 최대한 오래 포지션을 유지합니다. 그다음에는 다시 동전을 던집니다.

모든 것이 무작위적이었고 수많은 거래가 이뤄졌습니다. 저는 이 과정에서 약간의 돈을 벌었습니다. 많지는 않지만 수익이 났죠. 핵심은 포트폴리오의 균형을 완벽하게 잡는 것이었습니다. 7개의 포지션은 각각 포트폴리오에 의미 있는 영향을 미쳤습니다. 압도적으로 좋거나 나쁜 포지션은 없었습니다. 모든 포지션이 의미 있었으며, 리스크 관리와 변동성 관리가 이루어졌습니다. 리스크는 자본 한도 대비 비중으로 관리했습니다. 모든 계약 수의 균형을 완벽하게 유지했습니다. 거기서 수익이 창출됩니다. 매수와 매도는 큰 차이를 만들지 못합니다. 동전 던지기를 통해서도 돈을 벌 수 있습니다.

오스트리아에서 20~30개의 시장을 대상으로 실험한 사람들은 실제로 저보다 많은 돈을 벌었습니다. 저는 7개의 시장에만 투자했거든요. 그들이 나중에 약간 더 리스크를 감수했을지 모르지만 어쨌든 돈을 더 벌었습니다.

마이클   구루 프라사드Guru Prasad의 질문입니다. 아주 간단한 질문이에요. 바로 퍼센트 베팅Percent Betting에 대한 겁니다. 그는 자신의 경우 1퍼센트 수준을 편안하게 느낀다면서, 각 거래에 베팅하는 자금의 퍼센트에 대해 그리고 1퍼센트 베팅에 대해 어떻게 생각하는지 듣고 싶어 합니다.

톰   그 문제에 있어서는 시뮬레이션을 해 보는 게 아주 중요합니다. 앞서 말한 대로 우리는 자본 대비 증거금, 자본 대비 변동성, 자본 대비 리스크에 한도를 뒀어요. 우리는 구체적인 숫자를 토대로 시뮬레이션을 했습니다. 그래서 다양한 레버리지가 어떻게 수익 흐름으로 이어지는지, 특정한 날, 주, 달, 년에 포트폴리오가 어떻게 오르내리는지, 다양한 리스크 및 레버리지 수준에서 최대 손실폭이 얼마나 되는지 확인했습니다.

질문한 분은 상당히 통찰력이 있군요. 우리는 트렌드스탯에서 1퍼센트 베팅을 많이 했습니다. 어떤 시장에서는 1퍼센트 이하로 손실이 났지만 그 이상 나는 경우는 아주 드물었습니다. 또한 우리는 가격이 원하는 방향으로 움직이는 경우 거의 리스크를 2퍼센트 수준으로 유지했습니다. 이 경우 스톱 주문 지점을 옮기면서 최대한 오래 포지션을 유지했습니다.

약간 더 리스크를 지는 건 괜찮습니다. 하지만 과도한 리스크는 좋지 않습니다. 이 문제는 트레이더가 스스로 대처해야 합니다. 중요한 점은 현재 저는 은퇴했으며, 아내와 제가 유일한 고객이라는 겁니다. 아내는 제가 하는 투자 방식에 만족합니다. 그래서 선물 포트폴리오의 리스크를 1퍼센트보다 약간 더 높게 잡아도 아주 편안해 합니다. 저는 무엇을 해야 하는지도, 등락이 약간 더 심해질 것도 잘 알고 있습니다. 그래서 약간 더 과감하게 트레이딩해도 큰 문제는 없습니다.

마이클 사람들이 가능성의 범위를 파악하기를 바라시는군요.

톰 트레이더는 다양한 수준에서 아이디어를 실험해 봐야 합니다. 이때 견딜 수 있다고 생각하는 수준보다 리스크를 약간 낮추는 게 중요합니다. 한창 전투가 벌어지는 와중에 한 번도 겪어 보지 않은 큰 손실을 입을 수도 있거든요. 수치는 보수적으로 잡는 게 좋습니다. 시뮬레이션을 돌려 보고 2퍼센트를 감수할 수 있겠다는 생각이 들면 한동안 1.5퍼센트로 해 보고 괜찮은지 보세요. 괜히 서두르면서 자본의 10퍼센트를 한 포지션에 넣을 필요는 없습니다.

마이클 주세페 루쪼_{Giuseppe Liuzzo}는 "포트폴리오를 어떻게 분산하나요?"라고 물었습니다.

톰 대답하기 힘든 질문이네요. 세계적으로 아주 많은 데이터가 나오고 있고, 아주 많은 컴퓨터 트레이딩이 이루어지고 있으며, 아주 많은 시장이 있습니다. 트렌드스탯은 약 30개의 외환시장, 약 80개의 선물 시장, 약 25개의 뮤추얼펀드를 관리할 수 있었습니다. 열 명으로도 가능했죠. 심지어 그중 네 명은 운용이 아니라 개발 작업을 했습니다. 실제 주문을 넣고 트레이딩을 하는 사람은 둘뿐이었어요. 그 두 명이 수십 개의 전략을 토대로 수백 개의 포지션에 걸쳐 수백 명의 고객을 상대했습니다. 그래도 매일 쉽게 할 수 있었습니다. 외환의 경우 오후 작업은 10분 정도밖에 걸리지 않았습니다. 그다음에는 15분 정도 테스트를 했죠. 그다지 오래 걸리지 않았습니다.

하지만 분산화는 갈수록 어려워지고 있습니다. 가령 어느 날 대두 계약과 금 계약을 매수했다고 칩시다. 이론적으로 이 두 계약은 별로 상관이 없어야 해요. 금값이 오르고 대두값이 오를 수도 있고, 금값이 오르고 대두값이 떨어질 수도 있습니다. 온갖 가능성이 존재하죠. 하지만 그럼에도 사람들은 포트폴리오에 금 계약과 대두 계약을 넣으면 어느 정도 분산화가 될 것으로 기대합니다.

하지만 역사적으로 전쟁이 터진다거나 뭔가가 무너진다거나 거품이 꺼진다거나 하는 중대한 뉴스가 나올 때마다 일어나는 일이 있습니다. 저는 그걸 맞물림 현상이라고 부릅니다. 이 현상이 발생하는 기간에는 모든 시장이 100퍼센트의 상관관계나 역상관관계를 이루며 움직입니다. 그 중간은 없습니다. 각 시장은 더 이상 독립적이지 않습니다. 이 중대한 현상이 발생하는 날에 포트폴리오를 보면 갑자기 모든 화면이 녹색이 됩니다. 모든 포지션에서 돈을 버는 거죠. 하지만 다음 날에 반전이 일어나 모든 게 빨간색으로 변합니다. 모든 시장이 100퍼센트의 상관관계를 이루기 때문에 분산화는 이루어지지 않습니다. 분산화를 했다고 생각하지만 실제로는 아닌 거죠.

제가 초보자들의 포트폴리오에서 자주 보는 상황이 있습니다. 그들은 제게 와서 "포트폴리오를 좀 봐 주세요" 하고 말합니다. 주로 친척이나 친구인 경우가 많죠. 저는 그들의 포트폴리오를 봅니다. 대체로 그들은 중개인이나 재무상담사의 말을 듣고 부실한 주식 뮤추얼펀드를 매수합니다. 제 여동생의 포트폴리오를 본 적이 있는데 포트폴리오에 뮤추얼펀드가 5개나 있고, 그중 3개는 후지고 부실한 주식 뮤추얼펀드였습니다. 저는 "분산화가 안 돼 있어. 이러면 시장이 상승할 때는 전부 상승하고 시장이 하락할 때는 전부 하락해. 이런 것들을 그냥 사서 들고 있는 건 분산화가 아냐"라고 말했습니다. 그러자 여동생은 "하지만 3개가 다 다른 펀드잖아"라고 말하더군요. 그렇다고 해서 분산화가 되는 건 아니죠.

분산화에 대한 답을 찾기는 어렵습니다. 그래서 수많은 시장을 공부하면서 일정한 기간에 걸쳐 다른 시장과 비교하여 어떤 양상을 보이는지 파악해야 합니다. 또한 다른 한편으로 다음과 같이 생각해야 합니다. '위기가 발생하고 이 시장들이 맞물리면 좋은 포지션이든 나쁜 포지션이든 리스크 관리를 통해 노출을 제한해야 해. 나는 포트폴리오에 나쁜 포지션이 계속 남기를 원하지 않아. 지금은 어떤 수를 쓰든 모든 시장이 상관관계를 이루기 때문에 분산화가 전혀 되지 않아.'

마이클 크리스는 "향후 6개월 동안 금값이 어떻게 될까요?"라고 농담 섞인 질문을 했네요.

톰 재미있군요.

마이클 프레드 페니Fred Penny가 좋은 질문을 했습니다. "특정 시스템에 따른 트레이딩을 중단하게 만드는 요인이 있나요? 그리고 그 시스템으로 트레이딩을 재개하게 만드는 요인이 있나요?"

톰 어떤 전략에 따른 트레이딩을 중단하는 경우는 근래의 시장 여건과 해당 트레이딩 전략에 따른 실적이 예상과 다를 때입니다. 즉 해당 전략을 어떤 시장에 적용했을 때 예상만큼 실적이 나오지 않는 경우 죠. 이는 예상하지 못한 어떤 일이 일어났다는 뜻입니다. 제가 매일 시뮬레이션 결과에 자를 대고 자세히 훑어보는 이유가 여기에 있습니다. 저는 시장에서 일어난 모든 일을 이해해야 했습니다. 해당 전략이 얼마나 통했는지, 다양한 형태의 움직임에 어떻게 반응했는지 알고 싶었습니다. 저는 지난 2주에서 4주에 걸쳐 시장이 한 방향으로 움직였는데 돈을 벌지 못했다면 '왜 수익이 안 난 거지? 뭔가 잘못되었어'라고 생각합니다. 제겐 그게 어떤 전략을 중단하고 자세히 검토하게 만드는 경우입니다.

그 원인을 파악하고 전략의 어떤 부분이 잘못되었는지를 찾아내면, 그래서 약간의 수정으로 문제를 해결할 수 있다는 확신이 들면 즉시 그 전략을 재활용합니다. 그러니까 시뮬레이션을 돌려서 한 줄씩 결과를 살핀 다음에 "수익을 올릴 준비가 된 것 같아. 다시 적용하자"라고 말할 수 있어야 합니다.

예상과 실적의 편차를 초래한 원인을 찾지 못할 때는 그냥 포기합니다. 전략을 쓰레기통에 던져 버리고 새로운 전략으로 옮겨 갑니다.

마이클 모든 전략에 필수적으로 내재되는 불확실성을 항상 편안하게 받아들이시나요? 시스템을 제대로 갖추기만 하면 매달 1퍼센트씩 수익을 낼 수 있을 거라고 믿는 사람이 너무나 많아요. 하지만 저는 이 세계와 그 사고방식을 이해하려는 사람은 불확실성을 받아들일 수 있어야 한다고 생각해요.

톰 그 방법은 일간 수익률이나 다른 대량의 데이터를 살피는 겁니다. 저는 과거에 2, 30년에 걸친 정제된 데이터를 갖고 있었습니다. 방대한 데이터베이스를 훑었죠. 일간 데이터나 주간 데이터 또는 월간 데이터를 살펴보면 너무나 많은 데이터 포인트가 있습니다. 그걸 종형 곡선 같은 것에 대입해 보면 다양한 유형의 조건을 보게 됩니다.

저는 이런 무작위적인 데이터를 관리하면서 자금 운용을 위한 좋은 결정을 내리는 게 머니 매니저의 일이라고 생각합니다. '오늘 금 시장은 어땠지' 같은 생각을 할 때 감정을 너무 개입시키면 안 됩니다. 심지어 저는 그런 걸 신경 쓰지 않습니다. 그건 그저 제가 처리해야 할 또 다른 데이터일 뿐입니다. 이처럼 통계학자 또는 엔지니어 같은 태도를 갖게 된 건 그저 운이 좋았기 때문입니다.

마이클 선생님에게 시장은 풀어야 할 퍼즐 같은 거군요.

톰 그렇습니다. 저는 언제나 자금 운용과 트레이딩을 하나의 퍼즐처럼 대했습니다. 스도쿠나 낱말 퍼즐 같은 걸 풀려는 것과 다르지 않습니다. 트레이딩은 브레인 티저$_{\text{Brain Teaser}}$(정답 없이 사고력을 발휘하여 문제 해결에 접근하는 방식을 확인하기 위한 퀴즈—옮긴이)입니다. 정신적 노력이 필요하죠. 그런 점에서는 골프와도 비슷합니다. 절대 완벽한 라운드를 달성할 수는 없습니다. 매번 라운딩을 마치면 '17홀에서 그 퍼트를 성공했으면 좋았을 텐데'라고 생각하거나 언제나 다음을 기약하며 '이것보다는 잘할 수 있어'라고 생각하게 되죠. 트레이딩도 이처럼 절대 최종 목적지에 도달하지 못합니다. 평생에 걸쳐 실력이 나아지는 것뿐이죠. 그러다가 언젠가 죽게 되고 더 이상 나아지지 못하게 됩니다. 절대 완주할 수는 없습니다. 완벽한 트레이더가 될 수는 없습니다.

마이클 하워드 프레이저$_{\text{Howard Frazer}}$는 트레이딩 초기에 리스크에 노출시키는 자본과 미실현 수익에 대한 선생님의 의견을 듣고 싶어 합니다.

톰 넓게 보면 이렇습니다. 우리는 추세추종 트레이딩의 모든 지점에서 리스크 대비 수익률을 분석했습니다. 그러면 매수 신호가 나올 때마다 "오늘이 첫날이야. 이 가격에 지금 포지션에 진입할 거야. 손절 지점은 여기야"라고 말할 수 있습니다. 우리는 포지션을 잡고 계속 유지하면서 계약당 리스크와 수익률을 측정합니다. 또한 미리 계산하고 역사적 데이터베이스를 활용하여 궁극적으로 최종 결과가 어떨지를 파악합니다.

그다음에는 매일의 트레이딩을 하면서 남은 기간 동안 미래의 잠재

수익률과 리스크를 비교합니다. 가령 포지션 보유 기간이 30일이고 10퍼센트의 수익을 올릴 계획을 세웠다고 합시다. 5일 차가 되면 25일밖에 남지 않겠죠? 그래서 특정한 금액의 수익밖에 올릴 수 없습니다. 또한 10퍼센트가 아니라 7.5퍼센트에 그칠 수 있습니다. 이 경우 해당 시점의 리스크는 어떤지 확인해야 합니다. 우리는 추세추종 트레이딩에 따른 포지션을 유지하는 동안 매일 리스크 대비 수익률을 측정했습니다. 그걸 수백 번의 트레이딩에 걸쳐 반복했죠.

우리가 내린 결론은 분명히 추세추종 트레이딩을 시작하는 날이 리스크 대비 수익률이 가장 좋다는 겁니다. 이는 앞서 누군가가 질문한 불타기와 관련이 있습니다. 불타기는 추세가 계속 유리한 방향으로 나아갈 것을 예상하고 트레이딩 후반에 추가로 진입하는 것을 말합니다. 이 경우 리스크 대비 수익률이 그만큼 좋지 않아요. 우리도 불타기 또는 포지션 추가를 했습니다. 다만 리스크가 낮은 아주 엄격한 조건에서 아주 적은 정도로만 했습니다. 가령 가격 조정 같은 게 나올 때 손절 지점을 시장가격 근처로 올립니다. 그러면 편안하게 아주 조금 포지션을 늘릴 수 있죠.

리스크 대비 수익률을 정당화가 가능한 수준까지 높이는 것은 까다로운 문제입니다. 다만 하워드의 질문에 답하자면 저는 언제나 시장이 유리한 방향으로 흘러가면 수익이 계속 불어나도록 놔둬야 한다고 생각했습니다. 가령 방금 말한 사례에서 수익 목표를 10퍼센트로 잡았는데 5일 차에 이미 3퍼센트의 수익이 났다고 가정합시다. 해당 트레이딩에서 수익이 날 가능성이 아주 높아진 거죠. 이미 양호한 수익이 났고, 추세는 유지되고 있습니다. 10퍼센트까지 수익이 날지 모르지만 지금까지는 잘 흘러가고 있습니다. 이제 추세가 유리한 방향으로 흘러가면 수익이 나지 않을 가능성보다 수익이 날 가능성이 높습니다. 우리는 그 부분도 분석했습니다.

이런 경우 우리는 현행 포지션의 리스크와 변동성에 대한 통제를 약간 늦추었습니다. 이를 '현행 포지션 관리Existing Controls'라고 불렀습니다. 당시 우리는 진입 포지션에 대한 초기 한도를 두었습니다. 현행 포지션에 적용되는 수준은 언제나 초기 리스크 수준 및 변동성 수준보다 약간 높았습니다. 1퍼센트를 예로 들어 보죠. 가령 포트폴리오에 대해 1퍼센트의 리스크를 적용한다면 현행 포지션의 리스크 수준은 2퍼센트로 잡아서 수익이 늘어날 약간의 여지를 주었습니다.

마이클 앞서도 말씀하셨지만 이 문제에 대해서 선생님은 마냥 본인의 말을 믿을 게 아니라 테스트를 해서 어떤 가능성이 있는지 알아봐야 한다고 주장하실 것 같아요.

톰 트레이더는 자신의 결정에 따른 결과를 받아들여야만 합니다. 결과가 안 좋다고 해서 제가 그들을 위로할 일은 없을 겁니다.

우리는 각자가 편안하게 느끼는 수준을 찾아낼 필요가 있습니다. 한 예로 제 어머니는 계좌의 금액이 소액이어도 오르내리는 걸 견디지 못하기 때문에 0.1퍼센트의 리스크로 트레이딩을 해야 할 겁니다. 즉 각자 편안하게 느끼는 수준이 다릅니다. 우리는 스스로 그 수준을 찾아내야 합니다.

워런 버핏이 20개의 상품 시장에서 트레이딩을 한다고 가정해 봅시다. 그가 투입하고자 하는 금액은 100만 달러입니다. 그의 전 재산에 비하면 푼돈에 불과하죠. 그래서 그는 이 정도의 리스크는 편하게 받아들일 수 있을 겁니다. 100만 달러를 모두 잃어도 큰일이 아니니까요. 그의 이러한 상황 때문에 그가 편안하게 느끼는 수준은 달라집니다. 더불어 그 수준은 경험에 따라 달라지기도 합니다.

마이클 그의 연륜을 생각하면 돈을 쓰는 방식이 분명히 다를 겁니다.

톰 전문성의 수준도 다르죠. 그는 투자 시스템을 아주 잘 알고 있고, 무엇을 해야 하는지 정확하게 이해하고 있으니까요. 그처럼 전략에 따른 손실을 편하게 받아들일 수 있는 사람이라면 리스크 수준을 조금 높게 설정할 수도 있을 겁니다. 초보 투자자와 달리 기술적 전문성을 갖췄으니까요. 반면 경험 없는 순전한 초보 투자자는 리스크를 낮춰야만 합니다. 물론 아주 낮은 리스크로 포지션을 잡으면 많은 수익을 내기는 힘들 테지만, 그래도 트레이더로서 경험을 쌓고 성장하는 데는 충분한 도움이 됩니다.

마이클 선생님은 경험한 일에 대한 통찰을 나눠 주는 것을 좋아하는 것 같습니다. 선생님의 글을 읽으며 느꼈습니다. 한편으로 선생님은 자신을 구루로 내세우고 싶어 하지는 않는 것 같아요. 그저 지혜와 통찰을 나눠 주면서 "저는 이런 경험을 했습니다"라고 말하고 싶어 하는 듯하죠.
지금까지 좋은 질문이 많이 나왔습니다. 하지만 선생님에게서 마법 같은 답을 바라고, 선생님으로부터 그런 마법 같은 답을 통해 인정받고자 하는 사람도 있었습니다. 선생님은 그런 사람들에게 그런 걸 알려 주고 싶어 하는 것 같지는 않은데, 제 말이 타당한가요?

톰   타당해요. 제가 페이스북 페이지에 매일 지표와 헤지 방향에 대한 글을 올리는 유일한 이유는 트레이딩의 초기 단계를 헤쳐 나가는 처남과 양아들 때문입니다. 그런 방식으로 그들과 소통하는 게 편하더라고요. 그들은 제가 어느 방향으로 기우는지 확인하고 대개 질문을 하면서 지식을 쌓죠. 저는 양아들이 트레이더가 되어서 401(k) 같은 걸 관리하는 방법을 배웠으면 합니다.

저는 제게 질문하는 친척과 친구들을 위해 페이스북에 글을 올리기 시작했습니다. 지금은 약 300명의 친구가 제 페이스북을 봅니다. 애초에 그걸 기대한 건 아니지만 앞으로도 계속 글을 올릴 생각입니다.

마이클   제가 선생님의 자유 시간을 없애는 데 일조했기를 바랍니다.

톰   친구 요청을 하는 사람 중의 많은 사람이 당신과 친구를 맺고 있더군요.

마이클   놀랍군요. 자, 이제 오늘의 마지막 질문입니다. 제러미 클리포드Jeremy Clifford는 이런 질문을 했습니다. "롱이나 숏에 대한 신호가 나왔을 때 왠지 느낌이 안 좋았지만 그래도 시스템대로 트레이딩을 해서 아주 큰 수익을 낸 적이 있나요?"

톰   그런 적이 있습니다. 1987년의 폭락 이후 바닥에서 뮤추얼펀드를 매수하라는 마켓 타이밍 신호가 있었습니다. 세상이 끝나가던 때였죠. 연준은 유동성을 퍼붓고 있었고, 덕분에 하루 만에 다우지수가 23퍼센트나 폭락했습니다. 다행히 뮤추얼펀드들은 위험 신호가 나오기 약 1, 2주 전부터 현금화를 해 둔 상태였어요.

모든 자산을 보존한 상태에서 매수 신호를 확인했습니다. 저는 생각했죠. '이건 인위적인 거야. 연준이 개입하고 있고, 변동성이 하늘 높은 줄 모르고 치솟는 상황에서 매수 신호가 나왔어. 갑자기 가격이 급등하면 우리는 포지션이 없는 상태로 발목이 잡혀. 그건 안 돼.' 그래서 편안하지는 않았지만 포지션을 잡았습니다. 그런데 폭락 직후로부터 1년여 동안 오르기만 하더군요. 아주 좋은 시기였습니다. 그런 상황에서는 그저 고개를 흔들며 "세상에! 아주 흥미롭겠어!" 하고 말하는 게 전부죠. 다만 전략은 따라야 합니다.

트렌드스탯 직원들에게도 역할은 주어졌습니다. 저는 말했죠. "컴퓨터가 하라는 대로만 하면 거기에 대한 책임은 내가 질 거야. 또한 어떤 기간이든 손실을 내는 것에 대한 책임도 나한테 있어. 하지만 전략을 제대로 실행하는지 여부와 관련한 책임은 져야 해." 이렇게 책임을 구분하면 시장의 방향을 틀리게 예측하는 데 대한 스트레스를 받을 일이 없습니다. 그저 실행만 하면 되니까요.

지금까지 살면서 질문에 나온 일이 몇 번 일어났습니다. 투자하기가 대단히 불안하고, 거의 모두가 그렇게 느끼는 때가 분명 있었습니다. 반대로 모두가 편하게 투자할 때도 있었죠. 하지만 이때 시장은 이미 그 방향으로 상당히 나아간 상태일 겁니다. 불안하더라도 마음을 다스리고 트레이딩을 해야 합니다.

저는 모두가 나름의 방식을 찾았으면 합니다. 당신의 자원, 투자 실력, 정신적 능력, 투자 금액, 거래할 시장 등을 적고 거기에 맞는 투자 방법을 찾으세요. 당신에게 맞는 전략을 설계하세요. 당신에게 맞는 전략이 제게는 맞지 않을 수도 있습니다. 반대로 제게 맞는 전략이 당신에게는 맞지 않을 수도 있습니다.

TREND FOLLOWING MINDSET

브레인 티저

200회: 2014.01.10.

마이클 선생님은 선하다는 인상이 강한데요. 그렇게 행동하는 이유가 있나요? 선생님이 올린 페이스북 포스트만 봐도 대체로 '여정을 즐겨요, 친구들'이라는 말로 끝납니다. 요즘 같은 세상에서는 보기 힘든 태도죠.

톰 고등학교에 다녔을 때의 제 행동을 많이 돌아봤습니다. 뇌의 두 번째 부분이 제가 매일 하는 행동을 지켜보는 건 이상한 경험이었죠. 그래도 덕분에 제가 저를 둘러싼 세상에 매일 어떻게 반응하는지를 분석할 수 있는 능력을 얻었습니다. 저는 매일 그렇게 했습니다. 저는 하루 종일 제가 한 일들을 돌아보며 이렇게 생각했습니다. "그 상황에 잘 대응한 걸까? 지나치게 불안해 하거나 흥분하거나 우울해 하거나 무서워한 건 아닐까?"

대학 시절에는 농구를 많이 했습니다. 그때 말하자면 제가 제 몸에서 벗어날 수 있는 능력이 있다는 걸 깨달았습니다. 저는 우리의 수비 진형을 살펴서 모두가 어디에 있어야 하는지를 말했고, 제 뒤에 누가 있는지도 볼 수 있었습니다. 머릿속에서 상대팀 5명의 위치를 추적하다가 한 명이 빠진 것도 알 수 있었습니다. 제 시야 뒤에 있다는 얘기죠. 그런 게 가능했습니다.

세상에 나와서는 제가 그런 관점을 전반적인 삶에 적용한다는 걸 깨달았습니다. 마치 영화 같았습니다. 저는 그저 삶과 함께 흘러가고 있었습니다. 트레이딩은 제 삶의 일부가 되었습니다. 골프를 치고, 저녁을 만들어서 먹고, 텔레비전을 보고, 아내에게 남편 노릇을 하고, 삶과 함께 주어지는 다른 모든 것과 마찬가지로 말이죠. 트레이딩을 세상의 모든 것으로 만드는 건 약간 얄팍한 것 같습니다. 삶에는 훨씬 많은 것이 있습니다. 그리고 삶은 너무나 짧아요.

나이가 들수록 그 사실을 상기하게 됩니다. 이제 저는 61살이에요. 친구들이 세상을 떠나기 시작하는 나이죠. 제 나이가 되면 시간을 내서 타이티 여행을 가는 게 좋다는 걸 깨닫기 시작합니다. 실제로 오늘 아침에 예약했습니다. 제가 이 세상에서 살아갈 시간은 한정되어 있습니다. 하지만 트레이딩은 제가 죽은 뒤에도 계속되겠죠. 그래서 제가 배운 그리 어렵지 않은 지식을 전하는 건 좋은 일입니다. 추세추종 전략을 공부해 보면 알겠지만 그렇게 어렵지 않습니다. 사람들이 그걸 어렵게 만든 거죠. 그게 얼마나 쉬운지 그리고 삶에는 트레이딩 말고 더 많은 게 있다는 걸 알도록 도와주는 건 좋은 일이라고 생각합니다. 세상의 균형을 잡아 주는 거죠.

마이클 선생님이 상상하는 일에 대해 적은 글을 읽은 적이 있습니다. 일어나지 않은 공포를 상상하고, 그 감정을 상상하는 일 말이에요. 그 글을 읽고 스토아철학이 생각났어요.

톰 정신적 준비에 대한 내용이었나요?

마이클 네. 트레이딩에는 정신적 훈련이 필요하다면서 상상에 대해 말씀하셨어요. 제가 스토아철학을 떠올린 이유는 '최악의 상황을 생각하고 머릿속에서 겪어 보면 나쁜 일이 생겨도 크게 놀라지 않는다'는 게 스토아철학이라고 항상 생각했기 때문이에요.

톰 맞아요. 하지만 좋은 때도 머릿속에서 겪어 봐야 합니다. 저는 포지션을 잡을 때 이렇게 상상해야 한다고 주장하고 싶습니다. '말도 안 되는 일이 일어난다면, 만약 내일 주가가 2배로 뛴다면 어떻게 될까? 나는 어떻게 반응할까? 지나치게 흥분하면서 아드레날린에 휘둘릴까? 수익을 취할까 아니면 전략을 따르면서 평소처럼 대응할까?' 그러면 모든 측면에 대비할 수 있습니다. 나쁜 측면뿐 아니라 좋은 측면까지 말이죠. 미리 생각하고, 수많은 시나리오를 상상하고, 정신적으로 대비하고 있어야 합니다.

마이클 감정적인 영역에서도 추세추종을 하는 거라고 말할 수 있겠네요.

톰 정말로 그래요.

마이클 이왕 심리적인 부분에 대한 얘기가 나왔으니, 정신적 훈련에 대해 더 말해 주세요. 차를 몰거나 다른 일을 할 때 트레이딩에 대한 생각보다 정신적 훈련을 훨씬 많이 할 것 같아요.

톰 저는 평생 제 뇌로 온갖 게임을 했고 좋은 성과를 얻었다고 생각합니다. 고등학교와 대학교 때 저 자신을 관찰한 얘기는 앞서 했죠. 그렇게 저 자신을 관찰하다 보니까 나중에는, 대학을 졸업한 후였던 걸로 기억하는데, 제 뇌의 관찰자 부분이 매일 제가 하는 일을 파악해서 바로 뇌에 입력했습니다. 그게 너무나 자연스러운 과정이 되어서 굳이 생각할 필요가 없었죠. 머릿속의 관찰자가 별개의 존재로 인식되지 않았습니다.

머리로 할 수 있는 온갖 훈련이 있습니다. 반 타프가 들려준 얘기인데, 처음 호랑이와 싸우거나 사자를 사냥하러 나가는 소년들은 시야를 넓히고 그게 뇌에 어떤 작용을 하는지를 배운다고 합니다. 그러면 공포를 많이 없앨 수 있죠.

저는 골프를 칠 때 그 방법으로 어느 정도 효과를 봤습니다. 페어웨이를 걸어가면서 핀Pin 같은 먼 대상에 눈의 초점을 맞추는 한편 주변 시야도 분명하게 보려고 노력하는 거죠. 그러면 시야 전체가 넓게 뇌로 입력됩니다. 어떤 하나의 대상에만 초점을 맞추는 게 아니에요. 공을 잘 치지 못하면 빠질 수 있는 오른쪽의 호수 같은 것도 확인해야 합니다. 그렇게 넓은 시야를 가지면 두려움이 사라집니다.

관찰자가 된다는 건 그걸 많이 하는 겁니다. 저는 운전을 할 때 신호가 녹색으로 바뀌자마자 경주하듯 달리는 사람들이 어떻게 그러는지 상상하는 놀이를 했습니다. 그들은 차에 앉아서 문자를 보내거나

라디오를 듣는 다른 사람들을 지켜봅니다. 그들의 차가 교차로 맨 앞에 있기 때문에 당연히 양쪽을 다 살피면서 다가오는 차가 없는지 확인합니다. 그리고 얼마나 신속하게 브레이크에서 발을 떼고 가속 페달을 밟을 수 있을지 생각합니다. 빨리 달리기 위해서가 아니라 교차로로 가장 먼저 진입하기 위해서죠. 다른 운전자들은 무슨 일이 일어나고 있는지 어리둥절해 합니다. 바로 그런 작은 일들을 합니다. 인간의 몸과 뇌가 어떻게 작동하는지를 알아가는 건 흥미롭습니다.

마이클 그 모든 사소한 일을 여기서 자세히 얘기할 수는 없겠지만 젊은 사람들이 성공의 정신적 측면에 대해 더 생각하도록 만들 수는 있겠네요.

톰 정신적 능력과 좋은 심리를 갖추지 못하면 다른 모든 것이 무너집니다. 프로그램을 자동화하고 블랙박스에 넣어서 정신적으로 무능한 사람에게 건네주면 그는 이것을 망치고 말 겁니다. 그들은 마음을 잘 통제하지 못하기 때문입니다. 그들은 잘 구성된 블랙박스를 실행하지도 못할 겁니다. 블랙박스의 신호를 무시하고 마땅히 해야 할 트레이딩을 하지 않을 겁니다. 마침내 충분하다며 너무 빨리 수익을 실현할 겁니다. 손절 시점에 다다를 때까지 기다리지도 않을 겁니다. 절대 성공하지 못할 겁니다.

트레이딩에서 가장 중요한 것은 정신적 측면이라는 사실을 깨달으면 무엇을, 어느 지점에서 매매하는지는 전혀 중요하지 않습니다. 그걸 깨달아야 성공할 수 있습니다.

마이클 자신이 어떻게 성공했는지도 모르는, 크게 성공한 트레이더가 많습니다. 아마 운이 좋았기 때문이겠죠. 아주 부유한 사람들도 선생님이 말씀하신 정신적 오류를 저지를 수 있습니다. 그리고 평생 쌓은 부가 아주 빨리 사라질 수도 있죠.

톰 맞아요. 첫 번째와 두 번째 『시장의 마법사들』에 소개된 사람들 가운데 이제는 활동하지 않는 사람들이 있습니다. 그때까지 잘하다가 선을 넘었는지도 모르죠. 그들은 그들이 원하는 만큼의 정신적 과정을 확립하지 못했습니다. 그래서 도중에 잘못된 길로 접어든 거죠.

저는 트레이딩을 하면서 대략 30년 동안 살아남았습니다. 게다가 추가로 10년 동안 큰 사고 없이 외환 트레이딩을 해 왔고, 지금도 하고 있습니다. 아주 오랫동안 한 거죠.

그만큼 오래 버티지 못하는 트레이더가 많아요. 주된 이유는 얼마나 많은 리스크를 감수할 것인지, 얼마나 많은 금액을 오랫동안 포지션에 넣어 둘 것인지를 생각하는 데 있어서 방식이 잘못되었기 때문입니다. 저는 언제나 모든 것에 차분하게 임했습니다. 그게 트레이딩에도 반영이 되었죠. 어떤 사람은 저의 트레이딩 방식이 따분하다고 비판했습니다. 저는 한 번도 엄청난 수익 같은 걸 추구한 적이 없습니다. 단지 손실을 피하고 계속 살아남으려고 노력했을 뿐입니다. 그런 태도가 장기적으로 도움이 된 것 같습니다. 많은 사람이 이 부분에서 교훈을 얻을 수 있을 겁니다.

마이클 선생님은 가장 인기 있는 게스트 중 한 명입니다. 그러니까 선생님의 '따분한' 면이 많은 사람에게는 아주 흥미로운 게 분명해요. 그게 제가 받은 인상입니다.

톰 여기서 인터뷰를 할 때마다 15통 정도의 이메일이나 페이스북 메시지가 옵니다.

마이클 몇 가지 트레이딩 이슈로 들어가 보죠. 청취자들이 제시한 이슈도 있고, 제가 생각한 이슈도 있습니다. 선생님께 읽어 드리고 싶은 글이 있습니다. 듣고 나서 어떻게 생각하는지 말씀해 주시면 좋겠습니다. 내용은 '작은 액수의 돈을 잃는 것을 두려워하지 않는다면 거의 무적이다'입니다. 어떤 생각이 드시나요?

톰 맞는 말 같습니다. 트렌드스탯의 장기적인 투자 실적에 대한 통계를 내보면 다양한 매수/매도 프로그램의 신뢰도는 28퍼센트에서 40퍼센트 사이입니다. 현실적으로는 36, 37퍼센트 정도죠. 평균으로 따지면 33퍼센트 수준, 즉 3분의 1입니다. 그러니까 제가 하는 모든 거래에서 돈을 잃을 확률이 3분의 2였다는 얘기입니다. 생각해 보면 1번 수익을 낼 때마다 2번 손실을 낼 거라고 말하는 수천 개의 데이터 포인트가 있는 거죠.

우리는 2번의 손실을 줄일 수 있으면 괜찮다는 태도를 취해야 합니다. 3번의 거래 중 2번이니까요. 3번 거래를 할 때마다 수익이 날 것이고, 그 수익은 손실보다 클 거라고 생각해야 합니다. 장기적으로는 돈을 번다고 생각해야 합니다. 우리는 그런 태도로 트레이딩을 했습니다. 그러면 작은 손실에 연연할 필요가 없겠죠? 그 사실을 깨닫고, 받아들이고, 2번의 손실을 감수해야 하는 이유를 이해하면 좋은 수익을 낼 준비가 된 겁니다.

오래전에 어떤 사람이 이렇게 말하는 걸 들었습니다. "트레이딩은 호흡과 같아요. 모두가 숨을 들이마시려고 해요. 그래야 산소가 들어오니까요. 하지만 숨을 내쉬기도 해야 해요." 날숨은 말하자면 손실과 같습니다. 들숨과 날숨은 모두 호흡 과정의 일부죠. 들이마시려면 내쉬어야 합니다.

마이클 저는 요가를 하면서 호흡이 핵심이라는 걸 배웠습니다. 호흡이 모든 것의 핵심이죠.

다른 주제로 넘어가 보죠. 오늘 어떤 분과 인터뷰를 했는데 그분으로부터 받은 질문을 선생님에게 해 보고 싶습니다. 블랙 스완이 닥쳤을 때 추세추종 전략이 아주 잘 대처하는 이유가 뭘까요?

톰 추세추종은 그 수학적 근거가 '수익은 최대한 불리되 방향이 달라지면 손실을 제한한다'는 겁니다. 블랙 스완은 이전에 한 번도 일어난 적이 없는 예외적인 사건이 누구도 본 적이 없는 규모로 발생하여 엄청난 영향을 미치는 것을 말합니다. 이때 추세추종은 일정한 시점에서 해당 방향을 포착하거나 따라갑니다. 새로운 추세에 들어가려면 큰 갭이 있을 수 있습니다. 그 추세는 몇 달 전에 미미하게 시작했다가 갑자기 투기성 버블이 되었을 수도 있습니다. 모든 블랙 스완이 다른 방식으로 시작됩니다. 저는 지금까지 여러 블랙 스완을 목격했습니다.

하지만 어느 지점에서든 블랙 스완의 남은 흐름을 타야 합니다. 그 한 번의 트레이딩 또는 두어 개의 트레이딩과 다른 모든 트레이딩의 합계가 그해의 손익을 결정합니다. 작은 수익은 작은 손실을 상쇄할 겁니다. 하지만 정말로 큰돈을 벌려면 블랙 스완 같은 정말로 예외적인 사태가 필요합니다. 그런 사태가 1년 또는 1년 반 동안 유지되었던 일본 엔 포지션의 가치를 100퍼센트씩 밀어 올릴 수 있습니다. 거기에 레버리지까지 쓰면 수백, 수천 퍼센트의 수익이 납니다. 이런 수익은 수많은 손실을 충당하고도 남죠. 그게 추세추종 전략이 돈을 버는 이유입니다.

마이클　매일의 루틴에 대해 얘기해 보죠. 일전에 선생님은 페이스북에 전체 루틴을 수행하는 데 필요한 총시간에 대한 글을 썼습니다. 루틴은 선생님의 생활에서 아주 중요하며, 거기에는 이유가 있다는 느낌을 받았는데요. 시스템과 트레이딩 절차가 갖춰진 지금 트레이딩에 얼마나 많은 시간을 쓰는지 설명해 주세요.

톰　말씀하신 두 가지 주제에 대해 얘기할게요. 먼저 시간입니다. 이전에 관련 글도 올린 적이 있는데, 저는 장 마감 후에 전체 과정을 복기하는 데 12분 정도를 사용합니다. 정확한 숫자는 잊었지만 4개의 주식 계좌에서 약 4개의 스톱 주문 지점을 옮겼죠. 선물 계약도 한두 개 옮긴 것 같아요. 몇 개인지는 기억나지 않네요. 또한 헤지 거래를 확인하고 몇 개의 스톱 주문 지점을 옮겼습니다. 그걸 전부 하는 데 12분이 걸렸습니다.

그 글을 올린 이유는 얼마나 많은 작업을 해야 하고, 얼마나 자주 시장을 살펴야 하는지에 대해 트레이더들로부터 질문을 받기 때문입니다. 어떤 사람은 하루 종일 컴퓨터 화면을 들여다본다고 하더라고요.

그런 말을 들으면 이런 생각이 듭니다. '도대체 뭘 해야 그렇게 많은 시간을 낭비할 수 있지?'

제가 시간을 잰 이유는 28년 동안 트렌드스탯을 운영했고, 은퇴한 후에도 10년 동안 투자 기술을 연마했다는 걸 알리고 싶어서입니다.

마이클   잠깐만요. 그래도 40년이 안 되잖아요. 겨우 38년이에요.

톰   맞습니다. 겨우 38년이고, 저는 겨우 61살입니다. 하지만 그만한 경험을 쌓으면 매일 뭘 해야 할지 알게 됩니다. 그냥 실행만 하면 되죠. 매일, 매 순간 새로운 트레이딩 방식을 설계하려 들고, 화면으로 가격이 오르내리는 걸 바라보는 건 시간을 잡아먹을 뿐이고 너무나 비생산적입니다. '이건 무슨 의미일까? 전략을 바꿔야 할까? 얼마 전에 팟캐스트나 소식지 또는 친구에게 들은 새로운 아이디어에 대해 조사를 해야 할까?' 하고 계속 생각하다가는 하루 종일 머릿속에서 쳇바퀴만 돌리게 됩니다.

저는 추세추종 모델을 실행하기 위해 뭘 해야 할지를 알고 있습니다. 그래서 화면을 띄우고 위에서부터 처리해 나갑니다. 물론 해를 거듭하면서 마우스와 컴퓨터를 다루는 속도가 빨라졌고, 다음에 뭘 해야 하는지 정확하게 알게 되었죠. 그래서 주저 없이 계속 작업합니다. 아내에게 "트레이딩을 마감하고 있어" 하고 말하면 아내는 '당분간 사무실에 들어가면 안 되는구나' 하고 받아들입니다. 그렇게 12분이 나왔고, 저는 초시계를 멈춘 후 페이스북에 포스트를 올렸습니다. 그래서 시간에 대한 말이 나온 겁니다.

루틴은 말씀하신 대로 중요합니다. 저는 시장은 누구도 기다려 주지 않는다는 관점에서 루틴에 접근합니다. 트렌드스탯 직원들에게 항상 그렇게 말했습니다. 우리가 예비 인력을 많이 두는 이유가 거기에 있습니다. 누군가가 휴가를 가면 다른 사람이 그 자리를 채워야 합니다. 독립기념일에 논다고 해서 시장이 문을 닫지는 않죠. 런던은 미국의 독립기념일에 쉬지 않거든요. 우리가 영국을 상대로 반란을 일으킨 거잖아요. 외환시장은 독립기념일에도 문을 엽니다. 그러니까 여전히 시장에 가서 하던 일을 해야 합니다. 휴가는 누가 가고, 일은 누가 하나요?

루틴은 시장이 돌아가는 방식에 따라 정해집니다. 사실 삶의 거의 모든 면이 그렇죠. 아침에 일어나면 아침식사를 하는 게 좋습니다. 하루 종일 일하는 데 필요한 연료를 채워 주니까요. 운동을 하는 것도 좋습니다. 당신이 요가를 하면서 물구나무를 선 채 몸을 옆으로 기울이는 자세를 취하는 걸 봤습니다. 당신은 분명 아주 건강할 겁니다. 저는 그런 자세를 못하거든요. 사실 시도도 하고 싶지 않아요. 그래도 운동은 합니다. 덕분에 61살치고는 건강합니다. 여전히 골프도 잘 치고요. 그런 걸 즐깁니다.

운동을 하고, 밥을 먹고, 물을 마시고, 제때 시장에 참가하는 게 루틴의 필수 요소라고 생각합니다. 저는 하루에 한 번 무조건 스톱 주문을 넣거나 그 지점을 옮기거나 현황을 점검해야 합니다. 가령 앞서 말한 대로 타이티로 크루즈 여행을 가는 계획을 짤 때도 우리 방이 있는 층에서 무제한으로 인터넷에 접속할 수 있는지를 확인했습니다. 타이티에서도 매일 장이 마감한 후에 12분 동안 일을 할 겁니다. 그다음에 즐기는 거죠. 반드시 해야 하는 루틴이 있습니다. 어떤 사람은 그게 너무 엄격하다고 생각해요. 하지만 저는 휴가 때도 12분을 일에 할애할 수 있습니다. 제겐 그게 부담스럽지 않습니다.

마이클 선택에 따른 삶의 자유가 주어진다면 더욱 그렇겠죠. 어떤 사람들은 휴가 중에는 일에 신경 쓰고 싶지 않다고 말해요. 그리고 일상으로 복귀하면 그들은 상사를 위해 하루 종일 일하죠. 그래서 저는 선생님의 말씀에 전적으로 동의해요.

톰 집으로 돌아와서는 반드시 잡았어야 할 신호를 수없이 놓쳤다는 걸 알게 될 수도 있죠. 잭 슈웨거와 『새로운 시장의 마법사들』을 위해 인터뷰했을 때 은 거래에 대한 얘기를 들려주었던 게 기억납니다. 그 무렵 부모님이 저의 집을 방문했습니다. 그 바람에 은을 거래할 기회를 놓쳤죠. 알고 보니 10만 달러짜리 거래였습니다. 제 계좌 규모가 1만 달러이던 시절에 그걸 놓친 거죠. 제가 주의를 기울이지 않아서 놓친 게 아니었습니다. 제가 관광 가이드 노릇을 하느라 그랬던 겁니다. 그렇다고 부모님 탓을 하는 건 아닙니다. 제 잘못이죠. 그때 12분이든 몇 분이든 간에 일을 해야 했습니다. 하지만 제가 일을 엉성하게 하는 바람에 은 거래 기회를 놓쳤고 수익도 날아갔습니다. 그때 그 수익을 올렸다면 지금보다 훨씬 상황이 나았을 겁니다. 일찌감치 훨씬 멀리 나아갔을 것이고, 트레이딩 초기에 수익을 올릴 수 있었을 겁니다.

우리는 매일 '어디서 시간이 새는 걸까' 하고 자문해야 합니다. 아침에 일어나서 저녁에 잠들기까지 많은 시간이 있으니까요. 그 시간들을 어떻게 쓰는지를 곰곰이 되새겨 본다면 생각보다 너무나 많은 시간을 낭비할 수 있다는 점에 놀랄 겁니다.

마이클　요즘 우리는 온갖 전자기기 때문에 많은 시간을 낭비해요.

톰　정말 그래요.

마이클　프레드 페니가 또 다른 좋은 질문을 했네요. "지금 돈이 별로 없는 20대라면 지난 경험을 돌이켜 볼 때 같은 방식으로 트레이딩에 접근할 건가요?"

톰　아닙니다. 대다수 사람들은 알겠지만 저는 어쩌다 머니 매니저, 선물 트레이더, 외환 트레이더가 되었습니다. 트렌드스탯은 2003년에 문을 닫을 때까지 저의 회사였죠.

제가 처음 시작할 때는 10만 달러뿐이어도 1년, 2년, 3년에 걸쳐서 50만 달러까지 불렸다는 사실을 보여 주면 사람들이 진지하게 봤습니다. 그때 그들은 이렇게 생각했을 겁니다. '이 사람은 잘하고 있어. 투자 실적이 탄탄해. 그의 접근법이 마음에 들어. 합리적인 것 같아. 똑똑한 비즈니스맨처럼 보여. 자신을 보조할 사람들을 채용하고 있어. 컴퓨터 장비도 갖췄어. 좋아. 기회를 주겠어. 추가로 500만 달러를 맡겨 보자.' 그렇게 갑자기 1000만 달러를 운용하게 되고, 누군가가 1000만 달러를 더 맡겨서 2000만 달러를 운용하게 되는 겁니다. 그런 식으로 경주를 시작해서 사업을 키울 수 있었습니다.

요즘은 은퇴했기 때문에 업계에서 조금 멀어졌습니다만 일부 자산 배분 책임자가 2000만 달러나 5000만 달러를 맡기면서 10명의 직원, 컴퓨터 장비, 백업 설비, 마케팅 직원 그리고 다른 모든 것을 갖추도록 한다는 얘기들은 들었습니다. 제가 그 모든 걸 갖춘 채로 이 일을 시작했을지는 알 수 없습니다.

아마 저는 일반적인 직장에 다녔을 것 같습니다. 다만 트레이딩을 할 수 있는, 조금은 유연한 직장을 다녔겠죠. 저는 화학 엔지니어로 일할 때 화학 공장을 설계하는 업무를 마치고 4시 30분이면 집에 올 수 있었습니다. 그러면 30분 동안 상품 계좌를 운용하면서 주문을 넣은 다음 저녁을 먹으러 갔죠. 크게 어려운 일이 아니었습니다.

마이클 제가 제대로 들은 게 맞다면 선생님에게 진정한 문제는 자산운용 대 트레이딩인 것 같습니다. 둘은 같은 게 아니죠.

톰 맞습니다. 자산운용 산업에 뛰어들고자 하는 사람에게 하고 싶은 말이 있습니다. 저는 트렌드스탯이 문을 닫기 전해에 규정에 따라 CPA 및 법무법인 수수료로 10만 달러를 썼습니다. 제가 보기에는 고객에게 아무런 혜택이 없는 일이었죠. 또한 제 시간의 60퍼센트를 인사나 회계, 법무와 관련된 사안에 썼습니다. 실제로 의미 있는 리서치를 하거나 대다수 사람이 재미있어서 하고 싶어 하는 트레이딩을 하는 시간은 10퍼센트도 되지 않았습니다. 자산운용 분야에서 성공하고 싶다면 트레이딩에는 아주 적은 시간을 들이고 사업을 운영하는데 더 많은 시간을 써야 한다는 걸 말하고 싶습니다.

지금의 저라면 아마 더 오래 엔지니어로 일하거나 경영 쪽으로 옮겨갔을 겁니다. 전략 기획이나 경영 같은 걸 조금 더 했을 겁니다. 저는 회사에서 높은 평가를 받았습니다. 그만두기 한 달 전에는 승진까지 했죠. 회사에서는 제가 제공하는 것과 하는 일을 좋아하는 것 같았습니다. 그래서 거기서 더 승진하고, 스톡옵션을 받고, 다른 혜택까지 받으면서 돈을 많이 모았을 것 같습니다. 그걸 트레이딩 계좌에 넣는 거죠. 그리고 적은 금액으로 실력을 쌓은 다음에 포트폴리오를 추가 소득원이 되는 수준까지 불렸을 겁니다.

추가 소득원에 따른 소득이 급여소득과 비슷한 수준이 되면 그 시점에서는 안전하게 은퇴할 수 있습니다. 그랬다면 아마 51살이 아니라 더 일찍 은퇴할 수도 있었을 겁니다. 트렌드스탯에서는 본질적으로 규정을 많이 따라야 했거든요. 가령 선행 매매 같은 건 할 수 없었습니다. 저의 포지션과 고객의 포지션이 다르지 않은지도 신경 써야 했습니다. 기본적으로 저의 포지션이 고객의 포지션과 어긋나지 않도록 모든 것을 아주 평범하게 유지해야 했습니다. 실제로 제 돈을 고객과 같은 펀드에 넣어야 했습니다. 그래야 본질적으로 같은 거래가 이루어지니까요. 저나 고객에게 편중된 트레이딩을 하는 건 불법이었습니다.

은퇴하고 10년이 지나고 보니 그런 제약이 없었다면 하지 못했던 일을 할 수 있었을 거라는 걸 깨달았습니다. 가령 지금은 오렌지주스 선물을 거래합니다. 제 포트폴리오에 한두 계약만 있으면 되거든요. 하지만 트렌드스탯에서 6억 달러를 운용할 때 오렌지주스 선물을 매수할 수 있었겠습니까? 10계약이나 20계약을 매수할 수는 있겠지만 제 고객에게는 아무 의미가 없죠. 자신을 위해 하는 트레이딩은 완전히 다른 세상입니다.

마이클 규제 환경에 대해 말씀하셨는데요. 제가 규제 전문가는 아니지만 모든 규제 환경이 똑같지는 않다는 점을 언급해야 할 것 같습니다. 어떤 나라의 규제는 나쁘고, 어떤 나라의 규제는 좋다고 말하는 게 아닙니다. 단지 규제가 다른 나라보다 엄격한 나라가 있다는 걸 말하는 겁니다.

톰 미국보다 느슨한 나라도 있고, 실제로 더 나쁜 나라도 있습니다. 그런 나라는 특정한 문제에 대해 아주 낡은 생각을 갖고 있습니다. 미국의 일부 주는 다른 주보다 나쁩니다. 위스콘신은 뮤추얼펀드 같은 것을 엄격하게 제약하죠. 그들은 언제나 사람들이 창의성을 발휘하도록 놔두질 못하는 것 같아요.

마이클 각 환경에 속한 모든 것이 똑같다거나 모든 나라가 똑같다고 가정하는 건 아닙니다.

톰 안타깝게도 호주나 베트남 같은 곳에 사는 제 페이스북 친구들은 많은 자산이 미국에 있습니다. 미국은 아주 잘사는 나라이고, 운용해야 할 수많은 자산과 연금을 보유하고 있습니다. 제가 외환시장에 들어섰을 때는 사정이 약간 더 나았습니다. 외환 트레이딩에 대한 규제가 덜했거든요. 캐나다왕립은행Royal Bank of Canada, 몬트리올은행Bank of Montreal, 프랑스의 소시에테제네랄Soc. Gen 같은 은행이 고객이었죠. 그나라들에서는 규제가 없었습니다. 또한 그들은 미국에 있지 않았기 때문에 미국의 규제를 받지 않았습니다.

미국 은행과 외국 은행이 모두 고객이었습니다. 흥미로운 조합이었죠. 다른 환경은 당연히 조사할 필요가 있습니다. 허용되는 범위 안에서 사업을 운영해야 하니까요. 정부과 고객은 머니 매니저가 매일 포트폴리오를 운용하면서 할 수 있는 일을 제한합니다. 그 부분이 성공에도 일정한 영향을 미치죠. 고객과 규제가 오렌지주스 선물을 매수하지 못하게 막으면 저는 오렌지주스 선물을 포트폴리오에 넣을 수 없습니다. 이건 단순한 사실입니다. 그게 수익률에 영향을 미치죠. *그걸* 생각해야 합니다.

마이클 주제를 바꿔 보죠. 선생님과는 다양한 주제를 얘기하는 게 좋습니다. 그렇게 하지 못할 이유가 없잖아요?

톰 그렇죠. 제가 당신과 인터뷰하는 걸 좋아하는 이유가 그거예요. 얘기가 어느 방향으로 흘러갈지 모르니까요.

마이클 현재의 트레이딩 시스템을 손보시나요? 그리고 정상적인 손실과 시스템이 잘못된 경우를 어떻게 구분하시나요?

톰 저는 현재 선물 트레이딩에서 1984년 무렵에 만든 매수 및 매도 트리거Trigger를 그대로 쓰고 있습니다.

마이클 엄청 오래되었네요. 엄청 구식이에요. 그러면 유용하지 않을 텐데요. 더 이상 쓸모가 없어요. 그만 은퇴시키세요!

톰 사실상 바뀐 게 없습니다. 유일한 차이는 과거에는 모두 그래프용지로 하다가 지금은 컴퓨터로 한다는 거죠. 그래서 화려한 색깔과 온갖 데이터를 쓸 수 있습니다. 약간 더 수월하죠.

마이클 그래프용지를 쓰면 12분이 30분으로 늘어나나요?

톰 선물 포트폴리오를 관리할 때 약 1시간이 걸렸죠. 평생에 걸쳐 저의 목표는 일을 하지 않아도 되는 것이었습니다. 그 시간에 골프나 다른 걸 할 수 있도록 말이죠.

마이클 수정은 하지 않으시는군요.

톰 개선은 합니다. 가령 옛날에는 ETF가 없었습니다. 그때는 뮤추얼펀드를 거래했죠. 판매 수수료가 없는 뮤추얼펀드를 찾아서 장 마감 때 매매를 해야 했습니다. 뮤추얼펀드는 원래 그렇게 거래하거든요. 그러다가 ETF가 생기고 나서부터는 하루 종일 거래가 이루어졌습니다. 그래서 스톱 주문과 일중 거래에 대해 생각할 수 있게 되었죠. 덕분에 오버나이트 갭Overnight Gap에 따른 리스크를 최소화할 수 있었고, ETF는 포트폴리오에 넣기 좋은 상품이 되었습니다.

수정이라고 보기는 어렵지만 포트폴리오에 넣을 만한 다양한 신상품을 찾곤 합니다. 신상품을 실제로 거래하려면 약간 다른 방식이 필요합니다. 반면에 과거에 다루던 상품에 대해서는 크게 수정하지 않습니다.

마이클 손실은 어떤가요? 하락 곡선의 어느 지점에서 상황이 너무 나갔다는 사실을 아나요?

톰 그게 앞서 말한 시나리오 분석입니다. 전략에 있어서는 이런 생각을 해야 합니다. '일이 잘 진행되고 이런 시장 여건이 갖춰지면 이런 결과가 나올 거야. 상황이 정말로 안 좋아지면 이런 일이 생길 거야. 1개월 또는 6개월 동안 예상대로 일이 진행되면 이렇게 될 거야.'

이런 문제에 대해 제대로 생각하고 그 일을 잘했다면, 손실이 나올 때 다음과 같은 질문을 해야 합니다. '어떤 시장인가? 포트폴리오 상황은 어떤가? 어떤 시장 행동이 이루어졌는가?' 이 모든 건 당신과 아무 상관이 없습니다. 그저 우주가 등락을 일으키면서 당신을 마구 휘두르는 거죠.

그다음으로 할 질문은 이거예요. '이런 여건에서 다른 결과를 예상했는가?' 그 답이 '그렇다'라면 전략에 문제가 있다는 뜻이니 수정해야 합니다. 리서치를 통해 예상과 현실 사이에 어떤 차이가 있는지 파악해야 합니다. 반면 같은 질문에 대해 '지금은 대단히 고르지 못한 시기야. 이 전략을 따르면 휩쓸릴 만한 심한 변동이 생기고 손실이 나올 거라고 예상했어'라는 답이 도출된다면 전략이 잘못된 게 아니므로 고칠 필요가 없습니다.

마이클   명확하네요.

톰   그게 저의 관점입니다.

마이클   짐 바이어스Jim Byers는 하나의 시스템만 쓰는지 아니면 여러 시스템을 쓰는지를 알고 싶어 합니다.

톰   여러 시스템을 씁니다. 트렌드스탯에서 대표 펀드인 마켓 매스Market

~Math~를 운용할 때 6개의 다른 포트폴리오를 구성했습니다. 거기에는 상품 옵션부터 외환시장에 대한 두 가지 접근법, 선물에 대한 두 가지 접근법, 뮤추얼펀드 타이밍에 대한 한 가지 접근법이 포함되어 있었죠. 뮤추얼펀드 타이밍 시스템도 두 가지 하부 요소로 구성되어 있었습니다. 또한 선물 트레이딩 시스템도 두어 개의 하부 요소가 있었습니다. 어떤 면에서 모두가 추세추종 전략을 따랐지만 접근법은 달랐습니다.

마이클 궁극적으로 모두 추세를 추종하지만 방식이 달랐다는 말씀이군요.

톰 네. 시장에 따라, 제가 이루고자 하는 목표에 따라, 해당 포트폴리오가 감수할 리스크의 수준에 따라 달랐습니다. 일부 전략, 특히 28퍼센트의 신뢰도를 가진 전략의 경우 총손실의 비중 측면에서 더 많은 손실을 감수했습니다. 신뢰도가 28퍼센트인 만큼 계산해 보면 수익이 날 때는 더 큰 수익이 나니까요. 그래서 더 큰 손실을 감수할 수 있습니다.

다른 전략들은 '모든 중간 수준의 등락을 포착하고 큰 등락은 신경쓰지 마. 그건 따로 포착할 거야. 중간에 포지션에서 밀려나도 상관없어. 다른 전략이 포지션에서 밀려나지 않고 큰 수익을 잡아낼 거야'라는 쪽에 가깝습니다. 우리는 트레이딩 전략에 따라 다른 성향을 보였습니다. 고객들은 그중에서 "이건 좋고, 저건 싫어요" 하며 선택을 하죠.

고객이 마켓 매스에 투자하면 그 자금을 어떻게 배분할지는 제가 결정합니다. 우리는 자금 배분에 대해 그리고 각 전략을 어느 정도의 리스크에 노출할지에 대해 많은 리서치를 했습니다. 그다음에 매달 비중을 설정된 수준으로 재조정했습니다. 수익이 난 전략의 자금을 빼서 손실이 난 전략으로 옮기는 일종의 로빈후드 접근법이었죠. 손실이 나는 전략은 자금을 수혈받았고, 폭등세에 올라타서 자본이 미친 듯이 들어오는 전략에서는 돈을 뺐습니다. 그렇게 모든 것을 안정시켰고, 꾸준한 실적을 유지했습니다.

마이클 지금은 경제적 상황이 매우 흥미로워요. 어느 진영에 있든 간에 모두가 정치적 논쟁을 들어요. 정부의 역할이 늘어나기를 원하는 사람도 있고, 줄어들기를 바라는 사람도 있습니다. 저는 선생님이 어느 쪽인지 압니다. 아마 우리는 관점이 아주 비슷할 겁니다.

연륜이 오래되지 않은 사람들을 위해 선생님의 관점에서 시장과 정부의 변화, 특히 연준의 개입에 대해 설명해 주시겠습니까? 오늘 연준의 행동을 어떻게 보십니까? 제가 보기에는 우리가 새로운 영역으로 들어서는 것 같습니다. 실제로 그런가요, 아니면 지난 수십 년 동안 본 것과 같은 일이 일어나고 있는 건가요?

톰 그보다 약간 큰 범위의 얘기를 하고 싶습니다. 요즘 우리 사회는 전반적으로 퇴보하는 느낌이 듭니다. 분명히 연준은 여느 때처럼 자신들이 하는 일에 대한 책임을 지지 않고 있습니다. 그 와중에 당신은 적극적인 태도로 베트남으로, 아시아로 가서 강연을 하고 팟캐스트를 토대로 사업해서 성공했습니다. 그러기 위해서는 많은 노력과 용기가 필요했을 겁니다.

평범한 사람들은 정부 보조금이나 실업 급여 같은 걸 받는 데 만족합니다. 그들은 일자리를 구하러 나갈 생각을 하지 않습니다. 그저 매일 밤 텔레비전 앞에 앉아서 '내일은 추워. 그냥 집에 있을래' 하고 생각하죠. 정부와 대형 기관들이 이 모든 개인을 보살펴야 한다는 경향이 강해지고 있습니다. 이상한 건 개인들도 그걸 허용한다는 겁니다. 그 편이 살기 쉽거든요. 당신과 제가 선택한 힘든 길과는 다르죠.

책임을 지지 않는 건 쉽습니다. "내 삶이 지금 이 꼴인 건 다른 사람 탓이야"라고 말하는 것도 쉽습니다. 저는 연준이 거기 앉아서 이렇게 말하는 것만 같습니다. "우리 경제는 정부가 세수보다 많은 지출을 하고 있어서 과도한 부담을 지고 있습니다. 실제 채무는 17조 달러에 이르고, 미적립 채무는 100조 달러나 됩니다. 둘을 더하면 약 117조 달러입니다. 우리나라의 GDP가 연간 약 15조 달러에서 16조 달러 수준이므로, GDP의 100퍼센트를 몇 년 동안 모아야 겨우 이 엄청난 채무에 근접하게 됩니다." 이건 성공을 위한 좋은 공식이 아닙니다. 경제학자가 어떻게 이런 상황을 좋게 꾸며 낼 수 있는지 모르겠습니다. 케인주의자들은 그걸 시도하고 있지만 말이죠.

현실적으로 연준은 "달리 방법이 없잖아요?"라고 말하고 있습니다. 주식시장이 폭락하면, 원자재 가격이 급등하면, 걷잡을 수 없는 인플레이션이 발생하면, 불경기가 찾아오면 전 세계에 악영향이 미칩니다. 그러면 정말 힘들어질 수 있습니다. 거리에서는 폭동이 일어나고 온갖 문제가 생길 겁니다. 그래도 저는 부정적인 태도를 취하고 싶지는 않습니다. 이런 상황에서도 긍정적인 면을 보려고 노력해야 합니다. '어떻게든 헤쳐 나갈 수 있도록 계속 충분한 자금을 투입할 수 있는지 보자'고 생각해야 합니다.

시간이 지나면 누군가가 이 궁지에서 빠져나오는 방법을 명민하게 찾아낼지 모르지만, 개인적으로 그럴 가능성은 낮아 보입니다. 연준은 지금까지 온갖 수단을 동원했습니다. 이제는 화살통에 화살이 떨어져 가는 것 같아요. 앞으로 상황이 나빠지면 그들이 더 이상 무엇을 할 수 있을지 모르겠습니다. 저는 트레이딩에 대해 대단히 신중한 자세를 취할 겁니다. 또한 당신이 그랬던 것처럼 다른 나라들을 살펴서 가능하다면 해외로 자금을 분산할 겁니다. 우리는 자신을 보호하기 위해 할 수 있는 일들을 해야 합니다. 앞으로 상황이 조금 더 어려워질 수 있으니까요.

마이클   어떤 사람은 '왜 톰 바소는 이런 의견을 가지고 있지?'라거나 '왜 마이클 코벨은 시장에 대해 이런 의견을 가졌지? 누가 신경 쓴대?'라고 생각할지 모릅니다. 하지만 너무나 드문 상황이 펼쳐지고 있습니다. 어떤 트레이딩을 하든 공공 정책에 대한 관점이 없으면 저는 문제가 있다고 생각하게 돼요. 선생님한테 하는 말이 아닙니다. 단지 너무나 드문 상황이어서 관점이 없으면 불편해요.

톰   지금까지 제게 생긴 중요한 일 중 하나는 누군가의 말에서 사실과 의견을 구분하고, 머릿속에서 따로 표시하게 되었다는 겁니다. 《월스트리트저널》의 기사를 읽다가 '저의 생각은 이렇고, 시장은 이렇게 움직일 것으로 예상됩니다'라는 내용이 나오면 저는 '흥미롭군. 하지만 이건 그냥 의견일 뿐이야'라고 생각합니다. 저나 당신이 말하는 것도 그저 의견일 뿐이죠.

하지만 '오늘 시장이 183.76포인트에서 마감했다'는 건 실제 데이터 포인트입니다. 사실이지, 의견이 아닙니다. 그냥 숫자죠. 사실과 데이터를 의견과 구분하면 트레이딩의 세계가 한결 명확해질 겁니다. 머릿속으로는 세상이 내년에 망할 것이고 지옥에 떨어질 것 같다는 생각이 들어도 여전히 시장에서 롱 포지션을 잡을 수 있습니다. 정말로 다른 선택지가 없습니다.

연준이 너무나 많은 돈을 금융 시스템에 쏟아부으며 달러의 가치를 떨어트리는 상황에서 달리 어디에 돈을 넣을 것이며, 어떻게 가치를 보존할 겁니까? 아마 10퍼센트나 20퍼센트의 수익을 올려야 겨우 구매력을 유지할 수 있을 겁니다. 그건 아주 벅찬 일이에요.

마이클 정말로 이상한 시대예요. 그래도 선생님의 지혜로운 말씀을 듣는 일은 좋네요. 청취자들도 마찬가지일 겁니다.

TREND
FOLLOWING
MINDSET

TREND FOLLOWING MINDSET

여행, 정치, 파국적 사태

306회: 2015.01.01.

마이클 잘 지내시죠?

톰 아주 잘 지내고 있습니다. 얼마 전에 2주 동안 프랑스령 폴리네시아에서 푹 쉬고 돌아왔습니다. 이 인터뷰를 하려고 집 마당에 5톤의 자갈을 옮기는 일을 잠시 중단했습니다. 인터뷰가 끝나면 다시 작업을 시작할 겁니다.

마이클 자갈을 5톤이나 옮긴다니, 엄청 운동이 되겠네요.

톰 저도 그렇게 생각해요.

마이클 프랑스령 폴리네시아라고요? 그곳은 가 보지 못했지만 비슷한 지역에는 가 봤습니다. 아마 제가 간 동남아시아 지역에서 비행기를 타고 10시간은 더 가야 할 겁니다.

톰 폴리네시아는 남반구의 뉴질랜드 바로 옆에 있습니다. 아주 먼 남쪽이죠. 지금 그곳은 여름이라서 기온이 25도 이상이고 습해요. 아마 베트남이나 다른 곳의 여름과 비슷할 겁니다.

마이클 그런 데서 살 수 있으세요?

톰 굳이 거기 살겠다고 선택하지는 않을 겁니다. 반드시 살아야 한다면 살 수는 있지만 애리조나가 훨씬 좋아요. 여기는 최고만 모아 놨죠. 산이 있고, 평화롭고, 조용하고, 아름다운 나무들이 있거든요. 계곡 아래에는 사막도 있고, 콘서트나 연극 같은 다양한 문화 행사와 레스토랑이 있는 피닉스도 있습니다. 애리조나와 피닉스는 90분 거리라서 두 세계의 최고를 모두 즐길 수 있습니다.

마이클 이제 트레이딩 얘기를 하자면 올해 일부 헤지펀드의 실적이 좋지 않다는 기사를 읽었습니다. 많은 사람이 유가 폭락을 한탄합니다. 어떻게 보면 웃기는 일이죠. 보통은 '유가가 떨어지면 모두가 행복할 거야' 하고 생각하잖아요.
하지만 전 세계에 걸쳐서 고유가와 연동된 예산이나 복지 프로그램이 아주 많은 것 같습니다. 그래서 사람들은 행복해 하지 않습니다. 하지만 이건 제로섬 게임이에요. 그래서 우리의 작은 세계에 속한 많은 사람은 유가가 떨어져서 행복해 해요.

흥미로운 점은 5, 6, 7달 전에 유가가 50퍼센트나 급락할 거라고 말한 사람이 드물었다는 거죠. 누구도 그걸 예측하지 못했습니다. 하지만 이 예측하지 못한 사태가 전개되는 동안 어떤 트레이딩 전략은 아주 좋은 수익을 거뒀어요.

톰 추세추종 전략이죠. 100달러나 90달러 수준에서 숏 포지션을 잡고 여정을 즐기기만 하면 되었죠.

마이클 아주 간단한 일처럼 말씀하시네요. 오펙OPEC 의장이 "모든 투기 세력이 폭락을 초래하고 있다"고 말하는 걸 들었습니다. 저는 그 말을 듣고 '잠깐, 유가가 얼마든 투기 세력이 개입하지 않은 적이 있었나?'라는 생각이 들더군요.

톰 그들은 모든 가격에서 개입하죠. 투기 세력이 존재하는 이유는 가격 형성에 도움을 주기 때문이에요. 투기 세력의 지속적인 매수와 매도가 없으면 초 단위로 유가가 얼마인지 알 수 없습니다. 물론 하루 단위나 시간 단위로는 알 수 있죠. 대형 기업과 헤저Hedger(헤지 목적으로 거래하는 시장 참가자들—옮긴이)들이 거래를 하니까요. 하지만 시장은 대단히 비효율적일 겁니다. 가격이 중구난방일 거예요.

투기 세력이 있어서 매 초마다 거래가 이루어집니다. 그래서 초 단위로 가격을 알 수 있습니다.

마이클 저는 선생님이 이런 문제에 대해 많이 생각하지 않는다는 걸 압니다. 모두 직접 경험한 일이라 깊이 이해하고 있을 테니까요. 하지만 오펙

의장이 유가가 잘못된 수준에 있고, 펀더멘털이 현재 가격을 뒷받침하지 않는다면서 투기 세력을 탓하는 걸 들으셨잖아요. 청취자들에게 그 말이 얼마나 솔직하지 못한지 설명해 주세요.

톰 그 말이 솔직하지 않은 이유는 모든 것의 가격은 누군가가 사고파는 것으로부터 정해지기 때문입니다. 투기 세력이 원유를 매도하여 가격을 하락시키려면, 다른 누군가는 매수에 나서서 거래를 성사시켜야 하죠. 이 점에서는 매수자도 투기 세력일 수 있습니다. 투기 세력이 거래의 양쪽에 있는데 어떻게 가격을 하락시킬 수 있을까요? 그게 헤저일 수도 있습니다.

가령 과거에 사우스웨스트 항공의 가격이 싸다고 생각될 때 원유를 사 뒀다고 합시다. 어쩌면 그들은 지금도 그런 생각을 할지 모릅니다. 그래서 투기 세력이 사우스웨스트 항공에 원유를 매도하고, 사우스웨스트 항공은 향후 연료 비용이 늘어날 것에 대비합니다. 다 좋습니다. 그러면 유가가 더 저렴해지겠죠. 사우스웨스트 항공은 저렴한 원유를 더 많이 매수할 수 있습니다. 유가가 100달러까지 치솟을 때는 누구도, 특히 오펙은 불평하지 않을 겁니다. 그 경우에도 투기 세력은 지금과 같은 자리에 있습니다.

투기 세력은 공매도만 치지 않고 양방향으로 거래합니다. 그들을 탓하는 건 그저 선전용에 지나지 않습니다. 국민들을 달래려고 하는 거죠. 사우디아라비아는 원유에 아주 많이 의존하거든요. 노르웨이도 마찬가지입니다. 노르웨이는 사회주의적인 제도를 시행한다고 알고 있습니다. 브라질도, 베네수엘라도 어느 정도는 그렇습니다.

자유사회주의적 제도를 지향하면서 석유 수출에 따른 수입으로 그 비용을 대는 모든 국가는 더 이상 과거와 같은 수입을 확보하지 못합니다. 그래서 남 탓을 하는 겁니다. 그들은 부실한 토대에 기초한 종교를 만든 자신들을 지적하려 하지 않습니다. 요즘 세상은 그런 방식으로 돌아가는 것 같습니다.

마이클 저는 주말에 두바이에 있었습니다. 유가가 높을 때는 누구도 불평하지 않는다고 말씀하셨는데요, 저는 그 이유를 알고 있습니다. 저는 그 사람들이 거기서 석유를 판 돈으로 무엇을 만들고 있는지 봤습니다. 그들은 엄청나게 화려한 도시를 만들었죠. 그런 데서 살고 싶지는 않지만 정말 멋지더라고요.

톰 당신의 페이스북에서 사진을 봤습니다. 매우 인상적이더군요.

마이클 잠시 선생님의 위장에 대해 얘기해 보죠. 그런 얘기가 전문 트레이더든, 초보 트레이더든, 초보 장기 투자자이든 간에 좋은 교훈이 될 거라고 생각합니다. 괜찮다면 흥분과 절망에 대해서도 얘기해 주세요. 우리는 "세상에, 돈을 이렇게 많이 벌다니!" 하고 흥분하다가도 '돈을 잃고 있어, 절망적이야' 하고 생각하잖아요.

톰 우선 제 위장은 제가 아는 한 아주 건강해요. 위통 같은 걸 겪어 본 적이 없습니다. 앞으로도 그러기를 바랍니다.
트레이딩 초기에 은 거래를 했는데 등락이 아주 심했습니다. 거의 몇 시간 동안 눈길을 사로잡았죠. 그 일이 제 눈을 뜨게 해 주었습니다. 저는 추세추종 전략을 충실하게 따르고, 포지션을 유지하지 못할 이유가 없다는 걸 깨달았습니다. 포지션 규모만 관리하면 돼요. 제가 한 일은 거래 전반에 걸쳐 포지션의 변동성과 리스크를 조정하는 방법을 찾아내는 것이었습니다. 그래서 거래가 상당히 밋밋해졌고, 제 위장에는 탈이 생기지 않았습니다. 흥분할 일이 없었습니다. 매일이 거의 비슷했으니까요.

그게 제가 초기의 실수와 상황으로부터 배운 것입니다. 자칫하면 평생에 걸쳐 위통을 초래할 수도 있었죠. 하지만 저는 트렌드스탯을 만든 후에는 많은 것이 저절로 이루어지도록 자동화했습니다. 당시 저의 위장에 영향을 미칠 수 있었던 문제는 정전이나 인터넷 장애나 프로그램 장애뿐이었습니다. 확실히 시장은 더 이상 문제가 아니었습니다.

마이클 선생님은 머릿속에서 파국적 사태를 미리 돌려 보고, 포지션이 잘못되지는 않았는지 살핀다고 말씀하셨는데요. 원유에 대해 롱 포지션을 잡고 조정하지 않은 상태에서 유가가 50퍼센트 하락하는 게 파국적 사태죠.

반 타프가 방송에서 선생님과 관련해서 재미있는 일화를 들려주더군요. 선생님이 그에게 전날 재난 훈련을 하느라 전화를 받지 못했다고 말한 일이었습니다. 선생님은 그것 때문에 통화를 하지 못했죠. 하지만 그는 그게 기본적으로 계획된 재난이었다고 말하더군요.

선생님은 젊은 시절에도 '어떻게 파국적 사태에 대비할까? 어떻게 예상하지 못한 사태에 대비할까?' 하고 생각하셨나요? 그런 일은 일어나기 마련이니까요.

톰

맞습니다. 저는 오히려 재난에 대비하지 않는 CTA와 다른 전문 트레이더가 너무나 많다는 데 놀랐습니다. 우리는 일 년에 최소 한 번은 소위 '재난일Disaster Day'을 가집니다. 직원들에게 미리 공지를 하죠. 모든 직원은 어떤 일이 생길지 알고, 저는 모두에게 약간의 추가적인 노력을 요구했습니다. 우리는 일부 부서를 다른 사무실로 옮겼습니다. 대안적인 모드로 운영하기 위해서요. 우리는 거기서 회사를 운영했습니다. 사무실에 남은 직원들은 고객의 전화를 받고 일상적인 업무를 처리했습니다. 재난일 훈련 때문에 고객이 예약이나 상담을 하는 데 불편을 겪으면 안 되니까요.

반 타프와의 통화는 반드시 필요한 일이 아니라서 뒤로 미루었습니다. 저는 재난일 훈련을 제대로 하려고 노력했습니다. 그러기 위해서는 주의를 집중해야 했습니다. 특히 백업 장비는 기본 장비보다 다루는 데 있어 거추장스러워요.

우리가 하루 종일 한 일은 데이터를 백업 장비로 옮기는 것이었습니다. 그다음에 백업 장비로 주문을 넣었죠. 우리는 백업 장비에서 트레이딩 데스크를 호출하고, 절차를 살피고, 운용해야 하는 모든 워드 파일과 엑셀 스프레드시트를 확인했습니다.

이런 훈련을 하면 우리가 놓쳤거나 지난 훈련 이후 바뀐 것들을 알 수 있습니다. 그 목록을 토대로 운영을 개선하고 정비하는 거죠. 단일 장비만 쓰는 CTA가 있다는 게 놀랍습니다. 그들은 휴대폰이나 인터넷이 안 되면 어떻게 되는지 모르는 것 같습니다.

너무나 많은 시나리오가 있습니다. 저는 그중 일부를 살피면서 트레이딩 파트너에게 그 사실을 알립니다. 그들은 비상시 운영 방법을 저와 함께 찾는 걸 아주 좋아합니다. 그들도 같은 문제를 안고 있으니까요. 그들은 제가 예기치 못한 문제에 대처할 수 있다는 걸 알고 싶어 합니다. 어떤 경우에는 트레이딩 자금을 주기도 하죠. 그렇게 우리는 좋은 파트너가 되려고 노력했습니다.

삶의 많은 측면에서 이런 일을 할 수 있습니다. 무방비로 살아가는 사람이 너무나 많다는 사실이 그저 놀랍습니다. 예기치 못한 일에 대처할 때는 스트레스가 동반됩니다. 하지만 '이 길로 가면 그에 따라 두세 가지 일이 생길 수도 있어. 그러면 2차 계획으로 갈까 아니면 그 문제를 해결해야 할까?'라는 식으로 생각하는 건 다릅니다. 조금이라도 미리 생각하고, 계획을 세우고, 훈련을 해 두면 할 수 있는 일이 많습니다. 그러면 일이 닥쳐도 크게 스트레스를 받지 않을 수 있습니다.

마이클 하지만 파국적 사태라는 건 방금 말씀하신 문제만 해당되는 건 아니잖아요. 포트폴리오나 트레이딩 전략과 관련된 것도 있죠.

톰 그럼요. 어떻게 보면 제가 경험한 가장 파국적인 사태는 부시 대통령 시절에 우리가 이라크를 침공한 것이었습니다. 우리는 쿠웨이트에서 이라크로 들어갔죠. 당시 유가는 배럴당 32달러 정도였습니다. 우리는 롱 포지션을 잡은 채 장을 마감했죠. 그날 컴퓨터에 약간 문제가 생겼습니다. 그래서 저는 사무실에 남아서 문제를 해결하고 오후 8시에 퇴근을 했습니다. 장 마감 후 6시간 정도가 지난 때였죠. 그때 유가가 배럴당 40달러까지 올랐습니다. 이라크 전쟁이 시작되었거든요. 저는 '아주 잘될 것 같아' 하고 생각하면서 잠자리에 들었습니다. 그런데 다음 날 출근해 보니 유가가 배럴당 22달러까지 떨어져 있었습니다. 결국 우리가 잡은 포지션이 손절당하면서 상당한 손실이 났죠. 그날 전체 포트폴리오의 5퍼센트에서 6퍼센트 정도를 잃은 것 같습니다. 그때까지 그리고 지금까지 선물 시장에서 하루에 난 최대 손실이었죠.

우리는 다시 들어갔고, 두세 달 후 신고점을 찍었습니다. 결국 큰일은 아니었죠. 하지만 하루에 6퍼센트라니! 엄청났습니다. 시장이 어떻게 움직이는지 봤으니 이례적인 일은 아니었어요. 어쨌든 우리는 덕분에 6퍼센트 손실을 회복할 수 있었습니다. 그걸로 타격을 입지 않았고, 포지션을 적절하게 관리했습니다. 변동성이 아주 심했기 때문에 포지션을 최소로 줄였습니다.

마이클   아주 간단하게 들리네요. 하지만 대부분의 사람들은 그런 간단한 얘기를 이해하지 못할 것 같아요. 중요한 건 다음과 같은 생각이겠죠? '게임을 계속할 수 있는 칩을 갖고 있어야 해. 우리는 앞으로의 일을 확실하게 예측한다고 말할 정도로 자만하고 있지는 않잖아. 시장이 생각한 방향대로 가지 않으면 손실을 감수하고 발을 뺄 거야. 방향이 바뀌면 그때 다시 들어가서 플레이하면 돼.'

톰   맞습니다. 그게 다예요. 앞으로 1,000번이나 2,000번 또는 1만 번의 트레이딩을 어떻게 할 것인지가 중요합니다. 모든 게 통계의 문제죠. 모든 트레이딩에서 수익이 날 수도 있고, 손실이 날 수도 있습니다.

마이클   인쇄 매체든, 라디오든, 온라인 매체든, 텔레비전이든, 추세추종 트레이딩과 무관한 매체를 포함한 모든 매체가 그날의 트레이딩을 다루죠. 하지만 추세추종 세계에서는 큰 그림을 보면서 차분하고 냉정한 자세로 다음과 같이 말할 수 있어야 한다고 생각합니다. "한 번의 트레이딩은 신경 쓰지 않아. 내게 중요한 건 앞으로 할 1,000번의 트레이딩이야. 나는 거기에 집중할 거야."

톰 오래전에 반 타프가 했던 좋은 말이 기억나네요. 그는 "트레이더에게 좋은 날은 전략을 따른 날이다"라고 말했죠. 다시 말해서 앞으로 1,000번의 트레이딩을 더 할 수 있도록 노력하면서 그저 하던 일을 계속 반복하는 겁니다. 오늘 돈을 벌었는지 잃었는지는 중요하지 않아요. 오늘 전략을 따랐는지, 전략대로 다음 포지션을 잡았는지가 중요하죠. 그런 태도를 취하면 트레이딩이 조금은 덜 흥미로워집니다. 그래도 위장 건강에는 훨씬 도움이 되고, 더 많은 성공을 거둘 수 있습니다.

마이클 트위터와 페이스북에 글을 올리고, 인터뷰도 많이 하시잖아요. 사람들과 교류하는 걸 즐기시는 것 같아요. 선생님의 인터뷰를 보면 명확한 정치적 의견을 갖고 있다는 걸 알 수 있습니다. 그러나 저는 거기에 대한 호기심은 없습니다. 그게 무엇인지 알고, 선생님은 본인의 신념을 많이 공유하니까요. 하지만 어떤 사람들은 선생님의 정치적 의견을 접하면 혼란을 느낄 것 같아요.
그들은 '아주 강한 의견을 갖고 있네'라면서 어떤 식으로든 선생님의 트레이딩이 거기에 맞춰질 거라고 생각합니다. 그렇지 않은데 말이죠.

톰 저의 정치적 의견은 트레이딩에 대한 관점과 일치합니다. 트레이더는 성공에 대해 스스로 책임을 져야 해요. 트레이딩을 망쳤다고 해서 거래장에 있는 사람을 탓하거나 잘못된 조언을 했다고 중개인을 탓하면 실패할 수밖에 없습니다. 스스로 책임을 지고 결정을 내려야 합니다. 하지만 정치권에서는 그런 모습을 보기가 어렵죠. 그들은 언제나 남에게 손가락질만 합니다. 문제가 생기면 아무개는 의회를 탓하고, 의회는 대통령을 탓합니다. 즉 모두가 다른 모두를 탓하죠. 그들은 자신을 돌아보면서 '어떤 일을 할 수 있었을까?'라고 묻지 않을 겁니다. 저의 정치적 의견도 대부분 같은 관점에서 나왔습니다. 하지만 트레이딩과는 아무 상관이 없죠. 저의 트레이딩은 순전히 수학적입니다. 방향이 상방이면 롱 포지션을 잡고 하방이면 숏 포지션을 잡아요. 그것보다 복잡할 게 없습니다.

마이클 올해 가을에 CTA에서 수십억 달러 규모의 자산을 운용하는 몇몇 트레이더와 인터뷰를 했습니다. 그들은 그 인터뷰에서 "우리는 가격을 따라갑니다. 100퍼센트 시스템으로 돌아가요. 그게 우리의 방식입니다"라고 말했죠. 이때 사람들은 이메일로 '믿을 수 없어요. 펀더멘털을 반영하는 비밀 오버레이Overlay(포트폴리오의 리스크를 낮추기 위한 조정 방식—옮긴이)가 있을 거예요. 뒤에서 임의로 조정하는 게 분명해요!'라고 말했습니다. 제가 보기에는 웃기는 일이에요. 선생님을 포함한 수많은 추세추종 트레이더는 "우리는 이렇게 합니다. 펀더멘털을 반영하지 않아요"라고 말하니까요. 그래도 사람들은 제게 여전히 "당신은 모르지만 사람의 판단이 들어가는 비법이 있을 거예요. 당신은 요점을 놓쳤어요. 톰 바소도 회사에 펀더멘털을 담당하는 직원을 많이 두고 있을 거예요"라고 말하더군요.

톰 제겐 그럴 시간이 없습니다. 아까도 말했지만 오늘 오후에는 5톤의 자갈을 옮겨야 합니다.

제 생각에는 사람들이 복잡한 걸 좋아하는 게 이유인 것 같아요. 대다수의 트레이더가 처음 트레이딩을 시작하겠다고 마음먹었을 때 무엇을 할까요? 아마 당신이나 슈웨거의 책을 사서 읽고, 읽고, 또 읽겠죠? 펀더멘털 측면과 기술적 측면을 활용하는 온갖 트레이딩 방식에 대한 수많은 의견도 들을 겁니다. 그다음에 엘리어트 파동과 피보나치 수열 같은 우주적 법칙에 대한 것도 알게 될 겁니다. 불쌍한 트레이더들은 처음에 이 모든 걸 공부하는데도 앞으로 뭘 해야 할지 모릅니다. 인간의 정신은 시장에서 돈을 버는 것 같은 중요한 일이 아주 복잡하기를 원해요. 사람들은 '톰 바소는 시장에서 아주 오래 활동했어. 그래서 아주 노련하기 때문에 성공하는 거야'라고 생각하고 싶어 하는 것 같습니다.

하지만 현실은 단순한 게 가장 잘 통합니다. 슈웨거는 "자유의 정도가 중요하다"고 말했죠. 그러니까 대개 처음에는 단순한 이동평균으로 시작해서 '방향이 맞으면 이동평균에서만 매수 신호를 잡을 거야'라고 생각합니다. 그러다가 거기에 더해서 다른 시간대가 아니라 개장 시에만 매수하고 앞선 요건을 충족해야 한다는 조건을 걸죠. 그리고 필터를 연이어 적용하다 보면 곧 트레이딩을 할 수 없는 지경이 됩니다. 이 모든 걸 바라보고 있으면 혼란에 빠질 수밖에 없어요. 불쌍한 뇌가 모든 정보를 처리할 수 없으니까요. 결국 실행하지 못하고 트레이딩 기회를 놓치고 맙니다. 본질적으로 너무 복잡한 거죠.

그러다가는 트레이딩으로 돈을 벌 수 있기를 바라며 시장을 지켜보기만 하게 됩니다. 실로 단순한 것이 강해요. 단순하면 잘못될 게 별로 없습니다. 오직 가격만 있죠. 가격은 수익이나 손실과 직결됩니다. 모든 전략을 가격에 맞추면 손익과 일대일로 연동되는 변수를 토대로 삼게 됩니다. 절대 어긋나는 일이 없습니다.

금리를 보고 주가 지수를 예측하려 들면 두 가지 변수를 다루어야 합니다. 금리는 주가와 맞물릴 수도 있고, 어긋날 수도 있습니다. 어딘가에서 횡보가 나올 수도 있고요. 하지만 주가 지수를 보고 매매하는 건 일대일로 맞물리죠. 주가 지수에 따라 수익이나 손실이 나니까 시스템이 고장 날 일이 없습니다. 언제나 시장과 연동되니까 거기서 스트레스를 받을 일도 없고요.

마이클 트레이더들이 버거울 정도로 많은 정보에 짓눌리고, 너무 많은 전략 때문에 혼란에 빠진다고 말씀하셨죠. 그리고 엘리어트 파동과 피보나치 수열도 언급하셨어요. 제가 초보 시절에 전략을 공부할 때 도움이 된 것 중 하나는 누군가가 하는 말을 무조건 믿지 말고 실적 데이터를 확인하라는 것이었어요. 기술적 분석 분야에는 온갖 전략이 있습니다. 하지만 수많은 참가자들이 매달 실적 데이터를 공개하고 그것들을 비교했을 때 상관성을 확인할 수 있는 전략을 저는 본 적이 없어요. 저는 나중에서야 추세추종 전략을 발견하고 이렇게 생각했죠. '추세추종 전략을 따르는 사람들은 대체로 비슷한 일을 하고 있어. 그래서 안심이 돼. 이건 내게 유용한 정보야.' 반면 다른 기술적 전략에서는 그만큼 압도적인 데이터가 잘 나오지 않았어요. 추세추종이 유일했어요.

톰 추세추종자들은 동시에 돈을 잃는 경향이 있다는 걸 아실 거예요. 저는 한 달 동안 다양한 상품 시장의 평균 변동성, 즉 고점-저점 변동폭을 파악하고, 같은 기간에 일반적인 CTA들의 실적을 살핀 적이 있습니다. 그 결과 직접적인 상관성이 확인되었죠. 변동성이 높은 달에는 CTA의 수익이 늘었고, 변동성이 낮은 달에는 수익이 줄거나 심지어 손실이 났습니다.

추세추종 전략을 따르는 경우 시장의 추세가 오래 지속되기를 바라는 게 당연합니다. 시장이 같은 자리에 머물러서 가격이 움직이지 않으면 돈을 벌 수가 없죠. 이는 단순한 결과로 이어진 단순한 분석입니다. 그 결과는 제가 생각한 그대로였어요.

타당하지 않습니까? 가격이 움직이면 추세추종자들은 돈을 벌 수 있습니다.

마이클 특정한 전략이 유효하다고 믿으면서 그걸 실제로 활용하는 다른 시장 참가자가 있는지 알아보지 않는 트레이더가 아주 많다는 게 그저 놀라워요. 그들은 혼자서 "새로운 전략을 찾아냈어"라고 말하죠. 그리고 '나만 이 전략을 쓰니까 더 가치가 있어'라고 생각할 겁니다. 물론 저는 '나보다 앞서서 이 전략을 쓰는 다른 똑똑한 사람들이 있는지 알아보고 싶어'라고 생각합니다.

톰 그거 바람직하네요. 저 역시 추세추종이 시장에서 돈을 벌 수 있는 유일한 전략이라고 말하고 싶진 않습니다. 하지만 오랫동안 수많은 사람이 검증한 전략인 건 분명해요. 추세추종은 트레이딩에 접근하고, 너무 자주 손실을 겪지 않도록 해 주는 타당한 전략입니다.

마이클 몇 가지 더 질문하겠습니다. 그다음에 자갈을 옮기도록 보내 드릴게요. 선생님이 자갈을 옮기는 동안 저는 요가를 할 겁니다. 누가 더 땀을 흘리나 보자고요!

사람들은 종종 머니 매니저가 한창 잘나갈 때 그들에게 돈을 맡기는데요. 하지만 선생님이 보여 준 분석 결과를 보면 현실은 사람들이 생각하는 것과 조금 다른 것 같습니다.

톰 가격은 움직입니다. 그래서 추세추종자들이 돈을 벌죠. 그건 자본 곡선이 갈수록 나아진다는 걸 의미합니다. 그만큼 추세는 여러 달 동안 지속되고요. 어느 순간 추세추종자들은 대박을 칩니다. 세상의 모든 돈이 쏟아져 들어오는 거죠. 그러다가 또 어느 순간 추세가 주춤하면 추세추종자들의 수익도 횡보하거나 줄어듭니다. 그 하락의 바닥, 자본 곡선의 골짜기에서 시장은 횡보하다가 상방이나 하방으로 돌파를 시도합니다. 폭발하기를 기다리면서 압력을 높여 가는 거죠. 그때 사람들은 돈을 뺍니다. 다음 큰 상승이 나오기 직전에 말이에요.

CTA들의 시간가중수익률과 금액가중수익률을 비교한 적이 있습니다. 시간가중수익률은 CTA에 돈을 넣고 그냥 두면 나오는 거예요. CTA가 전략을 통해 거두는 수익률이죠. 금액가중수익률은 고객이 특정한 시기에 돈을 넣었다가 다른 시기에 빼는 것을 고려하는 겁니다.

제 분석 결과, 언제나 시간가중수익률이 금액가중수익률보다 좋은 결과를 보였습니다. 고객들은 실제로 전체 산업에 걸쳐 성과를 낮추고 있었습니다.

마이클 성공적인 추세추종 트레이딩의 아주 많은 측면은 행동경제학과 행동금융학 그리고 편향에 대처하고, 트레이딩에 어림법ₕₑᵤᵣᵢₛₜᵢ𝒸ₛ을 활용하는 방법에 대한 이해를 포함한다는 사실이 아주 흥미로워요. 추세추종 트레이더들은 이런 분야가 인기를 얻기 오래전부터, 관련 연구가 노벨상을 받기 오래전부터 활용해 왔으니까요. 그들은 수십 년 후에 나올 연구 결과를 명확하게 아는 듯한 방식으로 트레이딩을 했습니다.

톰 거북이들이죠(저자의 다른 책인 『터틀 트레이딩』에서 소개한 트레이더들을 가리킴—옮긴이).

마이클 선생님의 동료들이죠. 아주 흥미로운 일이에요.

톰 유가가 내려갈 때 그 양상이나 이유를 알아내는 건 제가 할 일이 아닙니다. 그냥 내려가는 거죠. 저는 이런 생각들을 합니다. 지금 선택할 수 있다면 오늘 어디에 포지션을 잡을 것인가? 하락세를 즐길 것인가 아니면 "저점이니까 앞으로 오를 거야"라고 판단할 것인가? 저는 추세가 하방이면 숏 포지션을 잡고, 반등이 나와서 방향이 바뀌면 롱 포지션을 잡습니다. 너무 많이 생각하고 싶지 않아요. 차라리 다른 걸 생각하겠습니다.

이는 트레이더로 가득한 전체 시장의 행동에 반응하는 겁니다. 트레이더들은 결정할 때 펀더멘털이나 헤지 기법을 쓸 수도 있고, 안 쓸 수도 있습니다. 그 모든 결정이 모여서 가격을 형성하고 가격이 오르내리죠. 그러니까 가격은 나머지 시장 참가자들의 그 모든 행동과 의

사결정에 좌우되는 종속 변수입니다. 저는 그저 가격에서 그것을 읽고 따라가기만 합니다. 그보다 많이 생각하지 않습니다.

마이클 선생님은 인생을 즐기면서 재미있게 사는 길을 찾았습니다. 그저 앉아서 컴퓨터 화면을 바라보고 트레이딩에 대한 얘기만 하는 게 아니라요. 트레이딩은 기계적 절차에 따른 유용한 부산물일 뿐입니다. 그래서 선생님은 별로 신경 쓰지 않는 것 같아요. 트레이딩은 선생님의 정체성과 관련이 없고, 그저 일일 뿐인 거죠. 트레이딩이 선생님이 어떤 사람인지 말해 주는 것도 아니고요.

톰 저는 골프를 칠 줄 알지만 저 자신이 꼭 일차원적 골퍼라고는 생각하지 않습니다. 저는 골프장에 갈 수 있는지 여부에 연연하지도 않습니다. 약 3주간 타이티로 크루즈 여행을 가느라 골프 클럽을 잡지 않았습니다. 그래도 여전히 삶을 즐기고 있습니다.

많은 사람은 트레이딩에 뛰어들었다가 그 도박적인 성격에 중독되는 것 같습니다. 하지만 제게 트레이딩은 그저 포트폴리오를 운용하는 수단일 뿐입니다. 거기에 적은 시간을 들일수록 자갈을 옮기거나 당신과 대화하거나 뒷마당의 나무를 다듬거나 골프를 치거나 타이티로 크루즈 여행을 할 시간이 늘어납니다. 시장에서 생기는 기회를 놓칠까 봐 휴가를 가지 않는 사람이 많은데, 저는 그냥 컴퓨터를 가져가서 위성 인터넷으로 하루에 10분에서 20분 정도만 트레이딩을 합니다. 그 정도는 별로 부담되지 않아요.

마이클 너무 많은 사람들이 뭔가를 잃어버릴까 봐 두려워하면서 인생을 살아갑니다. 저는 그런 일이 특히 현대사회에서 미디어의 보도와 함께 일어나고 있다고 생각해요. 그건 정말로 깊은 두려움을 중심으로 구축되어 있습니다.

톰 오늘 연준이 취할 조치 같은 것을 토대로 결정을 내리면 뭔가를 놓치게 됩니다. 그런 사람들은 텔레비전에서 연준의 결정이 보도되기를 기다리면서 화면에서 눈을 떼지 못하죠. 하지만 저는 그러지 않을 겁니다. 연준의 결정 때문에 가격이 저의 스톱 주문 지점을 넘어선다면 그대로 실행하면 됩니다. 아마 이 통화를 끝내고 오후에 거래를 마감하면서 확인할 것 같아요. 저는 그저 자리에 앉아서 연준이 보고서를 낼 때까지 기다리지는 않을 겁니다. 하루 종일 컴퓨터 앞에 앉아 있는다고요? 그건 제대로 사는 게 아니에요.

마이클 하지만 연준의 말을 듣고 약간의 재량을 추가로 활용하면 성과를 개선할 수 있지 않나요?

톰 저는 그렇게 못합니다. 못하니까 안 하죠. 트레이딩 초기에는 충분한 조사를 했습니다. 그 결과는 임의적인 의사결정을 통한 위험 회피와 추세추종은 실패한다는 거였어요. 제가 가치를 더하지 못한다는 확신이 들었습니다. 그럼에도 굳이 제가 끼어들 필요가 있을까요? 기본적으로 저는 저를 해고한 셈이죠.

마이클 재미있는 말이네요. 선생님과 대화하는 건 아주 즐거워요. 선생님의 생각, 과정, 시스템, 장비에 대해 아주 명확하고, 꼼꼼하고, 정확하게 말씀해 주시니까요. 어떤 사람은 선생님의 말을 듣고 '저 사람은 우리가 트레이딩을 개선할 수 있다는 걸 몰라. 더 나아지게 만들 수 있어'라고 생각할 겁니다. 〈600만 불의 사나이〉처럼 더 나아지고, 빨라지고, 강해질 수 있다는 거죠.

톰 그럴 수도 있습니다. 하지만 저는 62살이고, 은퇴했고, 삶을 즐기는 중이라는 걸 기억해야 합니다. 트레이딩으로 먹고살 생각은 없어요. 트레이딩을 개선하기 위해 제가 시도할 수 있는 일들이 있는 건 맞습니다. 만약 트렌드스탯 시절처럼 프로그래머들을 직원으로 두고 있다면 몇 가지 아이디어를 구현해 보고 싶기는 해요. 그러나 지금의 저는 여기저기서 몇 퍼센트의 수익을 더 올리고자 그만한 돈과 노력을 투자할 가치가 없다고 생각합니다. 이제 그런 일은 하지 않을 겁니다.

저는 단순한 방식을 따르고, 인허가 수수료 없이 고정비를 낮게 유지하고자 합니다. 옛날과 달리 누가 저를 고소할 가능성도 아주 낮습니다. 저는 채무가 적고 운영하기 쉬운 은퇴자용 투자 전략을 활용합니다. 그게 저의 상황, 자금, 전문성 수준에 잘 맞아요.

트레이더라면 항상 자기 자신, 자신의 자본과 전문성을 살피려고 노력해야 합니다. 톰 바소나 마이클 코벨 또는 다른 어떤 사람이 아니라 자신에게 맞는 전략을 설계해야 합니다. 자신을 위해 할 일을 해야 합니다. 그게 성공을 부릅니다. 그런 일은 수월하게 계속할 수 있으니까요.

다른 사람의 전략을 모방하면 절대 수월해지지 않습니다. 언제나 자신과 그 사람을 비교하거나 자신의 전문성 수준과 자금 수준에 맞지 않는 일을 하려고 들게 되기 때문입니다. 성공은 자신에게 맞는 전략을 설계하는 데서 나옵니다.

마이클 저는 항상 젊은 사람들이 보내는 이메일을 받습니다. 그들은 CTA, 추세추종 분야에서 일하려면 어떻게 해야 하는지 조언해 달라고 말해요. 가령 "어디서 저를 채용할까요? 어떤 조언을 해 줄 수 있나요?" 하고 묻는 거죠. 제 책에 나오는 거북이 얘기는 자신도 그렇게 할 수 있다는 생각을 심어 주는 것 같아요. 사람들은 "입문하기만 한다면 똑같이 할 수 있어" 하고 생각하죠. 반면 선생님은 오늘날의 자산운용 분야에 대해 다른 관점을 가지신 것 같아요.

거기에 대해 얘기해 주시겠습니까? 그리고 트레이더가 되고 싶어 하는 오늘날의 청년들에게 조언을 좀 해 주시죠. 사람들이 지난 20년, 30년, 40년 동안 접한 것과 방식에 대한 대안적인 관점을 제시해 주세요. 선생님의 관점에서 달라진 점이나 다른 트레이딩 방식에 대해 하실 말씀이 있을 것 같아요.

톰 오늘날에는 제가 1970년대 그리고 1980년대에 트렌드스탯을 시작하면서 하던 일을 할 수 없습니다. 그게 성공으로 가는 타당한 길이라고도 생각하지 않습니다. 수많은 직원을 두고 수십억 달러를 운용하는 머니 매니저가 너무 많습니다. 그들이 어떤 기준으로 사람을 뽑는지는 모르지만, 감히 말하자면 그들 중 다수는 같이 지내기 힘들 겁니다.

또한 규제가 심해지면서 CTA 분야의 사업 운영비도 증가하고 있습니다. 트레이딩 방법을 배우는 보다 쉬운 접근법은 본업을 지속하면서 자기 돈으로 트레이딩을 하는 겁니다. 최대한 많은 돈을 저축하세요. 계속 포트폴리오를 불리고, 트레이딩 실력을 키우세요. 그러다 보면 언젠가는 자신이 이룬 성공의 결과를 보고 '본업으로 버는 수준만큼 트레이딩으로 벌고 있어. 더 이상 회사에 다닐 필요가 없겠어'라고 생각하는 날이 옵니다. 그때 일을 그만두면 지금의 저처럼 전업 트레이더가 되는 겁니다.

CTA 분야는 들어가기 아주 어려워졌습니다. 지금은 정말 저도 잘 모르겠습니다. 저는 11년이나 업계를 떠나 있었고, 그래서 다른 사람들에게 어떻게 해야 한다고 말할 수 있을 만큼 사정을 잘 알지 못합니다. 물론 일단은 트레이딩을 시작하고, 5명에서 10명의 직원을 두는 데 필요한 자금을 확보하거나 그럴 수 있는 동업자가 있어야 한다는 사실은 압니다. 모든 전화 시스템, 컴퓨터, 규제 환경, 투자설명서 등을 생각해 보세요. 어떤 경우에는 투자설명서를 만드는 데만 해도 법무 비용으로 5만 달러에서 10만 달러가 금세 날아갑니다. 차고에서 트레이딩을 하는 사람이 들어가기는 아주 힘든 게임이죠.

마이클 선생님의 말씀은 트레이딩을 하고 싶으면 자기 돈이나 친구 또는 가족의 돈으로 시작하라는 말에서 벗어나지 않는 것 같아요. 그 기회는 활짝 열려 있습니다. 선생님은 트레이딩을 시작하기가 어려운 게 아니라 남의 돈을 운용하기가 어렵다고 말하고 있습니다.

톰 요즘 자산운용은 아주 힘듭니다. CTA 사업도 마찬가지죠. 반면 자기 돈으로 트레이딩을 하면 규제로부터 자유롭고 관리비도 적게 듭니다. 옛날에는 머니 매니저가 되면 수수료를 협상할 수 있었고, 일반 투자자는 더 높은 중개 수수료를 지불해야 했습니다. 하지만 지금은 모두가 같은 수수료를 내죠. 요즘은 트레이딩을 하는 데 거의 비용이 들지 않습니다. 소규모 트레이더는 대형 트레이더가 할 수 없는 일들을 할 수 있습니다. 저는 지금 과거에 비해 소액으로 트레이딩을 합니다. 그래서 걱정할 필요가 없죠. 과거에는 많이 가지 않던 시장에도 들어갈 수 있습니다.

개인 트레이더는 '전문성을 얻기 위해 꼭 CTA에서 일해야 할까?'라고 고민해 봐야 합니다. 그들의 전문성이 부실하다면 어떻게 될까요? 당신이 과거 존 헨리 밑에서 일했다고 가정해 봅시다. 그의 실적은 40퍼센트의 손실폭을 기록하면서 오르내렸습니다. 거래 규모가 수십억 달러였는데 말이죠. 제가 보기에 그런 방식은 그다지 합리적이지 않은 것 같습니다. 레버리지를 더 많이 써서 항상 큰 폭의 손실과 수익으로 이어지니까요. 그런 사람 밑에서 일하면 그런 방식의 트레이딩을 배우게 됩니다. 나쁜 습관이 드는 거죠.

다른 사람 밑에 들어가서 배우는 게 만병통치약은 아닙니다. 제 생각에는 혼자 공부하면서 자기 돈으로 성공적인 트레이딩을 하는 게 더 나은 것 같습니다. 그러면 비로소 있어야 할 자리에 서게 되는 거예요. 그때부터 더 많은 자본을 확보할 방법을 찾아야 합니다. 그러기 위해서는 더 열심히 일하고, 부업을 하고, 더 많은 트레이딩 자금을 따로 모을 수 있도록 회사에서 더 높은 자리로 올라가야 합니다.

마이클 많은 사람이 만병통치약에 대한 꿈과 환상을 품는데 그렇지 않군요.

톰 트레이더로서 지금 저처럼 자기 계좌를 굴려서 먹고사는 건 어디서 시작하든 간에 힘듭니다. 거액의 유산이 밑천이고 세상의 모든 돈을 갖지 않았다면 말이죠. 그런 경우에는 전업을 하기가 더 쉽습니다. 그렇지 않고 저처럼 학자금 대출을 4,000달러나 받고 대학을 졸업해서 화학 엔지니어로 일하고, 재산은커녕 빚만 있는 상태로 시작한다면 어느 방향으로 가든 힘들 거라는 걸 깨달아야 합니다.

TREND FOLLOWING MINDSET

성패를 가르는 도구들

700회: 2018.10.08.

마이클 기술과 관련해서 "옛날에는 트레이딩 시스템을 갖추는 데 100만 달러가 들었는데 지금은 수천 달러면 돼요"라고 말씀한 적이 있으시죠? 이 말은 가장 중요한 요소, 바로 개인을 부각시킵니다. 사람 말이에요.

개인이 그토록 중요한 이유가 뭘까요? 제 생각에는 신념이 그 바탕에 있는 것 같아요. 우리는 세상이 돌아가는 방식에 대한 신념이 필요하죠. 선생님이 품게 된 가장 중요한 신념들에 대해서 말씀해 주시겠습니까?

톰 신념은 트레이딩뿐 아니라 생활에도 영향을 미칩니다. 믿음은 현실이 되니까요. 시장이 조작되었다고 믿으면 그렇다고 생각할 온갖 구실을 찾게 됩니다. 시장이 그저 매수자와 매도자가 거래하는 곳이고 그에 따라 가격이 움직인다고 믿으면, 추세추종 모델을 만들어서 가격을 따르면 됩니다. 그 이상의 문제는 신경 쓰지 않아도 되죠.

골프장에서 다음 샷을 잘 치지 못할 거라고 믿으면 실제로 잘 치지 못합니다. 저는 트레이딩 전략을 살피면서 매일 하는 일에 따른 비용을 줄이려고 노력합니다. 기술이 계속 진보할 거라고 믿거든요. 곧 과거 100만 달러짜리 기술은 200달러짜리가 될 겁니다. 모든 것이 갈수록 저렴해지고 빨라지고 있습니다. 하드 드라이브 용량은 갈수록 커지고 있습니다. 모든 게 클라우드에 있습니다. 서버가 모든 일을 합니다. 우리는 놀라운 세상에 살고 있습니다. 그 모든 걸 받아들이는 것만 해도 흥미로워요. 정말 재미있습니다.

마이클 기술의 가격은 계속 내려가고 있습니다. 하지만 모든 게 그런 건 아니에요. 지금 저는 홈디포Home Depot에 가는 상상을 합니다. 그리고 거기서 '망치를 사서 손에 들어도 집이 지어지는 건 아냐' 하고 생각하죠. 그 사실을 이해해야 해요. 망치를 사서 어떤 가치를 얻으려면 그걸로 무엇을 할 것인지에 대한 신념이 필요해요.

톰 맞는 말이에요. 저는 오래전에 과학적인 접근법을 통해 수많은 연구를 했습니다. 가설을 검증하고, 대량의 데이터를 돌리고, 여러 방식으로 시뮬레이션을 한 다음 '여기서 뭘 배울 수 있지?' 하고 생각했습니다. 그 결과는 폭넓은 전략을 이루는 또 하나의 요소가 되었죠. 매수와 매도 엔진부터 포지션 관리, 전체 포트폴리오 관리, 분산화, 포트폴리오 선택, 트레이딩의 심리적 측면까지 모든 것을 포괄하는 전략 말이에요. 저는 궁극적으로 모든 요소를 통합해서 최종적인 성공을 이루려고 노력했습니다.

올림픽 선수도 마찬가지라고 생각합니다. 그들은 식생활, 훈련, 정신 단련의 모든 측면을 살펴서 최선의 모습이 되려고 노력하죠. 지금보다 더 나아질 수 있다는 신념을 가지면 더 나아질 수 있습니다. 훈련과 식사 조절의 결실을 맺게 되는 것이죠.

당신이 요가와 다른 많은 운동을 아주 좋아한다는 걸 알고 있습니다. 당신은 물구나무를 설 수 있지만 저는 못합니다. 제 생각에는 트레이딩 세계에 있는 사람들이 때로 그런 측면을 놓치는 것 같습니다. 그들은 시스템, 숫자, 매수 엔진과 매도 엔진에 너무 깊이 몰두한 나머지 다른 모든 특수한 요소들을 놓칩니다. 그것들이 매수/매도 엔진을 좋은 트레이딩 전략으로 만드는 데도 말이죠.

마이클 선생님의 말을 들으면 '트레이딩을 위한 시스템뿐만 아니라 자기 인식을 위한 시스템까지 꿰뚫고 있다'는 생각이 듭니다. 선생님은 거울로 자신의 모습을 들여다보고, 거울이 거짓말을 하지 못하게 하는 일을 아주 잘하는 것 같아요.

자기 자랑을 하라는 게 아닙니다. 완벽한 사람은 없으니까요. 다만 어떻게 아무런 핑계를 대지 않고 모든 게 나의 책임이라고 생각할 수 있는 자기 인식 시스템을 개발하셨습니까? 거울에 비친 자신의 모습을 솔직하게 받아들이시나요?

톰 좋은 질문이네요. 고등학교 3학년 때의 일이 생생하게 기억납니다. 독후감 발표를 앞두고 있었는데, 문제는 제가 숫기가 없어서 완전히 절망한 상태였다는 거였어요. 20명 앞에 나가서 바보 같은 독후감을 발표할 자신이 없었습니다. 그때 거울 앞에서 발표 연습을 하는 사람이 있다는 말을 들었습니다. 그래서 저는 화장실 문을 닫고 거울 앞에 서서 발표를 했습니다. 저 자신을 더 나아 보이게 만들고자 노력했고, 효과가 있었습니다. 덕분에 발표를 무사히 마칠 수 있었습니다. 이 일로 일종의 관찰자 자아가 생겼습니다. 엔지니어가 되었을 때는 인식 능력을 높이려고 노력했죠. 그 무렵 관찰자 자아에 대한 책을 읽었습니다. 뇌의 일부가 회계든, 코딩이든 아니면 다른 무엇이든 그날 당신이 하는 일을 담당한다는 거죠. 오직 일부만 그걸 한다는 겁니다. 그동안 뇌의 다른 일부는 그 행동을 하는 당신을 지켜볼 수 있습니다. 저는 그게 가능하다는 사실을 안 후 컴퓨터에 작은 포스트잇을 붙여서 실제로 저에 대해 관찰해 보았습니다. 가령 '마음 챙김' 같은 단어를 써서 붙여 놓는 겁니다. 매번 그 단어를 볼 때마다 하던 일을 잠깐 멈추고 관찰자 자아가 앞서 한 일을 재생하도록 만들었습니다. '너무 빨리 움직였나? 너무 느렸나? 충분히 나 자신을 밀어붙이지 않았나? 한눈을 팔았나?' 그런 것들을 돌아봤습니다. 그다음 다시 일을 했습니다.

포스트잇을 볼 때마다 저는 관찰자 자아로 돌아갔습니다. 일종의 훈련이었죠. 대부분의 경우가 그렇듯이 조금씩 더 많이 하는 습관을 들이면 곧 관찰자 자아가 항상 있게 됩니다. 더 이상 포스트잇이 필요 없는 거죠. 그러다 보니 항상, 하루 24시간, 제가 하는 일을 인식하는 수준에 이르렀습니다. 제가 무엇을 하는지 인식하지 못하는 유일한 때는 의도적으로 영화나 다른 활동에 감정적으로 몰입할 때였습니다. 그런 때는 일부러 합리적이고 논리적인 자아로부터 멀어집니다. 트레이딩을 할 때는 그런 자아로 많이 기울어지고, 나 자신을 즐길 때는 감정적인 자아로 많이 기울어집니다. 실컷 웃을 때나 한창 재미있게 놀 때나 호러 영화나 SF 영화를 볼 때는 그냥 즐기려고 노력합니다.

그렇게 거울 연습에서 포스트잇, 관찰자 자아의 상주, 마음 챙김으로 진전이 이루어졌습니다.

마이클 삶의 양극, 그러니까 합리적 측면과 감정적 측면의 균형에 대해 말씀하셨는데요. 선생님은 지금까지 오랫동안 소셜 미디어 활동을 하셨잖아요. 크게 돈이 되는 일도 아닌데 아주 많은 사람에게 큰 스승이 되어 주셨습니다. 또한 많은 사람이 선생님의 말을 듣고 선생님을 관찰하고 싶어 합니다. 하지만 자신을 관찰하다 보면 결국 자연스럽게 다른 사람도 관찰하게 되죠. 소셜 미디어를 보면 요즘 균형이 어떻다고 생각하시나요? 사람들을 어떻게 보시나요? 선생님이 보시기에 균형을 이루는 사람들이 있나요? 애를 먹는 사람들이 있나요? 균형을 잃는 사람들이 있나요?

지난 5년, 6년, 7년 동안 낯선 사람들과 소통하는 새로운 플랫폼에서 수많은 사람들을 어떻게 관찰하셨나요?

톰 업계에서 은퇴한 지가 15년 정도 되었는데 여전히 매일 전 세계에서 하루에 4, 5통의 이메일이 오는 게 놀랍습니다. 페이스북에서도 여러 메시지가 들어옵니다. 페이스북 친구도 많아요. 트위터 팔로워는 8,000명이 넘는군요. 다른 사람의 돈을 굴리지 않은 지 15년이 넘었지만 그래도 저는 제게 질문하는 모든 사람에게 도움을 주려고 노력합니다.

흥미로운 점은 소셜 미디어를 보면 너무나 감정적으로 바뀌는 사람이 많다는 겁니다. 친구 사이가 아닌데도 말이죠. 그러니까 진짜 친구 말입니다. 우리는 서로 안 지가 오래되어서 공통의 배경이 있습니다. 하지만 어제 생긴 새로운 팔로워는 어떤 사람인지 전혀 알지 못합니다. 그런데도 그들은 제가 한 말에 대해 비판적인 댓글을 답니다.

자기 의견을 드러내는 건 물론 좋습니다. 아무리 말이 안 되는 것처럼 보여도 모두가 의견을 드러낼 줄 알아야 한다고 생각하니까요. 하지만 소셜 미디어에서는 감정적 반응이 더 많이 나옵니다. 사람들은 세상이나 정부가 자신이 생각하는 방식으로 돌아간다고 생각합니다. 100퍼센트 확신하는 거죠. 그런 편협한 사고방식을 가지면 많은 경우 어떤 상황에서 다른 가능성이 있을 거라고 생각하지 못합니다. 식생활부터 운동, 정치까지 모든 걸 이분법적으로 보게 만듭니다. 어떤 주제든 마찬가지입니다.

저는 방금 에어 프라이어를 꺼냈습니다. 에어 프라이어는 기름 없이 튀김을 할 수 있는 작은 기기죠. 그래서 한 번 써 보려고 합니다. 저는 페이스북에서 에어 프라이어 사용자 모임에 가입했는데 험담을 하는 사람도 있고, 너무 좋아하는 사람도 있습니다. 같은 기기인데도 말이죠. 어떻게 그렇게 다를 수 있을까요? 그들은 너무나 강경합니다. 정말 믿을 수 없을 정도예요. 소셜 미디어의 안타까운 측면은 그것이 초래하는 이런 분열입니다.

사람들이 마음을 열고, 토론을 하고, 생각을 자극하는 질문들을 하면서 대화한다면, 질문에 담긴 철학을 더 많이 분석하고 양 측면을 모두 살핀다면 그런 분열이 생기지 않을 겁니다. 어쩌면 그저 가능한

지 보기 위해 양 측면에 모두 반박해 볼 수도 있을 겁니다.

마이클   사람들은 "이 특정한 측면은 정말로 사실일 가능성이 아주 높아. 나는 그것을 수용하고, 활용하고, 앞으로 나아갈 수 있어"라고 말하는 데 어려움을 겪는 것 같습니다. 모든 사람이 동의하거나 반박하는 혼란스런 분위기 때문에 회색 지대에 있는 사람이 아주 많습니다. 그래서 타당한 결론을 내리기가 갈수록 어려워지는 것 같아요.

우리는 인터넷 시대 이전에 태어났다는 점에서 약간 운이 좋다고 생각합니다. 저는 여전히 사람들과 소통하는 대단히 의식적인 사고 절차를 갖고 있습니다. 사람들과의 진정한 소통 말이에요. 반면에 요즘의 많은 젊은 사람들에게는 소셜 미디어가 그들이 아는 전부인 것 같습니다. 얼굴 없는 사람들에 대한 관념 말이죠. 그들은 실제 사람과 대화한다고 생각할지 모르지만 실제 사람이 아닐 수도 있습니다. 이게 그들의 삶이에요. 그들이 우리와 같은 토대 위에 서 있는지도 잘 모르겠어요.

톰   정말 맞는 말입니다. 제 두 아이는 휴대폰으로 메시지를 보내지 않으면 도통 연락이 안 돼요. 전화를 해도 음성사서함으로 넘어가고, 이메일을 보내면 며칠 동안 읽지도 않습니다. 하지만 소셜 미디어에서는 다르죠. 페이스북에서 메시지를 보내거나 휴대폰으로 문자 메시지를 보내면 60초 만에 답장이 옵니다. 참 이상한 일이에요.

그들은 사람과 대화하는 걸 좋아하지 않습니다. 지금 애리조나주립대학교ASU에 다니는 20살 정도 된 종손녀가 있는데, 손톱이 긴 데도 휴대폰으로 저보다 3배나 빠른 속도로 문자를 입력하는 걸 봤습니다. 한 글자도 틀리지 않습니다. 정말 대단해요.

마이클 이 팟캐스트에 프로 포커 플레이어인 애니 듀크Annie Duke를 여러 번 초대했습니다. 프로 포커 세계에는 '틸트TILT'라는 표현이 있습니다. 부정적인 감정 상태에 빠지는 걸 의미하죠. 그러면 시스템대로 플레이하지 않고 나쁜 결정을 내려요.

선생님은 틸트가 되었던 가장 중대한 경우를 상기할 수 있나요? 거울을 보면서 "지금 내가 하는 일은 잘못된 거야. 다시 생각해야 해. 멈춰야 해. 지금 나에 대한 손절이 필요해. 변화가 필요해"라고 말해야 하는 순간 말이에요.

톰 원래 회사가 있던 세인트루이스에서 생긴 아주 구체적인 사례가 기억나네요. 지금 제가 사는 애리조나주 피닉스로 출장을 가던 길이었습니다. 오후 비행기였고, 세인트루이스에서 출발하는 TWA였죠. 그때 집이 세인트루이스 남서쪽의 숲속에 있었습니다. 저는 출발 준비를 하면서 블랙커피를 두어 잔 마셨습니다. 그다음 짐을 다 싸고 서류가방을 확인한 다음 차에 올라탔습니다.

44번 고속도로를 타고 시내로 들어가서 270번 도로를 통해 공항으로 향했습니다. 언덕길 꼭대기를 넘어 내려가기 시작할 때 주위에 있는 모든 차를 바라봤습니다. 혹시 속도위반 카메라가 있는지 살폈죠. 저는 제 손가락이 창백하게 변해 있다는 걸 깨달았습니다. 운전대를 너무 꽉 잡았던 거죠. 저는 제한속도보다 25킬로미터에서 30킬로미터를 초과한 채 달리고 있었습니다.

카페인 때문에 너무 흥분한 상태였던 거죠. 덕분에 비행기가 이륙하기 전까지 1시간 반이나 공항에서 시간을 보내야 했습니다. 그때는 교통안전청TSA과 온갖 보안 검사가 생기기 전이었어요. 저는 아무 이유 없이 스트레스 상태로 저 자신을 몰아넣었던 겁니다. 저는 카페인이 판단력과 상황에 대한 인식을 흐리게 만들었다는 걸 깨달았습니다. 그때 이후로 커피를 끊었고, 지금까지 커피를 마시지 않았습니다. 가끔 아이스티 같은 걸 마시지만 카페인은 섭취하지 않습니다.

그건 진정으로 중요한 인식이었습니다. 저는 제 몸에 화학물질이 들어가서 과속을 하게 만들고, 심장이 가끔 약간 더 빠르게 뛰게 만드는 바람에 그런 상태를 인식하지 못했다는 걸 깨달았습니다. 실로 중대한 순간이었죠. 여행에서 돌아올 무렵 저는 영원히 사라지지 않을 평화로운 세계에서 살게 되었고, 그 후로도 계속 거기서 살고 있습니다.

마이클 선생님의 루틴을 좀 알려 주세요. 젊은 시절에도 펀드 매니저로서 루틴이 있었을 테고, 지금도 특정한 루틴을 따를 거고요. 루틴에 어떤 변화가 있었나요? 특정한 루틴은 아주 꾸준하게 따를 것 같은데 그게 뭔가요? 방금 한 가지 알려 주신 게 커피를 끊은 것이죠. 지난 수십 년 동안 크게 도움이 된 루틴은 뭔가요?

톰 트레이더는 자신을 운동선수라고 생각해야 합니다. 자정이나 새벽 2시까지 친구들과 술을 마시고, 잠깐 눈을 붙였다가 갑자기 스트레스로 가득한 환경에서 하루 종일 지낼 수는 없습니다. 때때로 트레이딩은 많은 스트레스를 안깁니다. 제가 트렌드스탯을 운영할 때도 그랬습니다. 그때 직원이 10명이었는데, 모두가 제게 질문을 해댔습니다. 그들은 이런저런 문제에 대해 또는 여기저기서 해야 할 일에 대한 답을 알고 싶어 했죠.

저의 결정은 프로젝트를 제때에 보다 성공적으로 이끌 수도 있었지만, 잘못하면 정반대가 될 수도 있었습니다. 그래서 제대로 해야 한다는 압력이 항상 존재했습니다. 저는 운동선수처럼 머리를 비우고 몸을 건강하게 유지하는 게 정신을 날카롭게 유지하는 데 도움이 된다고 생각해요. 그게 평생 지속한 하나의 루틴입니다.

저는 언제나 출장을 가면 헬스장이 있는 호텔에 묵었습니다. 그저 습관처럼 그렇게 했는데 의미가 있다고 생각합니다. 수면도 아주 중요합니다. 저는 키가 192센티미터이고, 동생은 198센티미터입니다. 우리는 대나무처럼 쑥쑥 자랐죠. 우리 몸은 자라는 데 많은 걸 소모하는 것 같아요. 저는 몸을 쉬게 하면서 회복시키는 법을 배웠습니다. 우리는 아주 빨리 자랐거든요.

대학 시절에 농구를 할 때도 그렇게 했습니다. 속도가 빠른 경기를 치르고 난 후 아드레날린 분비가 멈추면 엄청나게 피곤해져요. 자장가가 필요 없을 정도죠. 숙면을 취할 수 있습니다.

이후 사회에 나와서는 화학 엔지니어로 일했고, 자산운용업을 시작했고, MBA 과정을 밟았고, 제가 살 집을 설계했고, 조경과 온갖 것에 대한 강의를 들었습니다. 잠을 잘 시간이 없었죠. 그래도 시간이 나면 7시간에서 8시간을 죽은 듯이 잤습니다. 사업을 시작할 때까지 그런 방식을 유지했습니다. 그러다가 화학 엔지니어 일을 그만두었죠. 이제 저는 세상을 돌아다닙니다. 가끔 시차 적응에 애를 먹지만 그래도 밤에 아주 잘 잡니다.

저는 8시간 때로는 9시간씩 푹 잘 수 있는 다양한 여건이 주어져서 평생 복 받았다고 생각합니다. 뇌세포의 생성을 다룬 신경 발생에 대한 책을 읽었는데, 거기에 우리가 숙면을 취할 때 뇌가 오래된 세포를 버리고 새로운 세포를 만든다고 나와 있더군요. 우리는 뇌가 죽은 세포를 버리고 새 것으로 교체할 수 있도록 해 줘야 합니다.

마이클 패배에 대해 얘기해 보죠. 져도 괜찮은 거죠?

톰 네. 패배는 특히 통찰을 안겨주는 것 같습니다. 가령 골프 대회에서 우승하면 얼마나 더 잘 플레이할 수 있었는지 알 수 없죠. 하지만 패배하면 지난 과정을 되돌아보면서 2번의 퍼팅을 놓쳤고, 1번의 샷이 약간 빗나갔다는 걸 떠올리게 됩니다. 패배는 아주 교육적이에요. 저는 에드 세이코타가 한 유명한 말을 자주 떠올립니다. 그는 이렇게 말했습니다. "매번 수익을 내려고 트레이딩하는 것은 들숨만 쉬면서 호흡하려는 것과 같다. 날숨도 들숨처럼 호흡의 일부이고, 다른 거래에서 수익을 내기 위해 일부 거래에서 손실을 감수하는 것은 과정의 일부다." 멋진 말이라고 생각합니다.

마이클 방금 말씀하신 내용을 내면화하기는 힘들지 않나요? 경험이 적거나 그 교훈을 엄격하게 가르칠 멘토가 없다면 이해하기 쉽지 않아요.

톰 가령 트레이딩에서 손실을 대단히 피상적으로 바라보는 초보 트레이더는 자신을 탓하는 경향이 있습니다. 그들은 "내가 뭔가를 잘못했어. 나는 실력이 부족해"라고 말합니다. 수익이 나면 스스로를 대견스럽게 여기고, 손실이 나면 자책하면서 자신에게 불만을 품습니다. 자신감을 잃는 거죠. 반면 노련한 트레이더는 실제로 다음 거래를 호흡과 같은 것으로 여깁니다.

정말 별것 아니에요. 그냥 매일 하는 일일 뿐이에요. 앞으로 할 1,000번의 거래 중 하나에 지나지 않아요. 그렇게 방대한 데이터베이스를 구축하는 겁니다. 그러면 35퍼센트의 경우에 수익이 나고, 65퍼센트의 경우에 수익이 나지 않으며, 평균 수익과 평균 손실이 얼마인지를 알게 됩니다. 한 번의 거래는 그 데이터베이스에서 너무나 사소한 일부에 불과합니다. 그래서 호흡처럼 아무 생각 없이 하게 됩니다. 그냥 하는 거예요.

그게 초보 트레이더와 노련한 트레이더의 차이입니다. 노련해지면 각 트레이딩의 감정적 측면에서 한발 물러나게 됩니다. 손실이 났다고 해서 자신을 비난하지도 않고, 수익이 났다고 해서 자신을 칭찬하지도 않게 되는 거죠.

마이클 저는 최근에 제 책을 비판하는 트윗을 봤습니다. '그렇게 투자를 잘 알면 왜 책을 쓰고 있는 거지?'라는 내용이었어요. 끝에는 '이 추세 추종 전략, 모멘텀이라는 건 다 점치기에 불과해'라고 적혀 있었습니다.

저는 그 순간 '나는 그저 후배로서 오랜 선배들의 투자법을 소개할 뿐이야'라고 생각했습니다. 그리고 뒤의 질문에는 이렇게 생각했죠. '나는 상관없어. 하지만 이 말은 톰 바소도 점을 친다는 거야?'

톰 과거에 리처드 돈키언Richard Donchian이라는 트레이더가 있었습니다. 제가 업계에 들어오기 전부터 구간 돌파 전략을 쓰던 트레이더였죠.

그가 옛날에 쓰던 전략은 지금도 통할 거라고 믿습니다.

마이클 사람들은 간단한 걸 받아들이기 어려워합니다. 이 문제와 관련해서 제가 정말로 좋아하고 선생님에게도 많은 의미를 지닐 만한 말이 있는데 바로 '자존감Self-Worth과 순자산Net-Worth을 분리'하라는 겁니다.

톰 아주 좋은 말이네요. 돈은 특정한 가능성과 대안을 안깁니다. 원하면 베트남에서 살거나 내키면 몇 달 동안 미국에서 살 수 있도록 해주죠. 돈이 없으면 그런 걸 할 수 없습니다. 돈이 들어가니까요.
돈은 분명 유용합니다. 하지만 사람으로서 자신이 누구인지, 가족이나 친구 또는 나라를 어떻게 도울 수 있는지 말해 주는 자존감은 완전히 다른 겁니다. 사실, 서로 거의 관련이 없습니다. 그 둘을 구분하고 '돈이 많으면 좋아. 그래서 돈을 모으려고 노력할 거야. 요즘 평균보다 재산이 많아서 나쁠 건 없지. 하지만 그게 나의 자존감과 연결되는 건 아니야'라는 생각을 가져야 합니다.
저는 어떤 사람이 퍼팅을 잘하도록 도와준 일 같은 게 저의 자존감을 높여 준다고 여깁니다. 그 사람은 이후에 다시 골프장에 왔고, 저는 어젯밤에 그 사람 집에서 열린 모임에 갔습니다. 저는 그 사람에게 많은 도움을 주었고, 그 사람은 저 덕분에 실력이 늘었다고 말했죠. 저는 제가 나서서 사람들을 도울 수 있다는 데 아주 만족합니다. 그게 자존감의 영역에 더 가깝다고 믿습니다.

마이클 우리는 수십억 달러에 이르는 엄청난 부를 쌓은 사람들을 알고 있죠. 반면 돈을 크게 벌지 못한 사람들도 알고 있습니다. 가능성의 영역에서 보자면 제가 아는 사람은 재산이 10만 달러도 안 되지만 자존감이 아주 높아요. 심지어 수억 달러를 가진 사람보다도요. 사람들은 이런 경우가 가능하다는 걸 좀처럼 받아들이지 못하는 것 같습니다.

톰 저도 그런 사람들을 압니다. 1억 달러를 버느라 사회나 다른 사람들, 가족을 돕는 활동을 전혀 하지 않은 사람들도 있습니다. 그들은 돈을 모으는 데 혈안이 된 나머지 자존감을 생각하지 않아요. 그래서 결국에는 자신과 주위 사람을 속이게 되죠. 세상을 돕기 위한 어떤 일도 하지 않으니까요. 그저 돈만 좇을 뿐이죠.

아주 얄팍한 사람들입니다. 많은 경우 모자란 자존감이나 자신감을 채우려고 온갖 화려하고 값비싼 장난감이나 7채의 집을 사들이죠. 그들의 삶은 비참해요. 자기가 가진 7채의 집을 다 가 보지도 못하니까요. 자기가 가진 20대의 차도 다 몰지 못합니다. 그건 순전히 돈 낭비, 시간 낭비인 거죠. 그들이 재산 중 일부를 기부하거나 공학 학위를 따려는 학생들에게 장학금을 주는 재단을 세우는 일을 한다면 삶이 훨씬 나아지고 삶의 가치를 알게 될 겁니다. 여유 자금으로 할 수 있는 게 아주 많습니다.

옛날 고객 중 한 명이 2900만 달러에 극초단파 통신망을 매각했습니다. 아주 신사였죠. 그때 청년이었던 저는 "이제 평생 걱정 없이 살겠네요"라고 말했습니다. 그러자 그는 "100만 달러만 벌면 캐딜락에 집을 살 수 있고, 남은 생을 사는 데 필요한 자금이 생겨요. 그 이상의 돈은 그냥 게임의 점수 같은 거예요"라고 말했습니다. 어떤 의미에서 아주 합리적인 말이라고 생각해요. 극초단파 통신망을 팔았으니 이

제 뭘 해야 할까요? 다른 통신망을 시작할 수도 있겠죠. 만약 그렇게 한다면 돈에 대한 집착 때문이 아니라 통신망을 서로 연결하는 일에 대한 흥미 때문일 거예요. 그에게는 그것이 브레인 티저이고, 땅에 계속 발을 붙이고 살게 만드는 이유입니다.

그는 아주 가정적인 사람이었습니다. 그의 곁에 아내가 앉아 있었죠. 두 사람을 보면 서로를 사랑한다는 게 느껴졌습니다. 그는 캘리포니아의 산꼭대기에 있는 목장에서 살았습니다. 정말 아름다웠죠. 그는 거기서 느긋하게 삶을 즐겼습니다. 그에게는 재산이 2900만 달러이든, 100만 달러이든, 1억 달러이든 아무런 차이가 없었어요. 금액이 얼마든 그는 마찬가지로 편안하고 자신감 넘치는 신사일 거라고 확신합니다.

마이클 제가 운 좋게도 100살까지 건강하게 온갖 재미를 누리며 산다면 갖고 싶은 태도가 있습니다. 100살 때 다른 사람과 통화를 해도 상대방이 제가 얼마나 늙었는지 모르게 하고 싶어요. 선생님이라면 그렇게 할 수 있을 것 같습니다. 제가 무슨 말을 하는지 아시죠? 핵심은 태도가 아닐까요? 어떻게 활기를 유지하시나요?

톰 저는 항상 저 자신에게 과제를 줍니다. 저는 계속 골프장에 나갑니다. 얼마 전에는 시니어 클럽 대회에 참가했습니다. 저는 지금 66살이고, 아마 같은 연령대에서 가장 몸매가 좋을 기예요. 아주 많이 운동하고, 계속 스윙 연습을 하거든요. 실제로 2일 차에 공동 1위에 올라서 승부치기를 했는데 거기서 졌습니다. 상대는 4타를 치고 저는 5타를 쳤어요. 퍼팅 중 하나가 컵 가장자리를 아슬아슬하게 비껴가더군요.

그런 일이 내년의 목표를 세워 줍니다. 내년에는 3타나 4타, 5타 차이로 이길 겁니다. 아예 큰 차이가 나게 만들 겁니다. 목표는 저를 도전하게 만들고 활기를 불어넣어 주죠. 저는 다른 방식을 시도하면서 '퍼팅과 풀 스윙을 분석해 보자. 어떻게 하면 더 나아질까? 정신적 측면을 보완해야 할까? 골프 코스에서 보다 안정된 심리 상태를 유지하기 위해 할 수 있는 일이 있을까?'를 생각합니다.

이런 게 당신을 젊게 만듭니다. 트레이딩도 그래요. 저는 지금도 트레이딩에 대한 분석을 합니다. 이메일이나 페이스북 메시지를 보내는 사람들을 돕습니다. 전 세계에서 요청이 오죠. 일본어와 중국어를 영어로 번역해서 읽은 다음에 제가 쓴 답장을 다시 일본어와 중국어로 번역한 적도 있습니다. 그래도 어떻게든 소통은 되죠.

그런 일은 아주 많은 만족감을 줍니다. 매일 아침에 일어나면서 '오늘은 어떤 멋진 일이 생길까?'라고 생각하게 만들어요.

마이클 저는 골프를 치지 않지만 가끔 메이저 대회를 봅니다. 2018년 PGA 대회의 마지막 9홀을 봤어요. 타이거가 추격하는 상황에서 브룩스 켑카Brooks Koepka의 심리 상태가 어떠했다고 보시나요? 상당히 놀랍지 않았나요?

톰 보도에 따르면 그는 그날 아침에도 100킬로그램짜리 역기를 들었습니다. 토너먼트 마지막 날 아침인데도 말이죠. 당신은 힘이 어떤지 모르지만 저라면 지금까지 최고의 성적을 올린 날에 100킬로그램짜리 역기를 들지는 않을 거예요.

그런 힘이 있고, 그 사실을 알면, 마음먹은 대로 공을 320, 340야드씩 날릴 수 있다는 사실을 알면, 자신이 강하다고 느끼면, 선두를 유지할 수 있다고 느낄 겁니다. 그래서 그는 타이거 우즈를 보며 '과거에는 잘했지만 그는 100킬로그램짜리 역기를 들지는 않을 거야. 나는 우승에 필요한 모든 요소를 갖추었어. 해낼 거야'라고 생각할 수 있습니다. 그는 전성기를 약간 지난 우승자의 재도전을 무시할 수 있습니다. 분명 타이거의 허리는 전성기를 지났죠.

타이거는 강합니다. 운동도 열심히 하고요. 사실 그가 운동하는 방식, 심지어 브룩스 켑카가 운동하는 방식이 골프를 더 잘 치게 해 주는지는 잘 모르겠습니다. 하지만 그래도 정신적으로 강하게 만들어 주지는 않을까요? 자신의 몸을 단련하고, 할 수 있다는 걸 깨달으면 정신력을 다질 수 있을 겁니다. 그렇게 높은 수준에서 훈련하려면, 계속해 나가면서 절제력을 유지하고 자신을 밀어붙이려면 정신력이 필요합니다. 분명 브룩스는 그걸 해냈습니다. 타이거도 그랬을 겁니다.

타이거가 허리 수술을 받고도 골프를 계속하는 게 놀랍습니다. 그것도 세계 50위권 내에서 말이죠. 정말 대단합니다.

마이클 19살 때 NFL 드래프트의 기준이 통합된 걸 기억합니다. 거기에 100킬로그램짜리 역기를 몇 번이나 드는지 확인하는 항목이 있습니다. 지의 경우는 무거운 걸 잘 들던 이상한 시기에 12번을 들었습니다. 브룩스 켑카에 대한 기사를 읽어 보니까 그 나이를 먹고도 그날 아침에 14번을 들었더라고요. 메이저 대회 최종 라운드 전에 100킬로그램짜리 역기를 14번이나 들었어요. 모두가 정신력을 발휘하는 나름의 수단이 있습니다. 하지만 그건 정말로 놀라워요. 골프계에서는 분명 이전에 없던 일일 거예요.

톰 저도 많이 놀랐어요. 엄청난 무게죠. 제 몸무게보다 더 나가니까요. 저를 들었다 내렸다 하는 셈이죠. 상당한 무게입니다. 그러니까 그가 골프채를 휘두르면 말도 안 되게 휘어지는 거예요. 공을 완전히 쪼개 버릴 것 같죠.

어떤 수준에서든 훈련을 하려면 정신적 측면이 필요합니다. 그게 정신력으로 이어지죠. 골프장에서 난관을 만나면 내면의 힘을 끌어모으면서 '할 수 있어. 난 강해. 다음 샷을 잘 칠 수 있어. 해 보는 거야'라고 생각하는 겁니다.

마이클 이런 말이 떠오르네요. "삶은 댄서이고 당신은 춤이다."

톰 흥미로운 말이네요. 삶이 앞장서서 당신을 상대로 변덕을 부린다는 뜻이잖아요. 그렇다면 당신은 그 점을 염두에 두고 춤을 춰야 합니다. 저는 그런 의미로 받아들입니다. 비슷한 말이 있습니다. "바람의 방향을 바꿀 수는 없지만 돛의 방향은 바꿀 수 있다."

마이클 추세추종의 기본이군요.

톰 맞아요. 그게 추세추종의 기본이죠. 시장은 앞으로 50퍼센트 하락하고 싶으면 그렇게 합니다. 당신이 할 수 있는 건 거기에 대응해서 적절한 포지션을 잡는 거죠. 돛의 방향을 바꾸는 거예요.

마이클 그게 사람들이 추세추종에 대해 잘 이해하지 못하는 점입니다. 선생님은 방금 시장이 앞으로 50퍼센트 하락할 수 있다고 말씀하셨죠. 그렇다고 해서 내일 아침에 일어나서 그런 믿음을 토대로 행동을 취해야 하는 건 아니에요. 다만 어떤 일이 일어나든 대비해야 한다는 거죠.

톰 내일부터 1년 동안 100퍼센트 상승할 수도 있습니다. 50퍼센트 하락할 수도 있고요. 저는 둘 다 대비합니다. 상승하면 더 낫겠지만 헤지를 걸고, 하락에 대비하고, 몇몇 종목을 처분하고 선물 트레이딩에 나설 채비도 제대로 갖춥니다. 시장이 어느 방향으로 가든 거기에 대비할 시스템과 전략이 있습니다.
투자 전략을 잘 세우려면 상승장, 하락장, 횡보장을 모두 살펴야 합니다. 그래서 각 상황에서 어떤 일이 생기는지 알고 거기에 대비해야 합니다.

마이클 시장 동향을 토대로 자신의 행동이나 결정이 어떤 결과로 이어질지 알아야 한다는 거죠?

톰 맞습니다. 당신이 추세추종자이고, 금을 거래하는데 금값이 오르기 시작한다고 가정해 보죠. 그러면 조만간 추세가 상방이라는 지표가 나오게 되고, 당신은 금을 매수합니다. 이때 당신은 매수 지점 뒤에 스톱 주문을 걸어 두고 계속 오르게 놔두면서 추세를 따라갑니다. 그러다가 상승세가 다하면 반락이 나오면서 방향이 하방으로 바뀝니다. 그러면 당신은 미리 수익을 실현하는 게 바람직하죠. 수익이 나지 않았다면 손실을 감수하고 발을 빼야 합니다. 그리고 다른 길로 가는 거죠. 어떤 것도 예측하지 말아야 합니다. 그냥 시장이 하는 일에 대응해야 합니다.

마이클 선생님과 대화할 때는 궁금한 게 별로 없어요. 그냥 주제를 제시하면 선생님이 바로 반응하는 게 좋습니다. 사람들이 삶에서 얻을 수 있는 다른 많은 교훈이 있습니다. 삶이 어떤 어려움을 안기든 고민하고, 생각하고, 대처하고, 잘 대응해야 합니다. 그 자체가 선생님이 사람들에게 주는 좋은 교훈이 돼요. 사람들과 대화하고 소통할 때 어떻게 해야 하나요? 선생님은 정말 잘하는 것 같아요.

톰 그럴지도 모르죠. 그 능력의 일부는 당신과 제가 그랬던 것처럼 전 세계에 걸쳐서 오랫동안 폭넓은 시장에 대처한 데서 나온 것 같습니다. 상승장, 하락장, 횡보장을 모두 겪으면서 말이죠. 다양한 트레이더가 보내는 하루 3통에서 5통의 이메일이나 메시지에 대답하다 보면 그 내용을 아주 잘 알게 되는 수준이 됩니다. 저는 제 삶이 어떻게 지났는지를 알고 있습니다. 식생활이나 운동, 가족 문제 또는 무엇이 되었든 전반적으로 삶에 어떻게 대처해야 했는지 많이 돌아봤죠. 덕분에 이렇게 나이가 들어서 질문을 받을 수 있게 되었습니다. 대개는 이미 생각했던 문제나 질문을 받았던 문제에 대한 것입니다. 무슨 말인지 알겠어요? 저는 수많은 경험을 토대로 말합니다. 그래서 당신이 연관된 질문을 하면 저의 삶을 빠르게 되돌아보고 바로 답을 떠올릴 수 있습니다. 아는 주제니까요.

마이클 시카고상품거래소_{CME}의 레오 멜라메드_{Leo Melamed}를 인터뷰했던 적이 있습니다. 그때 제가 어떤 질문을 하니까 그는 "어떻게 그걸 물어야겠다고 생각했죠?"라고 되물었습니다. 이에 저는 "당신의 책을 읽었어요"라고 대답했죠.

그게 인터뷰의 재미있는 부분이에요. 선생님 같은 사람이 아직 가보지 않은 영역을 찾아보는 거죠. 그게 인터뷰할 때 주어지는 과제예요.

톰 당신은 과거에 저와 인터뷰를 했던 다른 사람들보다 항상 준비가 잘되어 있습니다. 사람들은 당신이 던지는 자아와 정신 그리고 제가 여러 문제에 대처한 방식에 대한 질문을 가장 흥미로워하는 것 같습니다. 그들도 살면서 같은 문제에 직면할 겁니다. 어쩌면 그런 문제가 생겼다는 사실을 인식하지 못할지도 모릅니다. 우리는 그들로 하여금 '시장에서 받는 스트레스에 어떻게 대처하지?'라고 생각하게 만들 수 있습니다.

스트레스에 대한 저의 관점은 세상에는 잠재적 스트레스 인자가 있고, 그게 삶에 들어와 자신을 바꾸도록 놔두면 스트레스가 된다는 겁니다. 제가 보기에 스트레스는 본인이 허용하기 때문에 생겨요.

폭탄을 해체하는 사람을 생각해 보세요. 하필이면 이미 10분이 지난 시점입니다. 그는 잘라야 할 올바른 전선을 찾아야 하기 때문에, 아주 심한 스트레스를 받을 겁니다. 하지만 침착하고 차분하게 배선을 확인하고, 무엇을 잘라야 하는지 파악하면 폭탄을 안전하게 해체할 수 있습니다.

이런 상황에서는 정신적 측면이 많이 작용합니다. 당신이 얘기한 소셜 미디어 이용자들을 비롯한 어떤 사람들은 삶을 살아가는 방식에 대해 아주 얕팍한 수준의 사고를 합니다. 그들은 자신이 장기적으로 주위 사람들에게, 심지어 자신에게 어떤 영향을 미치는지 성찰하지 않습니다. 또한 그들은 자신에게 불필요한 스트레스를 안깁니다. 자신을 둘러싼 수많은 망상을 만들어 내죠. 그들의 삶은 진짜가 아니에요. 우리가 그런 지경이 되었다는 게 안타깝습니다. 저도 당신과 같습니다. 저는 사람들과 앉아서 얘기를 나누는 걸 좋아합니다. 마음이 가뿐해지니까요.

마이클 어떻게 해야 의미를 찾을 수 있을까요? 제가 보니까 20대, 30대, 40대의 젊은 남녀들은 소셜 미디어를 자신의 이미지를 전시하는 수단으로 삼더라고요. 그중 아주 많은 부분은 진짜가 아니죠.

제게는 13살 난 조카가 있습니다. 사소하기 짝이 없는 것들이 쏟아지는 소셜 미디어를 통해 아이들이 어떻게 의미를 찾을 수 있을지 모르겠습니다.

아시는지 모르겠지만 카다시안Kardashian 가족의 막내가 겨우 21살에 저커버그Zuckerberg를 누르고 미국의 최연소 자수성가 억만장자가 되려고 합니다. 화장품 사업을 시작했거든요. 선생님과 저는 소셜 미디어의 부정적인 측면을 한탄하지만, 젊은 사람들은 "카다시안 가족의 막내는요? 그녀는 화장품 사업으로 10억 달러를 벌었어요. 모두 인스타그램에 올린 사진 덕분에요"라고 말합니다. 정말로 흥미로운 난제 같지 않나요?

톰 저는 사람들이 사업을 하고 무엇이든 할 수 있는 일을 하는 걸 지지

합니다. 그녀가 소셜 미디어를 제품 판매를 위한 발판으로 삼았고, 그 결과 사업을 원하는 수준으로 끌어올렸다면 박수를 칠 일이죠. 하지만 저는 저의 어린 친척이 팔로워를 1,000명 늘리기 위해 이미지를 올리려고 하면 "그렇게 하는 목적이 뭐야? 최종적으로 얻는 게 뭐야? 페이스북 친구가 2,000명이 생기고, 많은 사람이 네가 올리는 이미지들을 봐. 그런데 그게 어디로 이어지지? 그렇게 해야 하는 논리와 최종적인 소득이 뭐야?"라고 묻습니다. 대다수 사람은 장기적인 관점으로 생각하지 않는 것 같습니다.

트레이딩의 세계도 이 문제에서 자유롭지 않습니다. 저는 신규 트레이더들이 트레이딩을 시작하면서 언젠가는 머니 매니저가 될 거라고 말하는 걸 많이 들었습니다. 하지만 그들은 아직 영업을 하고 머니 매니저로 등록할 만한 실적이 없습니다. 그래서 암호화폐를 적기에 잡았다거나 이런저런 걸 했다고 홍보하려 듭니다. 또한 팔로워와 친구들을 만들고, 차트를 보여 주고, 자신이 거둔 성공에 대해 얘기합니다. 그렇게 해서 얻는 최종적인 소득이 뭔가요? 아무 의미가 없습니다.

자신의 이미지를 부풀려서 팔로워를 모을 수는 있습니다. 하지만 실제로 사업을 시작했을 때 이미지를 실질적으로 떠받치는 토대가 없으면 무너지게 되어 있습니다. 사람들은 자신의 삶에 대해 전략적으로 생각하지 않는 것 같습니다. 가령 스냅챗Snapchat 메시지는 몇 분이나 몇 초 후에 사라지지 않나요? 말도 안 돼요. 대화의 상대방이 지금 말하는 것에 계속 대답하도록 강제하는 거죠. 모든 것을 중단하고, 휴대폰을 들어서, 상대방이 무슨 말을 하는지 봐야 합니다. 안 그러면 사라져 버려요. 이런 것들은 믿을 수 없을 만큼 우리의 삶을 왜 곡시키고 얄팍하게 만듭니다.

마이클 저는 그걸 트레이딩 소프트웨어나 망치 같은 것으로 봅니다. 그냥 도구일 뿐이에요. 우리의 삶을 긍정적으로 발전시킬 도구로 인식하면 도움이 되지만, 도구가 우리를 소유하면 문제가 생기죠.

톰 맞아요.

TREND
FOLLOWING
MINDSET

PART II

TREND

트레이딩에 대한 통찰

앞으로 나오는 내용들은 톰 바소가 발표한 리서치 보고서와 글들 그리고 톰 바소가 팟캐스트 〈챗 위드 트레이더스Chat With Traders〉에서 애런 파이필드Aaron Fifield와 나눈 인터뷰를 엮은 것이다.

샤프 지수가 낮은 CTA를 추가하면
포트폴리오의 샤프 지수를 높일 수 있다

많은 모태펀드 매니저는 최대한 상관성이 낮으면서 높은 샤프 지수(위험 대비 수익률을 나타내는 지표—옮긴이)를 기록한 펀드들에 주의를 집중시켰다. 그 논리는 높은 샤프 지수를 기록한 펀드를 많이 추가하면 포트폴리오의 샤프 지수를 더 높일 수 있다는 것이다.

비교해 보자면 CTA 스타일의 헤지펀드 매니저들은 전통적인 헤지펀드 매니저들보다 낮은 샤프 지수를 기록했다.

일부 모태펀드는 샤프 지수가 낮다는 이유로 CTA 분야를 배제했다. 이 연구는 그들이 간과한 부분을 보여 준다. 샤프 지수가 낮은 펀드를 추가하는 것이 실제로는 전체 펀드의 샤프 지수를 높여 주기 때문이다.

연구 배경

모태펀드와 CTA에 대한 대리 변수로서 1990년 1월까지 거슬러 올라가는
《MAR》(2006년까지 발행된 헤지펀드 업계지—옮긴이)의 모태펀드 중앙값(모태펀
드)과 트레이더 어드바이저 공인 지수Trader Advisor Qualified Index CTA를 활용했다. 또
한 모태펀드의 경우 월간 중앙값을, CTA의 경우 월간 평균을 기준으로 삼
았다.

그다음 CTA에 할당하는 비율을 0퍼센트부터 100퍼센트까지 다양한 조
합으로 수익률을 구했다. 현재 일부 펀드는 CTA에 0퍼센트의 비중을 할당
하며, 일부 상품신탁운용사는 포트폴리오에 헤지펀드를 넣지 않고 CTA에
100퍼센트의 비중을 할당한다. 이 두 극단 사이에 존재하는 다른 다양한 조
합에 대해서도 테스트를 진행했다.

타당한 샤프 지수를 계산하기 위해 해당 기간에 걸쳐 4퍼센트의 무위험수

● 그림 A: 모태펀드에 다양한 퍼센트의 CTA를 추가하는 데 따른 샤프 지수

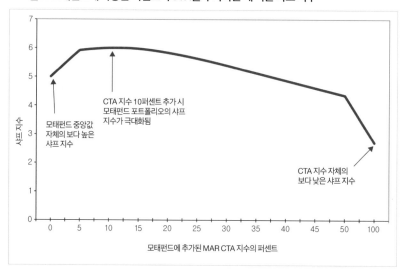

CTA 지수 10퍼센트 추가 시
모태펀드 포트폴리오의 샤프
지수가 극대화됨

모태펀드 중앙값
자체의 보다 높은
샤프 지수

CTA 지수 자체의
보다 낮은 샤프 지수

샤프 지수

모태펀드에 추가된 MAR CTA 지수의 퍼센트

익률을 적용했다. 즉 포트폴리오의 연환산수익률에서 4퍼센트를 빼고, 월간 수익률을 표준편차로 나누었다.

연구 결과

그림 A는 모태펀드 지수에 추가된 CTA의 비중에 따른 각 조합의 샤프 지수를 나타낸다. 샤프 지수는 일부 CTA 지수를 모태펀드 지수에 추가했을 때 더 높았다. 그 비중이 전체 포트폴리오의 5퍼센트에서 15퍼센트인 경우 샤프 지수가 높게 나왔다. 가장 높은 샤프 지수는 CTA의 비중이 10퍼센트일 때 나왔다.

연구 결과의 활용

나의 연구는 모태펀드와 CTA의 지수를 기준으로 삼았다. 따라서 내가 적용한 수치는 이미 평활화Smoothed(가중치를 적용하여 시계열 자료를 다듬는 작업—옮긴이)되었으며, 샤프 지수는 평균적으로 개별 펀드에 대한 샤프 지수보다 높을 것이다. CTA를 추가하려는 모태펀드는《MAR》의 CTA 지수와 상관성이 높고, 극도로 분산화된 CTA를 검토할 수 있다. 또는 다른 전략을 활용하는 여러 CTA를 추가하거나 지수식 접근법을 통해 CTA 스타일의 수익/리스크 요소를 포트폴리오에 추가할 수 있다.

알고리즘 트레이딩은
부당한 비판을 받고 있다

주식시장이 심하게 하락할 때마다 들리는 말이 있다. "알고리즘 트레이더들이 또다시 문제를 일으키고 있다"라거나 "알고리즘 트레이더들은 시장의 변동성을 높이기 때문에 나쁘다"라는 말이다.

우리가 엑셀이나 트레이딩 블록스Trading Blox 또는 다른 비슷한 플랫폼으로 전략을 만들면 우리도 알고리즘 트레이더가 된다. 우리는 단지 자신이 가진 수단—자본, 기술, 자원, 시간—을 토대로 성공을 안길 전략을 만들 뿐이다. 나는 50년 넘게 트레이딩 경험, 컴퓨터 기술, 수학적 능력을 쌓았으며, 지금은 은퇴했다. 내가 생각하는 성공의 척도는 자본을 보존하는 동시에 자산의 가치를 높이는 것이다. 내게는 밤에 잠을 잘 자는 것이 중요하다.

다른 사람들은 더 많은 레버리지를 쓰고 '액션Action'을 통해 더 큰 수익을 노리는 쪽을 택할 것이다. 반면 보다 높은 안정성을 추구하면서 틀리는 경우

보다 맞는 경우가 더 많기를 바라는 쪽도 있다. 또한 추세를 따르는 쪽도 있고, 거스르는 쪽도 있다. 트레이딩의 세계에는 모든 취향과 스타일에 맞는 방식이 있다.

알고리즘은 제작자의 의견과 욕망을 수학적으로 구현한 것에 지나지 않는다. 알고리즘 트레이더들이 시장의 변화 속도를 높였다는 데는 동의한다. 다만 알고리즘 자체가 아니라 알고리즘 제작자의 의견과 편향을 보다 효율적으로 실행할 수 있게 된 것이 원인이라고 생각한다.

나는 트렌드스탯을 운영하면서 트레이딩 전략을 자동화했다. 나는 1980년에 최신 IBM PC를 보유한 것이 자랑스러웠다. IBM PC는 이전의 그 어떤 컴퓨터보다도 강력했기 때문이다. 하지만 지금은 내가 가진 휴대폰의 램$_{RAM}$과 연산 능력이 더 뛰어나다. 현재 나는 여행용 백팩에 들어가는 노트북을 쓰고 있다. 64기가바이트의 램에 쿼드 프로세서, 2테라바이트의 저장 용량을 가진 노트북의 가격은 2,800달러밖에 되지 않는다!

타임머신을 타고 시대를 거슬러 올라가 내가 1974년에 클라크슨 대학교를 졸업하고 화학 엔지니어로 일하던 때를 살펴보자. 당시는 2년에 걸친 약세장이 끝나던 무렵이었다. 지수는 고점에서 약 50퍼센트 하락했다.《월스트리트 저널》은 얼마나 더 떨어져야 바닥이 나올지에 대한 논평을 실었다. 뉴욕증권거래소는 거래 주식 수가 1000만 주를 돌파하자 샴페인을 터트렸다. 다시 2018년으로 거슬러 올라가자. S&P 500 ETF(종목코드: SPY)는 하루에 2억 주 이상 꾸준히 거래되고 있다! 이 한 ETF만 해도 1974년에 뉴욕증권거래소 전체 거래 주식 수의 20배 이상인 것이다!

알고리즘이 이런 현상을 초래한 걸까, 아니면 우리 삶의 모든 측면에서 컴퓨터와 빠른 통신이 세상을 더 빨리 돌아가게 만드는 걸까? 1974년에는 2년 동안 약세장이 이어지자 투자자들은 "주식은 위험해. 다시는 안 해"라는 태도를 취했다. 지금은 컴퓨터 때문에 시장이 아주 빨리 돌아간다. 그래서 리스크를 잘 관리하지 못한 사람들에게 같은 양의 고통을 훨씬 빨리 가해서 비슷한 태도를 취하게 만들 수 있다. 하지만 사람들이 절대 불평하지 않는 반대 측면이 있다. 알고리즘 트레이더들은 상승장도 훨씬 빨리 만들어 낸다는 것이다. 그럴 때 그들이 강세장을 이끌었다는 칭찬을 듣는가?

시장 상황에 대한 심리는 전혀 변하지 않았다. 트레이더들은 앞으로도 똑같은 경향을 보일 것이다. 여전히 고점에서는 과도한 낙관이 나올 것이고, 저점에서는 과도한 비관이 나올 것이다. 그렇게 트레이딩은 계속될 것이다. 알고리즘과 그 알고리즘을 운용하는 트레이더들은 그저 부당한 비판을 받고 있을 뿐이다.

외환 투자: 순자산을
보존하는 동시에 늘리는 수단

모두가 외환에 투자하고 있지만 어떤 사람들은 그 사실을 모른다.

나는 컨퍼런스나 고객 미팅에 참가하거나 휴가를 가기 위해 전 세계를 돌아다닌다. 그 과정에서 이런저런 형태의 투자에 관심 있는 사람들과 계속 마주친다. 돈이 많든 적든, 유럽에 살든 미국에 살든, 투자사 소속이든 개인 투자자든 관계가 없다. 내가 머니 매니저라는 사실을 상대가 알면 대화 주제가 투자로 바뀐다.

그럴 때면 항상 내가 외환 트레이딩을 상당히 많이 한다는 얘기를 하게 된다. 그에 대한 일반적인 반응은 "와! 많이 위험하지 않아요?"이다. 그러면 나는 "그건 어떻게 투자하고, 포트폴리오에 얼마나 많은 레버리지를 쓰느냐에 달려 있습니다. 그리고 분명 당신도 외환에 투자하고 있을 겁니다"라고 대답한다.

세상의 모든 투자자가 좋아하든 아니든 간에 외환에 투자한다. 포트폴리오는 주식이나 채권, 선물, 부동산 등으로 구성될 수 있다. 그러나 무엇을 보유하든 간에 그 가치는 일정한 통화로 표시된다. 또한 좋아하든 아니든 간에 해당 통화는 시간이 지나면서 가치가 변한다. 모든 투자가 최소한 두 가지 요소로 구성된다고 말할 수 있다. 하나는 실제 투자 상품이고 다른 하나는 해당 투자 상품의 가치를 표시하는 통화다. 대다수 투자자는 전자에 집중하고 후자는 무시한다(또는 모른다).

순자산Net Worth 대 순부Net Wealth

나는 이를 순자산Net Worth 대 순부Net Wealth의 문제로 생각한다. 순자산은 자산에서 부채를 뺀 것이다. 그 가치는 자국 통화로 표시된다. 반면 순부는 순자산으로 전 세계에 걸쳐 살 수 있는 상품과 서비스의 양을 말한다. 주식 포트폴리오의 가치가 상승하지만 자국 통화의 가치가 그만큼 떨어지는 경우가 있다. 이 경우 순자산은 증가하는 반면 순부는 변하지 않는다. 즉 재정적 여건이 거의 나아지지 않는다.

미국 투자자로서 내가 가장 걱정하는 것은 전 세계의 주식시장 및 채권시장과 미국 달러가 동시에 하락하는 것이다. 대다수 미국 투자자는 피할 곳이 별로 없다. 순자산과 순부가 같이 급감하는 것을 지켜볼 수밖에 없다. 그에 따라 생활수준이 심각하게 하락한다. 이런 상황에서 초점은 주식 및 채권 포트폴리오를 보호하는 것이 아니다. 일정한 통화로 표시되는 포트폴리오의 가치를 보호하는 것이다. 외환 트레이더들은 꾸준히 이 일을 시도한다.

이 산업에는 다양한 규모를 지닌 약 60개의 투기적 외환 트레이딩 프로그램이 있다. 또한 포트폴리오의 외환 노출에 따른 리스크를 회피하기 위한 온갖 외환 오버레이 프로그램이 있다. 분산화된 포트폴리오의 일부를 투기적 외환 포트폴리오에 투자하는 것은 대규모 통화 가치의 등락에 대비하는 한 가지 방법이다. 자국 통화의 가치가 크게 하락하면 포트폴리오의 구매력 상실을 상쇄하기 위한 외환 트레이딩 프로그램이 수익을 낼 기회가 생긴다.

리스크를 완화하는 또 다른 방법은 포트폴리오에 외환 오버레이 프로그램을 활용하는 것이다. 즉 포트폴리오의 일부를 증거금으로 활용하여 통화 가치 변동 리스크를 줄이는 포지션을 잡는 것이다. 이와 관련하여 수동적, 적극적, 투기적 방식이 있다. 전통적으로는 앞의 두 가지 방식이 쓰이며, 대개 수익의 일부를 비용으로 치러야 한다. 구체적으로는 자국 통화 가치 하락에 대비하는 포지션을 잡는다. 투기적 방식은 내가 가장 좋아하는 것으로서 위험을 회피하는 동시에 장기적으로 약간의 수익을 제공한다. 투기적 추세추종 프로그램은 회피하는 리스크와 거의 비슷한 규모로 설정된다. 이 프로그램은 수익을 올리려고 시도하는 동시에 필요할 때 포트폴리오의 외환 리스크와 역상관관계를 이룬다.

합리적인 목표는 포트폴리오의 5퍼센트 이하를 투입하여 장기적으로 연수익률을 0퍼센트에서 6퍼센트 늘리는 것이다. 또한 잠재적 손실폭은 약 2퍼센트에서 4퍼센트 이하여야 한다. 약 2,500만 달러 이하의 포트폴리오는 거래 규모 때문에 은행간시장Interbank Market을 이용하기 어렵다. 이 경우 선물 시장에 기반한 외환 프로그램을 고려해야 한다.

통화 가치: 각 나라가 플레이하는 게임의 점수

본질적으로 한 나라의 통화는 진정한 내재적 가치가 없다. 그냥 각 나라가

1등이 되기 위해 플레이하는 게임의 점수일 뿐이다. 펀더멘털을 따지는 트레이더는 GDP 증가율, 금리, 경제 여건이 통화 가치를 결정한다고 말한다. 기회주의적 트레이더는 정치적 사건과 발표가 다른 통화에 대비한 한 통화의 가치를 좌우한다고 말한다. 기술적 분석을 따르는 트레이더는 그냥 돌파가 나올 때 매수하거나 시장의 모멘텀을 측정한다.

결국 이 모두가 통화 가치를 결정한다. 통화 가치는 세상에서 가장 복잡한 게임의 점수다. 한 나라가 자국 통화의 가치를 높이는 일은 정치적·경제적·금리 요소 그리고 외환 트레이딩 커뮤니티가 다른 나라와 비교했을 때 해당 국가가 자산을 묻어 두기 좋은 곳이라고 인식하느냐에 좌우된다. 어쩌면 우리는 대다수 외환 트레이더들에게 보수를 지급하듯이 우리나라의 리더들에게도 해외 통화 바스켓을 상대로 자국 통화의 가치를 얼마나 잘 지켰는가에 따라 운용 보수와 인센티브를 지불해야 할지도 모른다. 그러면 경제적 성과에 대해 리더들에게 지불하는 인센티브를 거시경제 측면에서 시민의 웰빙과 제대로 연계할 수 있을 것이다.

트레이딩을 잘하는 방법은
복잡하지 않다

성공적인 트레이더는 성공하지 못한 트레이더들이 올리지 못하는 수익을 올릴 수 있으니까 더 똑똑할까? 똑똑한 트레이더는 트레이딩에 성공할 수 있는 비법을 발견할 수 있을까?

고전하는 많은 트레이더는 성공적인 트레이더들이 더 똑똑하다고 믿는다. 그러나 나는 그런 생각을 뒷받침하는 증거를 찾지 못했다.

오히려 근래에 정반대의 사실을 말해 주는 다수의 사례가 나왔다. 즉 아주 똑똑한 사람들이 거대한 손실을 초래했다. 엘리노어 레이즈Eleanor Laise는 《스마트 머니Smart Money》 2011년 6월자에 '우리가 그렇게 똑똑하다면 왜 부자가 아닌가?'라는 제목의 글을 실었다. 그 내용을 보면 아이큐가 대단히 높은 회원들로 구성된 멘사MENSA 투자 클럽은 지난 15년 동안 주식 투자로 2.5퍼센트라는 아주 낮은 수익률을 기록했다. 같은 기간에 전 세계의 주식시장은 기록적인 수준으로 상승했다.

롱텀 캐피털Long-Term Capital은 똑똑한 노벨상 수상자들을 이사로 두고 있었다. 그러나 레버리지를 과도하게 쓰는 바람에 1998년 8월에 주식시장과 채권시장을 뒤흔드는 사태를 초래했다. 손실 규모가 너무 큰 나머지 금융시장의 건전성을 보호하기 위해 다수의 대형 프라임 브로커(헤지펀드의 주 거래 증권사―옮긴이)가 개입하여 롱텀 캐피털의 포지션을 해소하고 일부 손실을 충당했다.

맨해튼 펀드Manhattan Fund 사태―강세장에서 무리한 공매도 전략을 쓰다가 투자자들에게 4억 달러가 넘는 손실을 안김―의 중심인물인 마이클 버거Michael Berger는 대단히 지식이 많고, 유능하며, 신뢰할 만하다는 평가를 받았다. 오랫동안 투자자들을 상대로 엄청난 손실을 숨기려면 똑똑한 머리가 필요했던 것이다.

그렇다면 왜 아주 많은 똑똑한 트레이더들이 시장에서 돈을 잃을까? 나는 25년 동안 트레이딩을 하면서 똑똑한 사람들이 수익을 올리지 못해서 고전하는 모습을 많이 봤다. 그들이 저지른 실수는 다음과 같다.

1. 자신이 옳다고 생각해서 분산화를 하지 않는다

똑똑한 사람들은 자신이 똑똑하다는 걸 안다. 그들은 평생 공부를 잘했고, 장학금도 몇 번 받았다. 학위도 여러 개를 갖고 있다. 수많은 주제에 대해 알기 어려운 정보도 알고 있다. 사람들은 그들에게 똑똑하다고 말한다. 조심하지 않으면 이 모두가 그들의 사고방식에 영향을 끼친다. 결국 그들은 시장보다 똑똑할 수 없다는 교훈을 배운다.

2. 매도 전략을 쓰지 않는다

똑똑한 사람들은 자신이 유리한 확률을 만들었으며, 필요한 공부를 했다는 사실을 안다. 그들은 자신이 실패할 수 있다는 사실을 믿지 않는다. 어쩌면 그들은 살면서 한 번도 크게 실패한 적이 없을지도 모른다. 자신이 옳다는 걸 아는데 매도 전략이 필요할까? 시장은 이런 사람들에게 교훈을 주는 방법을 안다.

3. 손실이 날 때 물타기를 한다

애초에 투자 아이디어가 좋았다면 가격이 내려간 지금은 더 좋다. 더 저렴하게 살 수 있으니까 말이다. 하지만 가격은 계속 내려가서 심각한 타격을 입히거나 때로는 아예 게임에서 몰아낼 수도 있다.

4. 포괄적으로 연구하면 미래를 예측할 수 있다고 생각한다

투자 유의 사항에 항상 나오듯이 과거의 실적은 미래의 수익을 말해주지 않는다. 이는 실제로 맞는 말이며, 여러 시장과 전략, 기간에 걸친 수많은 연구를 통해 뒷받침된다. 똑똑한 사람들은 때로 방대한 양의 데이터를 확보하고 치열하게 분석하면 시장의 향후 동향을 잘 예측할 수 있다고 생각한다. 그러나 시장은 종종 이전에 한 적이 없는 행동을 한다. 그때 큰 손실이 발생한다.

5. 역사적 데이터를 토대로 지나치게 낙관적인 태도를 취한다

똑똑한 사람들은 온갖 트레이딩 방식을 떠올릴 수 있는 정신적 능력을 갖고 있다. 그래서 수많은 변수로 구성되며, 역사적 데이터베이스에 적용하면 놀라운 결과가 나오는 전략을 구상할 수 있다. 문제는 대개 그들이 앞으로 나올 시장의 동향에 집중하는 것이 아니라 지난 시장 데이터를 가지고 시뮬레이션을 한다는 것이다. 그들은 앞으로 일어날 수 있는 일들을 가정하고 적절하게 대비하지 않는다.

6. 완벽을 추구한다

머리가 좋은 트레이더들은 더 나은 트레이딩 방식을 아주 많이 떠올릴 수 있다. 그래서 지금 가진 최고의 전략으로 트레이딩하면서 장기적으로 개선하는 게 아니라 완벽을 추구하느라 대부분의 시간을 보낸다. 완벽한 트레이딩 전략을 갖는 건 불가능하다. 그저 매일 최선을 다하고 개선을 위한 노력을 멈추지 말아야 한다.

7. 손실이 난 전략을 자주 '더 나은' 전략으로 바꾼다

똑똑한 사람들은 머리가 빨리 돌아가기 때문에 온갖 종류의 새롭고 '더 나은' 트레이딩 방식을 구상할 수 있다. 그 방식 중 일부는 그들의 지적 능력을 충족할 수 있도록 아주 복잡하다. 하지만 모든 전략이 잘되는 날도 있고, 안 되는 날도 있다고 가정하면, 손실이 난 전략을 버리는 것은 아주 어리석은 짓이다. 지금 아주 잘 통하는 전략이 나중에는 전혀 안 통할 수 있으며, 올해에 평범한 수익률을 올린 전략이 내년에는 최고의 수익률을 올릴 수 있다.

똑똑한 트레이더들이 트레이딩 학교에서 합격점을 받지 못하는 이유를 살폈다. 지금부터는 성공적인 트레이더들이 트레이딩을 잘할 수 있는 몇 가지 상식적인 이유를 알아보자.

1. 트레이딩에 실제로 활용할 전략을 만들고 이해한다

지금 하고 있는 일을 하는 이유를 이해하지 못한다면 어떻게 계속할 수 있을까? 수익을 보장하는 블랙박스 시스템을 산다고 해서 시장이 당신의 전략과 협조하지 않을 때 편한 마음으로 손실을 견딜 수 있는 것은 아니다. 어떤 요소로 전략을 구성했는지, 손실을 예상해야 하는 이유가 무엇인지를 알아야 해당 전략을 고수하면서 수익이 나는 다음 상승기를 즐길 수 있도록 해 주는 심리적 맷집이 생긴다.

2. 전략을 성격, 능력, 기술, 시간 자본에 맞춘다

이런 요소들을 차분하게 검토하면 대개 트레이딩에 접근하는 적절한 경로로 향하게 된다. 컴퓨터를 잘 다루지 못한다면 컴퓨터가 필요 없는 전략을 개발하거나 학원을 다녀서 실력을 길러라. 다른 사람들이 쓰는 트레이딩 방식을 따라 하는 것은 아무 의미가 없다. 그들에게는 그들의 기술, 능력, 자원이 있고, 당신에게는 당신의 기술, 능력, 자원이 있다. 다른 사람의 트레이딩 전략을 쓰면 당신의 기술과 자원을 충분히 활용하지 못하며, 다른 사람들을 이길 수 없다. 실제로 나는 자신의 트레이딩 자원과 기술을 진지하게 검토한 후 트레이더가 되지 않겠다고 결정한 사람들을 안다. 그래도 된다.

3. '좋은 트레이딩은 수익과 직결된다'는 생각을 버린다

좋은 트레이딩은 전략을 따르고 리스크를 관리하는 것이다. 트레이딩을 할 때는 그저 전략적 계획을 실행하라. 계획을 실행했는데 그날 손실이 난다면 노력한 점을 칭찬하라. 한 번이나 하루가 아니라 장기적으로 계획을 실행해야 수익이 난다.

4. 포트폴리오를 분산한다

하나의 시장이나 포지션에 포트폴리오를 집중시키면 큰 수익이 날 수도 있지만 동시에 게임에서 밀려날 수도 있다. 내일 다시 트레이딩을 계속할 수 없을지도 모르는 상황에 처해서는 안 된다. 리스크를 분산시키는 것은 심각한 자본 손실의 여파를 줄이는 데 도움을 준다.

5. 포트폴리오를 집중한다

이 말은 앞에서 한 말과 상충되는 것처럼 들린다. 그렇지 않다. 이 말은 포트폴리오를 과도하게 분산시키지 말고 효과적인 규모로 줄이라는 뜻이다. 강력한 컴퓨터 장비를 갖춘 많은 전문 트레이더는 수백 개의 시장에서 트레이딩을 한다. 그러나 수익의 대다수를 안기는 곳은 소수의 시장임을 알게 된다. 당신의 전략이나 전문성에 맞는 시장에서 트레이딩하는 것이 논리적으로 감당할 수 있는 수준을 넘어서 아무 생각 없이 분산화하는 것보다 더 합리적이다.

6. 레버리지를 살핀다

트레이딩 전략이 명민해 보일수록 수익에 대한 기대 때문에 레버리지를 더 많이 쓰기 쉽다. X퍼센트의 2, 3배를 더 벌 수 있는데 X퍼센트만 벌 이유가 있을까? 그 답은 내일도 트레이딩을 해야 하며, 과도한 레버리지는 소수의 포지션만 잘못되어도 게임에서 밀려나게 만들 수 있다는 것이다. 리스크를 감수할 수 있고, 트레이딩을 계속할 수 있는 수준으로 레버리지를 조절하라.

7. 수익과 손실이 모두 게임의 일부라는 태도를 취한다

수익을 얻으려면 어느 정도의 손실을 감수해야 한다. 모든 전략은 시장의 동향을 정확하게 따라가면서 양호한 수익을 안기는 기간이 있다. 동시에 모든 전략은 아킬레스건이 있으며, 때로 고전한다. 이는 단순한 상식이다. 하지만 연이은 손실을 겪은 후에 전략을 포기하는 트레이더가 얼마나 많은가? 그들은 손실이 날 거라는 예상을 하지 않은 걸까?

8. 스스로 트레이딩에 대한 결정을 내린다

믿지 않을지 모르지만 당신이 스스로 내린 단순하고 정교하지 않은 결정이 애널리스트나 산업 전문가의 팁보다 성공적인 트레이딩을 하는 데는 훨씬 낫다. 당신은 그런 결정을 한 이유를 이해하고, 당신의 전략에 따른 리스크를 통제할 수 있기 때문이다(1번 참고). 당신은 애널리스트가 분석을 할 때 어떤 생각을 했는지 모른다. 그들의 위험 감수도가 어느 정도인지 모른다. 어쩌면 그들은 자신의 추천 종목에 포지션을 잡고 있는지 모른다. 그들이 어디서 언제 포지션에서 발을 뺄지 모른다. 스스로 트레이딩에 대한 결정을 내리면 트레이딩 전략과 리스크 관리에 대한 주도권이 생긴다.

9. 수익은 불리고 손실은 줄인다

자주 언급되지만 자신이 시장보다 똑똑하다고 '확신'하는 사람들은 따르지 않는 말이다. 어떤 전략을 쓰든 수익을 내려면 저가에 사서 고가에 팔아야 한다. 스프레드$_{Spread}$ 거래와 차익 거래를 하는 트레이더도 각각의 전략에 따라 포지션을 잡는다. 따라서 어떤 전략을 쓰든 손절을 하지 않으면 언젠가는 계좌가 심각한 타격을 입는다.

10. 진입하기 전에 탈출 지점을 정한다

많은 투자 상품은 고객에게 '판매'된다. 일부 트레이더는 그런 태도를 취한다. 그에 따라 그들은 어떤 투자 상품에서 포지션을 보유할 온갖 이유를 떠올리지만, 언젠가는 포지션에서 빠져나와야 한다는 사실은 잊는다. 전략을 세울 때 포지션에서 빠져나와야 할 조건을 미리 정할 것을 권한다. 거기에는 일정한 지점에서 손절을 하거나 추적 손절매 지점이 깨졌을 때 익절하는 것을 포함한다. 탈출 전략이 없다면 포지션을 잡지 마라.

11. 각 거래를 앞으로 할 1,000번의 거래 중 하나로 대한다

한 번의 거래에 생사가 걸린 게 아니다. 또 한 번의 거래일 뿐이다. 당
장은 중요해 보일 수 있지만 평생 할 거래에 속한 또 하나의 데이터
포인트일 뿐이다. 그보다 많은 중요성을 부여하지 마라.

12. 고장 나지 않으면 고치지 않는다

너무나 많은 트레이더가 이 전략에서 저 전략으로 옮겨 다닌다. 그들
은 어떤 전략도 오래 고수하지 않는다. 과거의 데이터에 대한 시뮬레
이션은 한 전략의 변동성이 어느 정도인지, 해당 전략이 시장의 다양
한 여건에 어떻게 반응하는지 감을 잡도록 도와준다. 모든 전략은 수
익이 미미하거나 심지어 손실이 나는 기간이 있다. 실적이 예상과 크
게 다르다면 자세히 분석해서 이유를 파악해야 한다. 그러나 손실이
처음에 예상한 범위를 넘어서지 않는다면 감수하고 경로를 유지해야
한다.

똑똑한 천재가 아니어도 좋은 트레이더가 될 수 있다. 오히려 지금까지 수
많은 똑똑한 사람들이 엄청난 돈을 잃었다. 반면에 지적 능력이 뛰어나지 않
아도 큰 수익을 올린 트레이더가 많다. 앞서 제시한 모든 조언은 진지하게 트
레이딩에 임하는 트레이더라면 누구나 따를 수 있는 것이다. 혹시 뛰어난 지
능을 지녔다면 높은 아이큐가 큰 수익과 연계되는 것은 아니라는 사실을 명
심하라. 성공적인 트레이딩은 타당한 전략, 탁월한 리스크 관리, 엄격한 절제
와 상식적인 태도에서 나온다.

어느 정도의 레버리지는 좋지만
과도한 레버리지는 위험하다

연구 목적

1998년 8월과 9월에 롱텀 캐피털 사태가 발생하자 투자자들은 헤지펀드 매니저들의 레버리지 활용을 더욱 우려하게 되었다. 펀드가 투명하지 않게 레버리지를 활용하면 고객은 어떤 포지션을 취하고 있으며, 레버리지를 얼마나 썼는지를 알 수 없다.

일부 고객은 레버리지를 남용할 가능성을 줄이기 위해 타당한 수준을 정하려고 시도한다. 가령 롱/숏 매니저는 각각 포트폴리오의 100퍼센트에 해당하는 롱/숏 포지션을 잡을 수 있다. 즉 2대 1의 레버리지를 쓸 수 있는 것이다. 이벤트 투자Event-Driven 매니저는 한동안 시장에서 벗어나 있다가 특별한 상황에서 5대 1의 레버리지를 쓸 수 있다. 차익 거래 매니저는 투자자가 흥미를 느낄 만한 수익률을 올리기 위해 10대 1의 레버리지를 쓸 수 있다.

레버리지의 정의

투자자들이 직면하는 첫 번째 문제는 매니저들이 쓰는 레버리지라는 단어의 의미에 일관성이 없다는 것이다. 가령 매수 중심 주식 매니저는 현금 매수만 하기 때문에 1대 1 레버리지를 쓴다고 주장한다. 또 다른 외환 매니저는 포지션을 잡을 때 돈을 빌리지 않기 때문에 1대 1 레버리지를 쓴다고 주장한다. 그러나 외환 포지션의 액면가치는 거래에 필요한 증거금의 25배에 이를 수 있다.

시장이나 전략을 서로 비교하는 가장 쉬운 방법은 계좌 자본에 대비하여 포트폴리오에 속한 모든 투자 상품의 액면 시장가가 얼마나 되는지를 레버리지로 정의하는 것이다. 그러면 모든 투자 상품을 동일한 기준으로 비교할 수 있다.

레버리지는 시장마다 다르다

각 시장은 다른 속도로 움직이는 경향을 보인다. 표 A는 1990년 1월 1일부터 1999년 2월 말까지 일간 데이터를 토대로 각 시장의 역사적 변동성을 정리한 것이다. 시장의 평균 변동성은 매일 기록된 가격 변동폭의 절댓값으로 계산했다. 일간 변동성의 표준편차 역시 일간 데이터를 토대로 계산했다. 주식시장은 아주 많은 포트폴리오에 포함된다. 그래서 S&P 500을 다른 시장들

● 표 A: 다양한 시장에서 변동성을 맞추는 데 필요한 레버리지

시장	평균 일간 변동성	일간 변동성의 표준편차	2대 1로 S&P 500과 맞추는 데 필요한 레버리지
S&P 500 지수	0.6298	1.0323	2.0000
SL-채권 지수	0.6298	0.3757	3.1303
일본 엔	0.6298	0.5450	2.3754
원유	1.3964	1.5800	0.9021
생우	0.5931	0.5166	2.1239
금	0.4859	0.5562	2.5924
비S&P 시장 전체	0.6815	0.7147	2.2254

에 대한 기준으로 삼았다.

보다시피 표에 나오는 모든 시장은 걸프전 동안 큰 폭의 등락을 기록한 원유를 제외하고 S&P 500 지수보다 변동성이 낮다.

레버리지를 잘 활용하는 법

레버리지를 잘 활용하는 법은 변동성이 낮은 시장에 레버리지를 써서 포트폴리오 전반에 걸쳐 변동성을 맞추는 것이다. 가령 표 A에 나오는 시장들의 변동성을 맞추려면 비S&P 시장에 대해 약 2.22대 1의 레버리지를 써야 한다. 그러면 균형이 맞춰져서 한 시장이 포트폴리오를 지배하지 않게 된다. 이는 신중하게 레버리지를 활용하여 포트폴리오 분산화의 균형을 맞추는 방법이다.

레버리지는 전략에 따라 다양하게 활용할 수 있다

여러 전략은 투자자가 관심을 가질 만한 수익률을 올리기 위해 추가적인 레버리지를 필요로 한다. 롱텀 캐피털의 경우 고정소득 차익 거래에서 레버리지를 너무 많이 썼다고 주장할 수 있다. 그러나 그들이 레버리지를 전혀 쓰지 말았어야 한다고 주장하는 사람은 없다. 이 경우 수익률이 너무 낮고 변동이 적어서 은행 CD(양도성 예금증서)와 경쟁하는 데도 애를 먹었을 것이다.

나는 1998년 상반기에 대한 《MAR》의 수익률 평가 목록에 나온 레버리지 수치를 확인했다. 가장 먼저 눈에 띈 것은 매니저들이 제시한 수치에 일관성이 없다는 것이었다. 그래도 그것이 공적 영역에서 내가 확보할 수 있는 유일한 정보였다. 나는 레버리지 수치를 다양한 논리적 구간으로 나누었다. 이때 대다수 롱 전문 또는 롱/숏 매니저는 2대 1보다 적은 레버리지를 쓸 것이라고 판단하고, 그 구간을 첫 구간으로 설정했다. 그다음 구간은 2~3대 1 구간으로서 다수의 글로벌 매크로Global Macro(세계적인 이벤트를 토대로 한 투자 전략—옮긴이)와 CTA가 여기에 속한다. 끝으로 3~5대 1 구간과 5대 1 이상 구간이 나온다. 또한 답변을 하지 않은 경우도 집계했다. 이 경우에 속한 매니저들은 투자자들에게 불명확성에 대한 우려를 안길 수 있다. 전체적인 결과는 표 B

● 표 B: 헤지펀드 산업에서 활용하는 다양한 레버리지 수준의 구분

레버리지 구간	펀드 수	비중
2 이하	616	68.8
2~3	138	15.4
3~5	46	5.1
5 이상	60	6.7
확인 불가	35	3.9
전체 펀드 수	895	100.0

에 정리되어 있다.

대다수 펀드(68.8퍼센트)는 2대 1 이하 구간에 속한다. 나머지 31.2퍼센트의 펀드는 2대 1 이상의 레버리지를 쓴다. 그렇다고 해서 그들이 과도한 레버리지를 쓰는 것은 아니다. 5대 1 레버리지를 쓰는 펀드가 2대 1 레버리지를 쓰는 펀드보다 무조건 더 위험하다고 말하는 것은 매우 부적절하다.

레버리지가 위험해지는 수준

어느 수준부터 매니저가 쓰는 레버리지가 위험해질까? 그 수준은 각각의 전략에 따라 달라진다. 트렌드스탯의 경우 뮤추얼펀드 타이밍 및 배분 프로그램은 1대 1 레버리지를 쓴다. 우리의 '월드 커런시World Currency' 프로그램은 평균 약 2.7대 1의 레버리지를 쓴다. 이는 외환 트레이딩 부문의 평균보다 낮은 수준이다. 우리의 'FX 엑스트라Extra'는 다른 외환 트레이더들과 비슷하게 5대 1에 가까운 레버리지를 쓴다. 우리의 '멀티 트렌드Multi-trend' 프로그램은 3대 1 이상의 레버리지를 쓴다. 이는 해당 투자 분야 및 전략의 일반적인 범위에 속한다.

내가 말하고자 하는 요점은 레버리지 수치 자체가 해당 펀드를 위험하게 만들지는 않는다는 것이다. 나는 2.7배의 레버리지를 쓰는 우리의 월드 커런시 프로그램이 1대 1의 레버리지를 쓰는 우리의 '섹터 배분Sector Allocation' 프로그램보다 더 위험하다고 생각하지 않는다. 이 두 프로그램은 하루에 움직이는 속도가 상당히 비슷하다. 월드 커런시 프로그램이 약간 더 빨리 움직일 때도 있고, 섹터 배분 프로그램이 더 빨리 움직일 때도 있다.

투자자는 레버리지가 너무 높거나 충분히 높지 않다고 성급하게 판단하기 전에 비슷한 펀드의 레버리지 수치를 확인해야 한다. 어떤 펀드가 비슷한 전략을 쓰는 다른 펀드보다 높은 레버리지를 쓴다면 추가적인 레버리지에 따른 리스크를 우려할 만하다.

추세장과 횡보장
기간에 대한 연구

연구 목적

주식시장에서 타이밍 매매를 하는 투자자는 조바심에 시달리기 쉽다. 특히 짧은 기간에 타이밍 전략이 아무런 가치가 없는 것처럼 보일 때는 더욱 그렇다. 타이밍 전략을 포기하는 사람들이 종종 대는 핑계는 "더 이상 통하지 않는다"거나 "장기 보유 전략으로 더 많은 돈을 벌 수 있었다"라는 것이다.

이 부분에서는 심리적인 부분이 크게 삭용한다. 해당 시점에 투자자는 애초에 타이밍 전략을 만들거나 활용한 이유를 기억하지 못한다. 나는 최고의 시나리오, 최악의 시나리오, 예상 시나리오에서 무엇을 예상해야 하는지 잊어버린 투자자를 많이 보았다. 어떤 전략에서 무엇을 예상해야 하는지 잘 이해하면 타이밍 전략이 예상한 효과를 낼 때 덜 놀라게 된다. 나는 주식시장의 동향 그리고 타이밍 프로그램이 일반적으로 투자자들에게 제공하는 효과에 대해 보다 많이 알 수 있도록 이 연구를 구성했다.

시장은 상승하거나 하락하거나 횡보한다

모든 시장은 상승하거나 하락하거나 횡보한다. 시장에서는 매수자와 매도자 사이에 수급을 둘러싼 전투가 벌어진다. 매수자와 매도자 모두 가격에 만족하면 거래가 이루어지고 가격이 설정된다. 매수자가 매도자보다 적극적이면 상승 추세가 형성된다. 매도자가 매수자보다 적극적이면 하락 추세가 형성된다. 매수세와 매도세가 평형상태를 이루면 가격이 옆으로 흘러가면서 횡보장을 형성한다.

시장의 추세를 측정하는 방법

나는 시장의 추세를 측정하기 위해 두 가지 단순한 지수 이동평균Exponential Moving Average, EMA을 만들었다. 지수 이동평균은 다음과 같은 일반적인 공식을 활용한다.

오늘의 평균=어제의 평균+베타×(오늘의 가격−어제의 평균)

여기서 베타=2/(일수+1)

나는 0.25와 0.05 또는 각각 9일과 41일에 해당하는 수치를 베타로 설정했다. 보다 빠른 단기 이동평균이 보다 느린 장기 이동평균과 교차하면 방향 전환이 일어났다. 이 변화가 5퍼센트 이상 진행되면 성공적인 추세로 간주되었다. 다시 방향이 바뀌기 전까지 최소한 5퍼센트만큼 진행하지 못하면 횡보장으로 분류했다.

상승장에서의 타이밍 모델

시장이 지표상 '하락'에서 '상승'으로 전환되면 타이밍 모델은 모든 현금을 주식 중심 뮤추얼펀드로 옮긴다. 이때 정확히 바닥에서 매수하지는 않는다. 실제로 방향 전환에 따른 신호는 시장이 바닥을 찍은 후에 나온다. 즉 타이밍 모델은 약간의 상승 움직임을 놓친다. 시장이 상승하면 성장주 펀드도 대개 상승한다. 이런 유형의 시장에서 투자자는 상당한 플러스 수익률을 기대할 수 있다. 하지만 매수 후 보유 전략을 따라잡는 데는 어려움을 겪을 수 있다.

하락장에서의 타이밍 모델

시장 지표가 '상승'에서 '하락'으로 바뀌면 타이밍 모델은 전체 포트폴리오를 성장주 뮤추얼펀드에서 머니마켓 펀드Money Market Fund로 옮긴다. 이때 대개 정확한 고점에서 매도가 이루어지지는 않는다. 머니마켓 펀드는 매일 주당 1달러로 가격이 설정되며, 단순히 이자만 지급한다. 머니마켓은 주식시장

의 변동에 따른 리스크가 없다. 그래서 하락장의 '시련을 견디기에' 좋은 곳
이다. 하락장에서 타이밍 모델은 대략 본전을 유지하는 동시에 큰 손실을 감
수하지 않음으로써 매수 후 보유 전략보다 훨씬 나은 실적을 내고자 한다.

횡보장에서의 타이밍 모델

앞서 나온 상승장과 하락장에 대한 내용을 읽으면 타이밍 전략이 흠잡을
데 없어 보인다. 그러나 안타깝게도 타이밍 프로그램이 마이너스 수익률을
내고, 시장수익률을 하회하는 시기가 있다. 시장이 옆으로 흐를 때 추세 지표
는 위아래로 계속 바뀐다. 이를 '휩소Whipsaw'라고 한다.

타이밍 전략은 '상승' 신호가 나올 때마다 매수하고, '하락' 신호가 나올
때마다 대개 작은 손실을 보고 매도한다. 시장이 한동안 횡보하면 복수의
'작은' 손실이 쌓여서 큰 손실이 된다. 이름처럼 횡보장은 옆으로 흐른다. 그
래서 이 시기에 타이밍 프로그램은 여러 번 작은 손실을 내면서 시장수익률
을 하회한다. 일부 투자자는 횡보장에서 입는 손실을 큰 상승에 대비하여
포지션을 잡고, 큰 하락에 따른 피해를 최소화하기 위한 '보험 비용'으로 여
긴다.

상승장, 하락장, 횡보장의 기간

1964년 1월부터 1999년 2월까지 S&P 500 지수를 기간별로 분석해 보면
약 28퍼센트는 '상승기'였으며, 7퍼센트만 '하락기'였다. 나머지 64퍼센트는

● 시장 방향 분석

기간	1964.01~1999.02
상승	28.1%
하락	7.7%
횡보	64.2%
총	100%

횡보기였다.

즉 타이밍 전략이 큰 가치를 더할 수 있는 시기는 약 36퍼센트에 불과하다. 나머지 기간에는 휩소에 시달릴 것이다. 이처럼 한쪽으로 치우친 통계에도 불구하고 타이밍 전략은 투자자에게 많은 심리적 편안함을 제공할 수 있다. 성공적인 투자자가 되려면 때때로 불편한 일을 해야 한다. 가령 시장이 걷잡을 수 없이 상승하는 것을 보면 매수 후 보유 전략의 수익률을 따라잡고 싶어진다. 그래서 매수 후 보유 전략으로 바꾸면 언젠가는 급락을 맞게 된다. 타이밍 전략은 급락을 피하는 데 도움을 준다.

또 다른 힘든 일은 인내심을 갖는 것이다. 시장은 64퍼센트의 기간 동안 횡보한다. 그래서 타이밍 프로그램을 따르면 상당한 수익이나 심지어 손실이 나지 않아서 지루해지거나 짜증스러워질 수 있다. 그러나 시장이 위아래로 움직이면 타이밍 전략은 가치를 더해 준다. 즉 10년 중 약 4년 동안 가치를 더해 준다는 뜻이다. 이는 10년 중 6년 동안 가치를 더하지 못한다는 뜻이기도 하다. 타이밍 프로그램이 성공하려면 장기적으로 인내심으로 갖고 상승장과 하락장, 횡보장을 통과해야 한다.

투자할 때 고려해야 할
10가지 규칙

펀드업계에서 사기 행각이 벌어지는 가운데 헤지펀드와 투자자들이 고려해야 할 몇 가지 사항을 제시한다.

1. **절대 현금을 펀드 매니저에게 주지 마라**

   항상 외부 관리자나 수탁자에게 수표를 보내는 것이 좋다. 매니저는 계좌의 현금에 대해 완전한 위임권이 아니라 제한된 위임권만 가져야 한다. 매니저에게 실제 현금에 접근할 수 있는 권한이 주어지면 훔치거나 횡령할 수도 있다. 외부 수탁자가 있으면 그런 문제를 걱정할 필요가 없는데, 이따금 매니저와 수탁자가 결탁해서 투자자를 속이기도 한다. 그래서 2번 규칙이 있다.

2. 수탁자와 매니저가 분리되어 있는지 확인하라

수탁자와 매니저의 결탁을 방지하려면 그들이 제대로 분리되어 있는지 확인해야 한다. 물론 둘은 업무상 교류를 하기 때문에 친분이 있을 것이다. 그러나 이때 두 회사의 소유 구조는 달라야 한다. 한 매니저가 수탁사의 사업 중 작은 부분만 차지하는 것이 이상적이다. 그래야 수탁자가 내역을 조작하거나 자금을 횡령할 이유가 줄어든다.

3. 외부 기관이 계산한 순자산가치를 확인하라

많은 헤지펀드는 매니저가 일부 투자 상품의 가치를 산정하게 하는 경향이 있다. 그들은 "외부 수탁자가 가치를 산정하기에는 너무 복잡하다"거나 "외부 수탁자가 순자산가치를 산정하게 하면 우리의 투자 전략을 알 수 있다"는 등의 이유를 댄다. 이 경우 투자자는 매니저가 투자 실적을 꾸며 내도록 허용하는 셈이 된다. 심지어 적법하기에 수많은 매니저들이 오랫동안 투자 상품의 가치를 다듬어서 실적을 꾸며 낼 기회를 얻었다. 그들은 실제 시장의 변동과 진정한 시장가격에 대처할 필요가 없었다. 그에 따라 샤프 지수가 실제보다 높아졌다. 이로 인해 매니저와 투자자 모두 투자 상품이 실제보다 덜 위험하다고 착각하게 되었다.

4. 매년 회계감사를 받는지 확인하라

해당 투자 분야를 전문적으로 감사하는 외부 회계 법인이라면 더욱 좋다. 일부 대형 회계 법인은 특정한 소형 독립 회계 법인과 같은 전문성을 갖지 않았을 수 있다. 중요한 점은 매니저가 아니라 수탁자에게 받은 독립적인 내역을 바탕으로 해야 하며, 매니저가 포트폴리오의 가치를 산정하거나 투자 상품의 목록을 제공하는 것이 아니라 직접 투자 상품에 대한 가치 평가를 해야 한다는 것이다. 그래야만 적어도 일 년에 한 번씩 투자 성과를 제대로 점검할 수 있다. 회계 법인은 투자자에게 감사 절차를 설명할 수 있어야 한다.

5. **시장 환경을 감안하여 투자 실적을 점검하라**

레버리지를 쓰는 매수 중심 주식 펀드인데 하락장에서 큰 수익을 냈다면 의심해야 한다. 시장 중립 전략을 쓰는 대다수 매니저가 10~20퍼센트의 수익률을 기록했는데 당신이 가입한 펀드의 매니저가 50퍼센트의 수익률을 기록했다면 의심해야 한다. 매니저의 전략을 잘 파악해서 언제, 어떻게 수익이 나는지, 언제 손실이 예상되는지 알아야 한다. 예상하지 못한 결과가 나왔다면 이유를 확인하라. 마음에 들지 않는 점이 있다면 기회가 있을 때 바로 빠져나와라. 세상에는 수많은 펀드가 있다.

6. **보상 내역을 확인하라**

많은 투자자는 펀드를 매수할 때 수익률만 본다. 거기서 그치지 말고 펀드의 약관을 확인하여 누가 펀드로 돈을 버는 과정에 참여하는지 파악해야 한다. 각 회사의 역할과 그들이 역할을 수행하는 방식은 무엇인지, 그들이 기여하는 바에 비추어 수수료가 적정한지 알아야 한다. 일반적인 수준보다 많은 수수료가 나간다면 주의해야 한다.

7. **수익률을 장기적으로 유지할 수 있는지를 자문하라**

뛰어난 실적만 볼 뿐, 단지 단기적으로 시장 환경이 매니저의 전략과 딱 맞아떨어진 건 아닌지 살피지 않는 투자자가 너무 많다. 어쩌면 정반대의 결과를 불러올 환경이 곧 닥칠지 모른다. 투자하기 전에 매니저의 전략을 잘 파악하여 장기적으로 꾸준하게 수익을 올릴 수 있을지를 판단해야 한다.

8. 모든 투자에는 리스크가 따른다

투자에 따른 잠재적 리스크를 파악하지 않았다면 충분히 검토하지 않은 것이다. 모든 전략에는 일정한 리스크가 따른다. 설령 확률이 낮다고 해도 말이다. 나의 경험에 따르면 확률은 높아도 심각성은 낮은 리스크가 대개 관리하기 더 쉽다. 확률은 낮고 표준편차가 더 큰 변동은 대개 엄청난 수익이나 이례적인 손실을 안겨서 오랫동안 모두의 기억에 남는다. 하지만 많은 투자자와 매니저는 확률이 낮은 리스크를 '무위험'으로 간주한다. 그러나 그런 생각은 확률이 낮고 심각성이 높은 사건도 언젠가는 발생하기 때문에 위험하다.

9. 기준이 충족되지 않으면 다른 펀드를 찾아라

투자자들이 고려할 수 있는 양질의 투자 펀드는 수천 개나 된다. 당신이 고려 중인 펀드가 아주 좋아 보이지만 당신의 돈을 안전하게 지키기 위한 모든 기준을 충족하지 못한다면 다른 선택지로 눈길을 돌려라. 안전 기준을 충족하는 펀드를 찾아라. 당신이 고려하던 펀드가 전적으로 적법해서 선택에 따라 좋은 기회를 놓칠 수도 있지만, 동시에 장차 재난을 안길 수도 있다. 기준을 충족하는 적법한 펀드가 넘치는데 굳이 스트레스를 받을 필요가 있을까?

10. 적법한 펀드들은 위의 기준을 자발적으로 적용해야 한다

나는 오랫동안 전미증권업협회NASD와 전미선물협회NFA의 중재인으로 일하면서 투자자들이 적법 펀드와 사기 펀드를 구분하는 능력이 거의 없다는 사실을 알게 되었다. 적법 펀드는 외부 수탁자와 회계 법인을 쓰고, 순자산가치를 산정하며, 최대한 많은 투명성을 제공한다. 그에 반해 사기 펀드는 모든 것이 의심스러워 보인다. 사기 펀드를 박멸할 수는 없다. 하지만 적법 펀드 사이에 끼어드는 일을 더 어렵게 만드는 것은 가능하다.

이 조언을 모두 따른다고 해서 성공이 보장되는 것은 아니다. 그래도 내역 조작, 횡령, 개인 자산과 투자자 자산의 혼합, 손실 은폐, 폰지 사기 등 펀드업계에서 너무 자주 접하는 중대한 문제들은 제거할 수 있다. 성공 투자는 쉽지 않다. 많은 노력, 절제, 자원, 지성이 필요하다. 또한 약간의 운도 당연히 도움이 된다. 위의 지침들은 투자자들이 사기가 아니라 수익만 걱정할 수 있도록 만드는 데 도움을 준다.

TREND FOLLOWING
MINDSET

ETR 컴포트
지수

나는 과거에는 고객을 위해, 지금은 나 자신을 위해 새롭고 더 나은 트레이딩 방식을 연구한다. 그때마다 위험 대비 수익률을 기준으로 트레이딩 전략에 대한 다양한 접근법과 아이디어를 비교한다. 투자자들이 흔히 접하는 대부분의 리서치 플랫폼은 다음과 같은 인기 척도를 쓴다.

- **샤프 지수**
- **MAR 지수**
- **수익률/최대 손실폭**
- **수익률/평균 손실폭**
- **트레이너 지수** Treynor ratio
- **소르티노 지수** Sortino ratio

이 모든 지수는 위험 대비 수익률을 말해 주며, 그 값이 높을수록 좋다. 높은 값은 더 낮은 위험에 더 높은 수익률을 뜻한다.

이 척도들을 통해 위험 대비 수익률을 측정하는 데 따른 문제들

이 인기 위험 대비 수익률 척도들의 단점부터 논의하고자 한다.

◆ **샤프 지수**
  샤프 지수는 수익률을 표준편차로 나눈 것으로서, 포트폴리오의 하방 변동률과 상방 변동률을 동등하게 대한다. 하지만 지금까지 내게 돈을 맡긴 고객 중에서 상방 편차에 대해 불평한 사람은 한 명도 없다!

◆ **MAR 지수**
  MAR 지수는 장기적인 연누적상승률을 구한 다음 같은 기간의 최대 손실폭으로 나눈 것이다. 이 지수의 문제점은 단일 최대 손실폭의 깊이만 고려한다는 것이다. 즉 오랫동안 지속되면서 피로나 권태 때문에 고객이 떠나게 만들거나 트레이더가 전략을 버리게 만드는 다른 모든 손실폭은 살피지 않는다.

◆ **수익률/평균 손실폭**
  이 척도는 전체 손실폭의 평균을 활용함으로써 단일 손실폭만 반영하는 MAR 지수의 결점을 바로잡는다. 그래서 보다 유용하지만 여전히 수익률의 꾸준함과 최대 손실폭이 투자자의 심리에 가하는 타격을 고려하지 않는다.

◆ **트레이너 지수**

이 척도는 샤프 지수와 비슷하지만 포트폴리오의 표준편차가 아니라 적절한 지수에 대비한 베타값$_{Beta}$(시장수익률의 변동폭에 대비한 포트폴리오의 변동폭—옮긴이)을 활용한다. 여러 벤치마크를 선택하면 측정 대상이 되는 포트폴리오에 대비하여 다른 베타값이 나오며, 따라서 트레이너 지수가 달라진다. 나는 포트폴리오의 베타값을 구하고자 적절한 벤치마크를 선택하는 과정에서 인간의 판단에 의존한다는 측면 때문에 좋아하지 않는다.

◆ **소르티노 지수**

이 척도는 내가 가장 좋아하는 위험 대비 수익률 척도 중 하나로서 인기 리서치 플랫폼에서 흔히 제공된다. 이 척도는 포트폴리오의 수익률을 표준편차(상방 및 하방)로 나눈 샤프 지수를 토대로 삼는다. 다만 리스크를 계산할 때 하방 편차만 고려한다. 그래서 투자자와 트레이더들이 리스크를 보는 시각에 보다 가까우며, 리스크가 존재하는 기간이 얼마나 길었는지는 고려하지 않는다.

위험 대비 수익률을 계산하는 더 나은 방식: ETR 컴포트 지수

나는 28년간은 고객의 자산을, 거의 50년간은 나의 자산을 운용했다. 그 과정에서 자본 곡선 때문에 트레이더가 투자 전략을 수정하거나 망치거나 폐기하는 양상을 많이 접했다. 손실폭이 50퍼센트나 되지만 탁월한 장기 연평균수익률$_{CAGR}$을 보여 주는 화려한 투자 실적에 투자자들이 혹하는 것을 보면 놀라울 따름이다. 전형적인 보통의 투자자가 포트폴리오에서 50퍼센트나 손실이 나는데도 계속 남아서 장기 실적을 누릴 일은 거의 없다. 대다수는 15퍼센트나 20퍼센트의 손실이 나는 기간도 버티지 못한다!

그렇다면 고객과 트레이더는 성과 측면에서 어떤 경우에 투자 전략을 포기하게 될까? 나는 두 가지 경우가 있다고 본다. 하나는 손실폭이 견딜 수 있는 수준을 넘어서는 것이고, 다른 하나는 손실이 나는 기간이 너무 길어지는 것이다. 다시 말해서 일시적으로 5퍼센트의 손실이 난다고 해서 흔들릴 투자자는 거의 없다. 하지만 그 상태가 몇 년간 지속되면 견디기 어렵다. 다른 한편, 순식간에 30퍼센트의 손실이 나는 경우에도 다수는 바로 계획을 폐기할 것이다.

나는 공학을 전공한 덕분에 세상을 약간 다른 관점으로 바라보게 되었다. 위험 대비 수익률을 계산하는 방식이 그중 하나다. 내가 보기에는 트레이더와 고객으로 하여금 해야 할 일을 계속하게 만들려면 심리적 편안함이 필요하다. 손실이 고통이나 인내심의 경계를 넘어서 불편함을 초래하는 순간 다른 좋은 아이디어를 찾게 된다.

나는 적분에 바탕을 둔 개념을 활용하여 손실의 규모와 손실이 나는 기간의 길이가 초래하는 불편함의 정도를 측정하는 척도를 만들었다. 달리 보면 수익률이 고점을 찍었다고 해서 고객들이 내게 불편한 기억은 없다. 그래서 나는 다음과 같은 공식을 만들었다.

ETR 컴포트 지수=편안함의 정도/불편함의 정도

그다음 어느 정도의 손실이 불편함을 초래하는지(손실률 경계) 그리고 손실 기간이 얼마나 지속되면 불편함이 생기는지(손실 기간 경계)를 포착하는 몇 가지 변수를 포함해야 한다. 대다수 투자자로 하여금 10퍼센트 이상의 손실 또는 6개월 이상 지속되는 손실은 전략을 바꾸어야 한다는 생각을 하게 만들 것이다.

불편함의 정도는 정해진 손실 경계를 넘어선 각 기간 동안 발생한 하락폭의 합으로 계산된다. 해당 경계를 넘어선 후부터 신고점으로 돌아와 편안한 수준으로 복귀할 때까지 각 기간의 하락폭을 더하면 된다.

편안함의 정도는 불편함의 정도와 반대다. 신고점에 이른 후 거기서 더 오를 때마다 상승폭을 파악하면 된다. 상승폭은 지난 하락이 끝난 후 저점에서 오른 폭을 말한다. 다음에 손실 경계를 넘을 때까지 모든 상승폭을 더하면 된다. 그때는 다시 해당 기간의 손실폭을 더하여 불편함의 정도를 구하면 된다. 편안함의 정도는 근본적으로 편안한 시기의 길이와 상승폭을 말한다.

ETF 컴포트 지수는 단순히 편안함의 정도/불편함의 정도로 계산된다.

간단한 예: 미 국채

걷잡을 수 없는 인플레이션이나 다른 리스크가 발생하는 경우를 무시한다면 금융계 전반에서 '무위험 수익률'을 구하는 계산에 활용되는 것이 바로 미 국채다. 만기가 아주 짧은 미 국채를 보유하여 손실이 나는 기간이 0이거나 0에 가깝다면 거의 매일이 편안한 날로서 신고점을 찍을 것이다. 손실이 나는 날은 거의 하루도 없을 것이다. 따라서 해당 기간의 합은 0에 가까울 것이다.

ETR 컴포트 지수(미 국채)=계속 증가하는 양수/0=무한

다시 말해서 미 국채의 ETR 컴포트 지수는 아주 높다.

또 다른 예: S&P 500 지수

나는 1993년부터 이 글을 쓰는 지금까지 20년에 걸쳐 S&P 500 지수의 월간 데이터를 확보했다. 그다음 간단한 도표를 만들어서 S&P 500 지수에 대한 매수 후 보유 전략과 타이밍 전략의 ETR 컴포트 지수를 계산했다. 215쪽의 차트는 그 결과를 보여 준다.

차트를 보면 초기 수치 설정 이후(1993~2002년) 매수 후 보유 접근법에 대한 ETR 컴포트 지수가 데이터가 끝나는 2019년까지 0.2에서 0.6 사이에 머무는 것을 볼 수 있다. 2008년의 약세장은 매수 후 보유 접근법의 지수를 저점으로 떨어트렸다. 반면 타이밍 접근법은 2017년에 저점으로 떨어졌다. 또한 2016년 이후 두 접근법의 지수는 강세장과 더불어 꾸준히 높아졌다. 중요한 점은 장기적으로 타이밍 접근법의 컴포트 지수가 매수 후 보유 접근법의 컴포트 지수보다 훨씬 높다는 것이다. 따라서 투자자들이 이따금 50퍼센트의 손실을 입는 전통적인 '매수 후 기도' 전략보다 타이밍 전략을 장기적으로 더 편하게 여기는 것은 놀랄 일이 아니다.

ETR 컴포트 지수를 어떻게 계산할까?

아주 큰 도표의 작은 부분이 216쪽의 차트를 만드는 데 활용되었다. 수치를 더할 때 두 가지 조건이 있다. 첫째, 손실률 경계나 손실 기간 경계를 넘은

● S&P 500 지수에 대한 매수 후 보유 전략 대 50일 및 200일 이동평균을 활용한 '타이밍' 전략
의 VAMI_{Value Added Monthly Index} (부가가치 월간지수: 1,000달러를 투자했을 경우의 수익률—옮긴이) 비교

● 타이밍 전략 대 매수 후 보유 전략의 컴포트 지수 비교

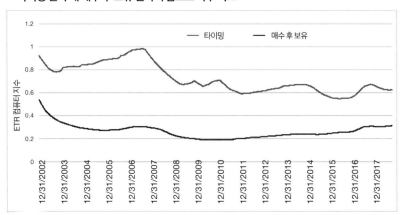

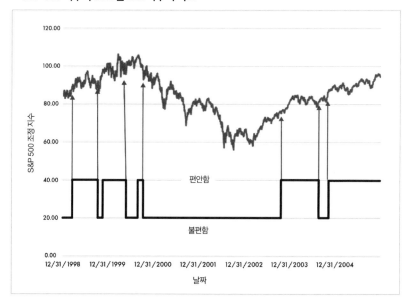

이후 누적된 하락폭을 계속 더한다.

그러다가 신고점이 달성되면 바로 상승폭에 집중해야 한다. 상승폭의 저점은 지난 하락이 시작되었을 때의 전고점이다. 누적 하락폭과 누적 상승폭에 대한 데이터가 확보되면 마침내 첫 ETR 컴포트 지수를 계산할 수 있다. 다만 이 시점에서는 데이터가 한정적이며, 등락이 더 진행됨에 따라 지수가 안정될 것임을 알아야 한다.

도표 사례

뒤의 도표 사례를 보면 '편안함 Y 또는 N?'이라는 열이 있다. 이 열은 짧은 시간 동안 불편함이 편안함으로 바뀌는 것을 보여 준다. 불편한 기간 동안

날짜	S&P 500 조정 지수	수익률 S&P 500 X열	일 평균 X 일 수익률	VAMI X 일 수익률	VAMI 최대치	현재 하락폭 (%)	편안함 경계 조과 하락폭 (%)	하락 일수	편안함 Y 또는 N?	누적 불편함 (%)	상승폭 저점($)	현재 상승폭 (%)	누적 편안함 (%)	컴포트 지수
29/03/2019	279.82	1.81%	0.09%	13978.24	14239.66	-1.84%	0.00%	117	N	-45116%	13495.84	5.51%	13715%	0.304
01/04/2019	283.14	2.38%	0.11%	13994.07	14239.66	-1.72%	0.00%	118	N	-45117%	13495.84	5.51%	13715%	0.304
02/04/2019	283.28	2.80%	0.13%	14012.75	14239.66	-1.59%	0.00%	119	N	-45119%	13495.84	5.51%	13715%	0.304
03/04/2019	283.72	3.10%	0.15%	14033.46	14239.66	-1.45%	0.00%	120	N	-45120%	13495.84	5.51%	13715%	0.304
04/04/2019	284.48	4.01%	0.19%	14060.24	14239.66	-1.26%	0.00%	121	N	-45122%	13495.84	5.51%	13715%	0.304
05/04/2019	285.85	5.39%	0.26%	14096.35	14239.66	-1.01%	0.00%	122	N	-45123%	13495.84	5.51%	13715%	0.3039
08/04/2019	286.07	5.68%	0.27%	14134.51	14239.66	-0.74%	0.00%	123	N	-45123%	13495.84	5.51%	13715%	0.3039
09/04/2019	284.61	3.64%	0.17%	14159.01	14239.66	-0.57%	0.00%	124	N	-45124%	13495.84	5.51%	13715%	0.3039
10/04/2019	285.58	3.60%	0.17%	14183.3	14239.66	-0.40%	0.00%	125	N	-45124%	13495.84	5.51%	13715%	0.3039
11/04/2019	285.5	2.89%	0.14%	14202.84	14239.66	-0.26%	0.00%	126	N	-45125%	13495.84	5.51%	13715%	0.3039
12/04/2019	287.43	3.66%	0.17%	14227.57	14239.66	-0.08%	0.00%	127	N	-45125%	13495.84	5.51%	13715%	0.3039
15/04/2019	287.24	3.08%	0.15%	14248.42	14248.42	0.00%	0.00%	0	Y	-45125%	14239.66	0.06%	13715%	0.3039
16/04/2019	287.43	2.77%	0.13%	14267.24	14267.24	0.00%	0.00%	0	Y	-45125%	14239.66	0.19%	13715%	0.3039
17/04/2019	286.72	2.50%	0.12%	14284.2	14284.2	0.00%	0.00%	0	Y	-45125%	14239.66	0.31%	13715%	0.3039
18/04/2019	287.29	3.01%	0.14%	14304.66	14304.66	0.00%	0.00%	0	Y	-45125%	14239.66	0.46%	13716%	0.304
22/04/2019	287.54	1.95%	0.09%	14317.92	14317.92	0.00%	0.00%	0	Y	-45125%	14239.66	0.55%	13716%	0.304
23/04/2019	290.12	4.88%	0.23%	14351.19	14351.19	0.00%	0.00%	0	Y	-45125%	14239.66	0.78%	13717%	0.304
24/04/2019	289.48	4.73%	0.23%	14383.5	14383.5	0.00%	0.00%	0	Y	-45125%	14239.66	1.01%	13718%	0.304
25/04/2019	289.3	3.89%	0.19%	14410.13	14410.13	0.00%	0.00%	0	Y	-45125%	14239.66	1.20%	13719%	0.304
26/04/2019	290.65	4.92%	0.23%	14443.89	14443.89	0.00%	0.00%	0	Y	-45125%	14239.66	1.43%	13721%	0.3041
29/04/2019	291.1	4.69%	0.22%	14476.14	14476.14	0.00%	0.00%	0	Y	-45125%	14239.66	1.66%	13723%	0.3041

날짜	S&P 500 조정 지수	수익률 S&P 500 X일	일 평균 X 일수익률	VAMI X 일 평균	VAMI 최대치	현재 하락폭 (%)	편안함 경계 초과 하락폭 (%)	하락 일수	편안함 Y 또는 N?	누적 불편함 (%)	상승폭 저점 ($)	현재 상승폭 (%)	누적 편안함 (%)	컴포트 지수
30/04/2019	291.25	4.09%	0.19%	14504.3	14504.3	0.00%	0.00%	0	Y	-45125%	14239.66	1.86%	137724%	0.3041
01/05/2019	289.06	2.09%	0.10%	14518.75	14518.75	0.00%	0.00%	0	Y	-45125%	14239.66	1.96%	137726%	0.3042
02/05/2019	288.44	1.82%	0.09%	14531.34	14531.34	0.00%	0.00%	0	Y	-45125%	14239.66	2.05%	137728%	0.3042
03/05/2019	291.26	2.66%	0.13%	14549.73	14549.73	0.00%	0.00%	0	Y	-45125%	14239.66	2.18%	137731%	0.3043
06/05/2019	290.06	1.96%	0.09%	14563.34	14563.34	0.00%	0.00%	0	Y	-45125%	14239.66	2.27%	137733%	0.3043
07/05/2019	285.22	-0.22%	-0.01%	14561.8	14563.34	-0.01%	0.00%	1	Y	-45125%	14239.66	2.27%	137735%	0.3044
08/05/2019	284.82	-0.44%	-0.02%	14558.77	14563.34	-0.03%	0.00%	2	Y	-45125%	14239.66	2.27%	137737%	0.3044
09/05/2019	283.96	-0.23%	-0.01%	14557.2	14563.34	-0.04%	0.00%	3	Y	-45125%	14239.66	2.27%	137740%	0.3045
10/05/2019	285.39	-0.07%	0.00%	14556.75	14563.34	-0.05%	0.00%	4	Y	-45125%	14239.66	2.27%	137742%	0.3045
13/05/2019	278.22	-2.55%	-0.12%	14539.07	14563.34	-0.17%	0.00%	5	Y	-45125%	14239.66	2.27%	137744%	0.3046
14/05/2019	280.73	-2.33%	-0.11%	14522.94	14563.34	-0.28%	0.00%	6	Y	-45125%	14239.66	2.27%	137746%	0.3046
15/05/2019	282.38	-1.69%	-0.08%	14511.23	14563.34	-0.36%	0.00%	7	Y	-45125%	14239.66	2.27%	137749%	0.3047
16/05/2019	284.99	-0.85%	-0.04%	14505.37	14563.34	-0.40%	0.00%	8	Y	-45125%	14239.66	2.27%	137751%	0.3047
17/05/2019	283.15	-1.25%	-0.06%	14496.76	14563.34	-0.46%	0.00%	9	Y	-45125%	14239.66	2.27%	137753%	0.3048
20/05/2019	281.28	-2.09%	-0.10%	14482.31	14563.34	-0.56%	0.00%	10	Y	-45125%	14239.66	2.27%	137756%	0.3048
21/05/2019	283.81	-1.30%	-0.06%	14473.38	14563.34	-0.62%	0.00%	11	Y	-45125%	14239.66	2.27%	137758%	0.3049

• 불편한 기간은 누적 불편함 옆에 누적됨
• 편안한 기간은 누적 편안함 옆에 누적됨
• 컴포트 지수는 누적 편안함/누적 불편함으로 구함

누적 불편함 열의 수치는 현재 하락폭만큼 매일 증가한다. 반면 누적 편안함 열의 수치는 바뀌지 않는다. 편안한 기간에는 누적 편안함 열의 수치가 매일 증가한다. 반면 누적 불편함 열의 수치는 바뀌지 않는다.

손실률 및 손실 기간 경계는 -5퍼센트와 100일로 설정되었다. 당연히 손실률 경계를 낮추거나 기간 경계의 일수를 늘리면 같은 기간에 같은 투자 상품에 대해 ETR 컴포트 지수가 증가한다. 이 도표는 enjoytheride.world 웹사이트에 있는 엑셀용 ETR 트레이딩 도구의 개정판에서 가져온 것이다.

결론 및 제안

나는 ETR 컴포트 지수가 투자자와 트레이더들이 '경로를 유지할지' 아니면 '포기할지'를 결정할 때 중시하는 것을 더욱 정확하게 측정한다고 믿는다. 이 지수는 그 자체만으로는 그다지 유용하지 않을 수 있다. 그러나 다른 전략이나 운용 프로그램에 적용하면 서로를 비교할 수 있는 능력이 생긴다. 지수가 높을수록 해당 전략의 편안함이 증가한다. 지수가 낮을수록 해당 전략을 따를 때 더 많이 근심하게 된다.

고객이나 트레이더가 전략을 계속 고수하면서 현실화하지 않으면 장기 실적은 아무 쓸모가 없다는 사실을 명심하라. 머니 매니저로서 내가 직면한 가장 큰 난관 중 하나는 언제나 투자자들에게 좋은 투자 관행을 교육시키는 한편, 비합리적이고 감정적인 결정을 내리지 말고 좋은 투자 관행을 장기적으로 따라야 한다고 설득하는 것이었다. 트레이더들에게 힘든 일 중 하나는 불리한 시장 여건에서 시험받을 때도 전략에 대한 편안함을 유지하는 것이다. 대다수 투자자와 트레이더는 손실폭에 대한 자신의 감수도와 돈을 벌지 못하면서 보내는 시간에 대한 자신의 인내심을 과소평가한다.

컴포트 지수는 기간과 무관하게 계산할 수 있다. 앞서 나온 S&P 500 지수의 사례는 일간 데이터를 토대로 삼았으며, 20년의 기간을 포괄한다. 이는 ETR 컴포트 지수를 활용하는 가장 쉽고도 흔한 방식일 것이다. 많은 투자자는 매니저나 증권사에서 제공하는 내역을 보고 월 단위로 포트폴리오의 현황을 확인한다. 그래서 컴포트 지수를 계산할 때 대략 한 달 동안의 거래일인 21일을 적용했다.

하지만 우리는 즉각적으로 정보가 주어지는 시대에 살고 있다. 모두가 일간 데이터를 검색하고 있기 때문에 원한다면 매일 ETR 컴포트 지수를 계산할 수도 있다. 계산 방식은 동일하며, 마찬가지로 쉽다. 다만 나의 경험에 따르면 대다수 고객은 일간 데이터를 일일이 살피지 못하며, 시장의 변동을 견디지 못할 것이다. 따라서 한 달에 한 번 현황을 점검하는 것이 좋다.

ETR 컴포트 지수는 투자/트레이딩 전략을 개발하는 데 탁월한 도구가 될 것이다. 투자/트레이딩에서 특정한 전략을 활용하면 얼마나 마음이 편한지를 보여 주기 때문이다. 과거의 데이터에 대한 시뮬레이션 결과는 미래의 수익을 말해 주지 않는다는 오랜 주의 사항은 옳다. 그러나 어떤 전략의 역사적인 변동성은 향후에도 유지되는 경향을 지닌다. 나는 어떤 전략에 대한 컴포트 지수도 장기적으로 안정적일 것이라고 예상한다.

투자자들은 시장이 강하고 신고점을 찍을 때 투자하고, 하락할 때 당황하면서 저점에서 돈을 빼는 경향이 있다. ETR 컴포트 지수는 많은 시장 척도처럼 지수가 아주 높은 수준으로 오르고, 시장이 과매수 상태가 되고, 투자자들이 흥분할 때 투자자/트레이더의 심리를 측정하는 데 도움이 된다. 지수가 낮을 때는 투자자들이 시장을 좋아하지 않으며, 시장은 반등할 여지를 지닌 과매도 상태일 가능성이 높다. 이처럼 ETR 컴포트 지수를 활용하는 방법에 대한 보다 많은 연구가 필요하다.

리밸런싱과 결합한
자산배분 전략의 가치

왜 자산배분과 리밸런싱~Rebalancing~(운용 자산이 포트폴리오에서 차지하는 비중을 재조정하는 것—옮긴이)이라는 귀찮은 작업을 하는 것일까?

매달 우리는 다양한 고객으로부터 투자금을 추가하거나 인출하거나 재배분해 달라는 팩스, 이메일, 전화를 받는다. 이 작업은 고객과 우리 모두에게 상당한 수고를 요한다. 실제로 우리가 운용하는 프로그램 중 하나는 다른 프로그램들에 대한 것이며, 5개의 차별적인 전략을 포괄한다. 각각의 전략은 독자적인 위험 대비 수익률 특성과 증거금 요건과 성격을 지닌다. 이 점은 고객들이 가진 문제를 우리에게도 안긴다. 각 투자 상품에 얼마를 투사해야 하며, 얼마나 자주 비중을 조정해야 할까? 트렌드스탯의 목표는 이런 콘셉트들을 통해 위험 대비 수익률을 개선하는 것이다. 그래서 나는 이 연구에서 자산배분의 몇 가지 측면을 검증했다.

연구 배경

먼저 기준 사례가 필요했기 때문에 나는 우리가 쓰는 5가지 전략을 통합했다. 각 전략의 비중은 20퍼센트였으며, 리밸런싱은 하지 않았다. 나는 데이터가 확보된 86개월에 걸쳐 각 전략의 개별적인 수익과 손실을 따졌다.

그다음 세 가지 추가 사례를 설정했다. 첫 번째는 각 전략의 비중을 20퍼센트로 유지하고, 매달 말에 같은 비중으로 리밸런싱을 했다. 이 콘셉트는 우수한 투자 상품(부자)에서 부진한 투자 상품(빈자)으로 자산을 옮기기 때문에 '로빈후드' 자산배분 접근법으로 불렸다. 나는 1994년 6월에 《MAR》에 이 콘셉트에 대한 연구 결과를 실었다.

두 번째는 20일에 걸친 극단적 변동성의 역$_{Inverse}$을 바탕으로 삼는 우리의 자산배분 전략을 활용했다. 우리가 자체적으로 연구한 결과 이 콘셉트는 전통적인 변동성 기반 자산배분 전략보다 탄탄했다. 현재 우리는 이런 방식으로 대표 프로그램에 대한 자산배분을 실행한다.

세 번째는 리밸런싱과 극단적 변동성 콘셉트를 결합하고 그에 따른 효과를 파악했다. 나는 수익률, 위험, 위험 대비 수익률에 대한 많은 표준 척도를 활용하여 여러 사례를 분석했다.

연구 결과

나는 기본 사례의 수익률 및 위험 잠재력이 더 클 것이라고 예상했다. 리밸런싱을 하지 않기 때문에 빠르게 움직이는 성공적인 전략이 후반에 더 큰 비중을 차지할 것이기 때문이었다. 이런 양상은 최고의 월 수익률과 최고 및 최저 12개월 수익률에서 드러났다. 기본 사례는 해당 통계에서 최고의 결과를 냈다.

리밸런싱은 위험 대비 수익률 및 위험에 대한 모든 척도에서 기본 사례를 개선했다. 이 전략은 또한 대상 기간에 걸쳐 수익이 나는 달이 차지하는 비중을 높였다. 그리고 검증한 모든 사례에 있어서 대상 기간에 걸쳐 최고의 연환산수익률을 기록했다. 따라서 이 경우처럼 비중이 동일하다고 해도 원래 설계한 대로 포트폴리오의 비중을 계속 조정하는 것이 합리적이다.

모든 투자자와 모태펀드 매니저는 동일한 비중을 적용하는 전략보다 나은 전략을 시도한다. 우리는 극단적인 변동성을 토대로 비중을 배분하여 성공을 거둔 일부 사례를 확인했다. 이 전략은 극단적인 변동성을 보이는 시장이나 대규모 수익이나 손실이 날 수 있는 어려운 시기에 강력하게 대처하기 때

● 표 A : 자산배분 및 리밸런싱의 다양한 방식

	기본 사례	리밸런싱	극단적인 변동성	두 콘셉트 모두
전반적인 퍼센트	17.42%	**17.83%**	16.61%	17.25%
최대 손실폭	-11.73%	-9.91%	-8.57%	**-8.09%**
최고 월 수익률	**12.18%**	11.64%	11.36%	10.62
최저 월 수익률	-9.08%	-8.87%	-7.87%	**-7.91%**
월 표준편차(%)	4.17%	4.00%	3.68%	**3.59%**
수익률/최대 손실폭	1.48	1.8	1.94	**2.13**
수익률/표준편차	4.18	4.46	4.52	**4.8**
최고 12개월 수익률	**41.21%**	40.12%	40.47%	38.55%
최저 12개월 수익률	**0.98%**	-1.31%	-2.87%	-3.47%
소르티노 지수(0%)	1.88	2	2.01	**2.16**
샤프 지수	1.26	1.31	1.26	**1.32**
수익 월 퍼센트	65.10%	67.40%	67.40%	**68.60%**

● 굵게 표시된 수치는 모든 사례에 걸쳐 최고의 실적을 나타낸다.

● 계산에 활용한 요소:
소르티노 지수=연환산수익률/연환산 손실 월
샤프 지수=연환산(월 수익률-미 국채 월 수익률)/전체 12개월의 표준편차

문이다. 이 사례는 극단적인 변동성을 토대로 포트폴리오를 설정한 다음 리밸런싱 없이 놔두는 방식을 가정했다.

이 방식은 또한 기본 사례에 대비하여 샤프 지수 외에 모든 위험 대비 수익률 척도를 개선했으며, 수익이 난 달의 비중을 높였다.

끝으로 나는 자산배분 전략을 통합한 다음 매달 극단적인 변동성 기반 목표 비중에 따라 리밸런싱을 했다. 우리는 이 방식으로 대표 프로그램을 운영한다. 그 결과를 보면 모든 사례에 걸쳐서 가장 높은 위험 대비 수익률, 거의 모든 사례에 걸쳐 가장 낮은 리스크 척도, 아주 약간 낮은 수익률이 나왔다. 수익이 나는 달의 비중도 모든 사례 중에서 가장 높았다.

연구 결과의 의미

이 연구는 무엇보다 합리적인 자산배분 전략이 그저 동일한 비중을 두는 것보다 나은 수익률을 안긴다는 나의 믿음을 뒷받침했다. 또한 꾸준한 리밸런싱은 위험 대비 수익률을 높인다는 점도 보여 주었다. 이 둘을 조합하는 전략은 더욱 강력하며, 명백하게 전체 포트폴리오에 가치를 더한다.

대다수 투자자와 모태펀드 매니저는 임의적이거나 자의적이라 해도 자산배분 전략을 갖고 있다. 그러나 투자 매니저로 일한 나의 경험에 따르면 모든 고객이 가능한 만큼 또는 필요한 만큼 리밸런싱을 하지는 않는다. 이 연구는 자산배분 및 리밸런싱 기법을 활용하여 위험 대비 수익률을 높일 동기를 부여한다.

또한 이 연구는 개별 투자 매니저들이 단일 매니저, 복합 전략 펀드를 더 많이 만들 수 있는 정당성을 제공한다. 모태펀드, 신탁운용사, 패밀리 오피스

Family Office(부호들의 자산을 운용하는 개인 운용사—옮긴이)들은 포트폴리오를 분산화하면 위험 대비 수익률이 개선된다는 사실을 오랫동안 알고 있었다. 그러나 그들이 지닌 한 가지 불리한 점은 상업적으로 이용할 수 있는 전략에 배분해야 한다는 것이다. 그에 따라 투자 한도가 있거나 최소 투자액이 투자 가능 금액보다 높거나 수익/손실 특성이 특이해서 매니저가 상업적으로 쓸 수 없는 많은 전략이 제거된다.

개인 투자 매니저는 그런 제약을 받지 않는다. 그들은 잠재 고객이 어떻게 생각할지는 신경 쓰지 않고 복수 전략 프로그램을 분산화할 수 있도록 설계된 전략을 얼마든지 활용할 수 있다. 복수 전략 펀드를 설계하는 단계에서 그들의 목표는 고객에게 최고의 위험 대비 수익률을 제공할 수 있도록 여러 전략을 통합하는 것이다. 합당한 전략을 개발하고, 타당한 계획에 따라 배분하며, 자주 목표 자산배분 비중으로 리밸런싱하면 전반적인 실적에 분명히 가치를 더할 수 있으며, 최고의 위험 대비 수익률도 제공할 수 있다.

혼란한 와중에 좋은 투자 심리를 유지하는 일에 대한 생각

2001년 9월 11일부터 9월 17일까지 6일간 이소룡 영화를 본 듯한 기분을 떨칠 수가 없었다. 나는 아직 착한 사람들이 심각한 편견을 가진 나쁜 사람들을 물리치는 영화의 끝은 보지 못했다. 나는 대개 삶을 영화처럼 바라본다. 그래서 플롯이 어디로 흘러갈지 추측하기는 하지만 때때로 깜짝 놀라곤 한다. 나는 지난 플롯을 기억하기는 하지만 그때로 되돌아갈 수는 없다. 영화에서 그렇듯이 삶에서 우리가 명확하게 볼 수 있는 유일한 장면은 지금 우리 눈앞에 있다.

트레이딩은 삶의 영화와 비슷하다. 9월 11일에 일어난 일은 놀랍고 끔찍했다. 하지만 바로 그 순간 그리고 그 이후의 다른 모든 순간에도 투자자와 트레이더들은 주어진 순간에 집중해야 한다. 여건은 바뀐다. 그래도 현재 상황에 대한 초점은 바뀌지 말아야 한다. 미래를 예측하거나 과거를 회고하는 것은 나름의 매력을 지니며, 미디어는 세상이 돌아갈 수 있는 50가지 방식을 즐겨 추측한다.

그러나 미래에 대한 추정은 바로 지금 해야 하고, 무엇을 할 수 있는지에 대해 집중하는 것을 허용하지 않는다. 작년에 한 거래는 바꿀 수 없다. 다음 주의 거래도 지금 할 수 없다. 다음 주는 아직 오지 않았기 때문이다. 오직 지금 거래를 하거나 주문을 넣을 수 있을 뿐이다. 삶이라는 영화의 현재 장면에 집중하면 지금처럼 변동성이 심한 여건에서도 적절한 자리에 있을 수 있다.

TREND FOLLOWING
MINDSET

상승장, 하락장, 횡보장의 기간에 대한 연구(2018년 개정본)

연구 목적

나는 1992년에 시장의 상승기, 하락기, 횡보기가 얼마나 되는지를 연구했다. 이 연구는 당시 다음과 같은 여러 혜택을 안겼다.

1. 트렌드스탯의 이름을 자산운용 산업의 전면으로 부각시켰다.
2. 리스크를 줄이는 데 있어서 마켓 타이밍의 가치를 다시 보여 주었다.
3. 개인적으로 트레이딩에서 수익을 추구할 때 보다 인내심을 갖도록 도와주었다. 대다수 수익은 전체 트레이딩 기간 중에서 아주 작은 비중을 차지하는 기간과 아주 작은 비중의 트레이딩에서 나오기 때문이다.

연구 방식

원래 연구는 1964년 1월부터 1992년 7월에 걸친 데이터를 분석했다. 당시 트렌드스탯의 모델은 쉽게 설명하기에는 너무 복잡했다. 그래서 나는 단순한 지수 이동평균 교차 모델을 활용하여 매수 및 매도 신호를 만들었다. 새로운 연구에서는 10일 지수 이동평균 대 50일 지수 이동평균을 활용하여 장기적이고도 쉽게 실행할 수 있는 전략을 적용하기로 했다. 10일 지수 이동평균이 50일 지수 이동평균을 상방으로 지나면 '매수' 신호이고, 하방으로 지나면 '매도' 신호다. 또한 단순화를 위해 종가만 활용했다.

그다음 이 모든 신호를 상승장, 하락장, 횡보장으로 나누었다. 이를 위해 모든 '매수' 신호가 5퍼센트 이상의 수익을 올리면 '상승장', 모든 '매도' 신호가 최소 5퍼센트의 손실을 내면 '하락장'으로 간주했다. 또한 신호에 따른 수익률이 -5퍼센트에서 +5퍼센트 사이이며, 어느 방향으로도 움직임이 나오지 않는 경우는 '횡보장'으로 간주했다.

나는 데이터에 이 프로그램을 적용하고 다양한 척도를 통해 결과를 집계했다.

지수 이동평균

잠시 곁길로 빠져서 지수 이동평균부터 정의하도록 하자. 먼저 이동평균의 일수를 토대로 가중치를 계산해야 한다. 그 공식은 다음과 같다.

매일의 지수 이동평균은 오늘의 종가와 평균의 차이에 가중치를 곱한 다음 전날 평균에 더하여 계산된다. 이 방식은 오늘의 데이터 중 아주 작은 부분만 평균에 더한다. 가령 평균이 110이고 오늘의 종가가 120이라면 다음과 같이 10일 지수 이동평균을 구할 수 있다.

새로운 지수 이동평균=110+0.1818×(120-110)=111.82

● **결과:**

거래 횟수	31	16	366	1	413
거래 횟수(%)	7.51	3.87	88.62	100	100
일수	5767	1862	12007	19636	19636
일수(%)	29.37	9.48	61.15	100	100
수익률(%)	464.03	206.56	-492.35		
CAGR(%)				6.90%	4.36%
평균(%)	14.97	12.91	-1.35		
거래당 최대치				-56.78	-25.36

● 타이밍 전략 계산에 대해 롱 포지션만 활용함

● 참고: 이 연구에 활용된 데이터베이스는 1964년 2월 1일부터 2018년 1월 10일까지 54.75년에 걸친 것이다.

결론

1. 대부분의 기간(61%)은 횡보장으로서 추세추종자는 거의 가치를 더

하지 못하거나 마이너스 수익률을 냈다. 그러나 각 거래에서 나온 손실은 작았다(-1.35%).

2. 상승장(평균 +14.97%)과 하락장(+12.91% 손실 회피)에서 모두 가치가 더해졌다.

3. 타이밍은 리스크를 줄였다(-25.36% 최대 손실폭 대 -56.78% 매수 후 보유 시 최대 손실폭)

4. 전체 기간 중 29퍼센트만 상승장이었다.

5. 전체 기간 중 9퍼센트만 하락장이었다.

6. 10일 및 50일 지수 이동평균 교차 시스템은 연간 약 6.5회의 왕복 거래~Round Turn~(13회 거래)를 기록했다. 이는 한 달에 약 한 번으로, 타이밍 전략은 그다지 적극적이지 않았다.

7. 매수 후 보유 전략은 측정한 기간에 걸친 전반적인 상향 편의~Upward Bias~(구조적 요인에 따라 통계 수치가 상향되는 경향—옮긴이) 때문에 타이밍 전략을 이겼다.

8. 매수 중심 타이밍 전략은 매수 후 보유 접근법보다 낮기는 하지만 훨씬 적은 리스크로 플러스 수익률을 올렸다.

연구 결과에 대한 나의 관점은 다음과 같다.

트레이딩에서 행복하고 장기적인 성공을 거두는 비결은 절제력을 유지하면서 전략을 고수하는 것이다. 다만 그 전략이 애초에 예상한 방식으로 작동해야 한다. 주식에 투자했는데 61퍼센트의 기간 동안 시장이 별다른 움직임을 보이지 않을 수 있다. 이때는 그다지 수익이 없는 트레이딩을 하면서 많은 시간을 보낼 수 있음을 깨달아야 한다. 타이밍 전략은 39퍼센트의 기간 동안만 가치를 더한다. 인내심을 키우고 전략이 상승장, 하락장, 횡보장을 거칠 시간을 줘라. 각 유형의 시장에 어떻게 대응하는지 보라. 예상한 반응이 나왔다면 경로를 유지하라.

상황이 어려워지면 전략을 포기하는 트레이더가 적지 않다. 물론 56퍼센트가 넘는 손실폭을 버틸 트레이더가 얼마나 될지는 모르겠다. 거기에는 나도 포함된다. 머니 매니저로서 고객을 상대하고 트레이더로 활동한 나의 경험에 비추어 볼 때 내가 아는 사람 중에서 매수 후 보유 전략을 계속 고수할 사람은 거의 없다. 장기적으로 너무 많은 리스크가 있으며, 결국 전략은 폐기된다. 추세에 맞춰서 포트폴리오의 포지션을 잡는 방식은 트레이더가 정신적으로 균형을 유지하도록 해 준다는 측면에서 더 합리적이다. 그래야만 계획을 고수할 수 있다. 아주 오랫동안 또는 아주 많이 손실이 나는 상황을 계속 버틸 사람은 드물다.

마켓 타이밍 전략에 대한 재고

우리는 온갖 주장을 들었다.

매수 후 보유 전략 신봉자들은 타이밍 전략으로 시장을 이길 수 없다고 장담한다. 그들은 타이밍 전략에 따른 비용을 지적한다. 또한 그들은 주식시장에서 최고의 날들을 놓쳐서 얻지 못하는 많은 수익을 지적한다. 그러나 나쁜 날들을 피하는 일과 그것이 포트폴리오와 심리에 미치는 영향에 대한 얘기는 하지 않는다(자세한 내용은 잠시 후에 다루도록 하자). 그들은 타이밍 전략이 복잡하고, 실행하기에는 너무 어려우며, 그래서 바보만 시도할 것처럼 얘기한다.

그렇다면 우리는 아주 끈질긴 바보인 게 분명하다. 지금까지 약 17년 동안 이런저런 형태로 마켓 타이밍 전략을 따랐기 때문이다. 내가 매수 후 보유 전략을 따랐다면 결코 마음이 편치 않았을 것이다. 투자상담사들은 타이밍 전략이 통하지 않는다고 말할 게 아니라, 위험도는 낮으면서도 수익 흐름을 수반하는 또 다른 접근법으로 대해야만 한다. 나는 모두가 일정한 형태의 타이밍 전략을 잘 분산된 포트폴리오의 일부로 삼아야 한다고 주장한다.

타이밍 전략에 대한 합리적 연구의 구성

첫 번째 단계는 타이밍 전략을 구성하는 요소를 이해하는 것이다. 기본적이지만 효과적인 타이밍 전략으로서 누구나 계산기나 스프레드시트로 실행할 수 있다. 이 전략은 단순한 이동평균을 활용하는 추세추종 방식으로 거래 타이밍을 포착한다.

이동평균은 일간 변동폭의 잡음을 최소화함으로서 시장의 전반적인 방향에 초점을 맞추도록 해 준다. 이동평균을 여러 날에 걸친 가격의 조합이라고 생각하라. 이동평균은 특정한 날이 의사결정에 미치는 영향을 줄여 준다. 많은 투자상담사는 다양한 이동평균을 활용한다. 이동평균은 시장의 모든 주요 상방 움직임을 예측하도록 해 주기 때문이다.

이동평균을 부지런히 따라가면 주요 움직임을 놓칠 일이 없다. 이동평균은 또한 일정한 시점에 하락장에서 발을 빼도록 함으로써 포트폴리오의 가치를 보존한다. 이동평균을 활용하는 방식이 지니는 단점은 횡보하는 들쑥날쑥한 시장에서는 오래 지속되지 않는 신호가 많이 나온다는 것이다. 그래서 다수가 손실을 내는 가운데 짧게 끝나는 거래를 자주 하게 된다. 이런 양상을 대개 '휩소'라 부른다.

먼저 우리는 0.05 평활 상수Smoothing Constant(데이터를 정돈하기 위해 오차에 적용되는 가중치—옮긴이)를 활용하여 느린 지수 이동평균을 만들었다. (구체적인 공식은 이 글의 끝에 나온다.) 그다음 우리는 0.3의 빠른 평균을 활용하여 두 번째 지수 이동평균을 만들었다. 대다수 단순 이동평균 전략이 그렇듯이 빠른 이동평균이 느린 이동평균 위에 있을 때가 매수할 때다. 반대로 빠른 이동평균이 느린 이동평균 아래에 있을 때는 매도할 때다. 시장에서 발을 뺀 동안에는 미 국채 3개월물의 수익률을 적용했으며, 시장에 들어갈 때는 S&P 500 지수에 투자했다. S&P 500은 지수이기 때문에 직접 투자할 수는 없다. 대신 인덱스 펀드와 다양한 ETF를 비롯한 수많은 대리 투자 상품이 존재한다.

타이밍 전략 연구에 대한 한 가지 비판은 거래 비용을 포함하지 않아서 과도하게 낙관적인 수익률이 나온다는 것이다. 투자자는 S&P 500 지수 펀드를 무료로 매매할 수 있다. 하지만 나는 연간 0.2퍼센트를 인덱스 펀드의 비용률로 상정했다. 수많은 인덱스 펀드의 비용률이 그 정도 수준이었기 때문이다. 노로드No-Load 펀드(판매 수수료가 없는 펀드—옮긴이)는 다른 비용이 들지 않으며, 무료 전화나 일부의 경우에는 인터넷을 통해 쉽게 매매할 수 있다.

많은 타이밍 전략 연구에 대한 또 다른 비판은 머니 매니저가 종가를 타이밍 결정의 기준으로 삼고 포트폴리오에 적용한다는 것이다. 따라서 비판자들은 장 마감 때까지 매수 여부를 알 수 없으며, 장 마감 시에는 매수하기에는 너무 늦다는 점을 지적한다. 우리의 단순한 사례용 모델은 정확한 타이밍을 맞추기 위해 종가 데이터를 활용하여 매매 신호를 계산하고, 다음 날 마감 때 매매한다. 그러면 하루 동안 운용사에 주문을 넣을 시간이 생긴다.

나는 1960년 1월까지 배당 지급 내역을 포함한 S&P 500 지수에 대한 데이터를 확보했다. 이 데이터는 연구의 출발점이 되었다. 단기 금융시장의 경우 동일한 기간에 대해 연준경제데이터Federal Reserve Economic Data, FRED의 데이터 베이스에서 국채 3개월물의 수익률을 활용했다.

완벽한 타이밍 전략에 따른 잠재적 수익률은 얼마나 될까?

우리가 가장 먼저 살핀 것은 마켓 타이밍 전략의 잠재적 혜택이었다. 매일 완벽하게 타이밍을 맞춘다면 어떻게 될까? 그 감을 잡기 위해 우리는 S&P 500 지수와 국채를 활용했다. S&P 500 지수의 수익률이 국채 수익률을 넘어설 경우 S&P 500 지수에 펀드 거래 비용을 뺀 수익률을 계좌에 적용했다. 국채 수익률이 S&P 500 지수의 수익률을 넘어설 경우 국채 수익률을 계좌에 적용했다.

이 방식을 41년 동안의 데이터에 적용한 결과 완벽한 타이밍의 연수익률은 142.7퍼센트였다. 연수익률에서 무위험수익률을 빼고 표준편차로 나눈 샤프 지수는 6.78이었다. 이는 내가 본 가장 높은 수치였다. 물론 이처럼 이상적인 방식으로 마켓 타이밍 전략을 구사하면 하루도 손실이 나지 않는다.

또한 완벽한 타이밍 전략을 구사한 투자자는 41년에 걸쳐 4,648번의 거래를 했을 것이다. 이는 연간 약 113회로서 많은 노력이 필요하다. 250일(약 1년의 거래일) 동안 올릴 수 있었던 최고의 수익률은 무려 372.3퍼센트였다. 가장 낮은 수익률도 여전히 50.3퍼센트나 되었다.

이런 수치가 현실적일까? 나는 앞장서서 그렇지 않다고 말할 것이다. 그래도 타이밍 기법을 활용하여 이루고자 하는 잠재적 수익의 규모가 어느 정도인지 감을 잡는 데는 도움이 된다.

단순 타이밍 전략의 실적

우리의 단순한 전략은 투자자가 크게 고생하거나 스트레스를 받는 일 없이 쉽게 실행할 수 있어야 했다. 앞서 설명한 대로 두 개의 이동평균을 활용하는 접근법을 따르면 41년에 걸쳐 335회의 거래만 이루어졌다. 연평균 약 9회의 거래에 불과한 셈이다. 이 정도면 대다수 투자자에게 크게 부담이 되지 않는다.

내가 예상한 대로 단순 타이밍 전략은 1960년대와 1970년대에 걸쳐 대부분의 기간 동안 우수한 수익률을 기록했다. 그러다가 1980년대 말로 접어들면서 마침내 매수 후 보유 전략이 타이밍 전략의 수익률을 따라잡았다. 또한 1990년대의 강세장에서는 쉽게 승자의 자리에 올랐다.

그림 A는 S&P 500과 국채를 활용한 매수 후 보유 전략 및 단순 타이밍 전략의 실적을 비교한 것이다. 1960년대와 1970년대의 시장은 타이밍 전략에 잘 맞았다. 그래서 타이밍 전략이 좋은 출발을 보였다. 1980년대 초반에는 금리가 아주 높았다. 그 기간 동안에는 국채 수익률이 좋았다. 끝으로 매수 후

● **그림 A: 단순 타이밍 전략 대 매수 후 보유 전략의 실적 비교**(1960.1.4~2000.12.13)

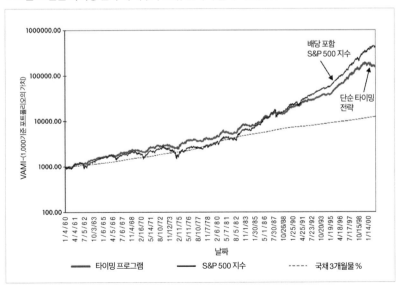

보유 전략은 1980년대 말과 1990년대에 좋은 실적을 올리면서 다른 두 전략의 수익률을 따라잡고 넘어섰다.

이 그림에서 단순 타이밍 전략은 매수 후 보유 전략을 상대로 잘 버틴다. 흥미롭게도 국채 수익률은 23년 후인 1983년 무렵에도 매수 후 보유 전략을 앞선다. 반면 타이밍 전략은 대부분의 기간 동안 국채 수익률을 앞선다.

추가 연구 결과

우리는 타이밍 전략이 얼마나 마음을 편하게 하는지를 확인하기 위해 거래, 수익률, 리스크에 대해 흔히 사용되는 여러 통계를 살폈다. 그 결과는 표 A에 나와 있다.

이 표에서는 놀라운 부분이 그렇게 많지 않다. 내가 예상한 대로 타이밍 전략의 경우 일부 기간 동안 무위험 자산으로 간주되는 국채로 옮겨 가면 매수 후 보유 전략보다 리스크가 적다. 또한 최대 손실폭도 한결 견딜 만하다.

● 표 A

	수익률/연	최대 손실폭	최장 손실 기간 일수	평균 하락폭	거래횟수	거래횟수/연	월 표준 편차	연 표준 편차
S&P 500 지수 매수 후 보유	15.9%	-45.2%	1344	-5.6%	1	0	4.3%	19.1%
국채 3개월물	6.3%	0.0%	0	0.0%	166	4	0.2%	2.6%
단순 타이밍 전략	13.2%	-20.1%	777	-4.3%	335	8	3.3%	16.0%
50/50 혼합	14.7%	-30.8%	1089	-4.5%	336	8	3.6%	17.0%
완벽한 타이밍 전략	142.7%	0.0%	0	0.0%	4648	113	3.9%	19.3%

● 1960.1.4~2000.12.13

1973년~1974년 동안 시장은 45퍼센트 넘게 하락했다. 많은 투자자는 큰 손실을 보고 시장을 빠져나왔을 것이며, 다시는 발을 들이지 않겠다고 맹세했을 것이다. 요즘 투자자들은 대부분 포트폴리오가 그만큼 타격을 입는 일을 경험한 적이 없거나 주식시장이 그만큼 폭락할 수 있다는 사실을 잊었거나 이제는 주식시장이 다른 규칙을 따른다고 믿는다.

단순 타이밍 전략은 투자자가 손실을 견뎌야 하는 기간의 최대 길이를 777일(약 2.1년)로 줄인다. 반면 S&P 500 지수에 대한 매수 후 보유 전략의 경우 그 기간이 1,344일(약 3.7년)이다. 타이밍 전략의 경우 평균 손실폭도 훨씬 작아서 힘든 시기를 훨씬 편하게 넘기도록 해 준다.

표 B는 몇 가지 위험 대비 수익률 척도를 보여 준다. 타이밍 전략은 최대 손실폭 대비 수익률 부문의 승자다. 이 점은 타이밍 전략이 최대 손실폭 단위당 더 높은 수익률을 올릴 수 있음을 말해 준다. 손실이 난 기간 동안 손실 대비 수익률을 말해 주는 소르티노 지수는 비슷한 수준이며, 매수 후 보유 전략이 조금 낮다. 샤프 지수는 가장 인기가 많지만 나는 개인적으로 좋아하지 않는다. 샤프 지수는 수익률의 정규분포를 가정하지만, 이는 적극적으로 운용하는 전략의 경우에는 거의 이루어질 수 없다. 매수 후 보유 전략은 샤프 지수 부문에서 단순 타이밍 전략보다 낮다.

● 표 B

	최대 손실폭 대비 수익률	소르티노 지수	샤프 지수	S&P 500과의 상관성
S&P 500 지수 매수 후 보유	0.35	3.46	0.49	1.00
국채 3개월물			0.00	-0.04
단순 타이밍 전략	0.65	3.37	0.42	0.73
50/50 혼합	0.48	3.54	0.48	0.73
완벽한 타이밍 전략			6.78	0.81

● 1960.1.4~2000.12.13

소르티노 지수가 가장 높은 방식은 매수 후 보유 전략과 타이밍 전략을 50대 50으로 혼합하는 것이다. 이 방식은 충분히 다른 수익 흐름을 제공한다. 그래서 전체 포트폴리오의 소르티노 지수가 타이밍 전략보다 약간 나아진다. 단순 타이밍 전략은 S&P 500과 0.73의 상관성을 지닌다. 타이밍 전략을 비판하는 사람들도 성격이 다르고 상관성이 덜한 수익 흐름을 도입하는 것이 전체 포트폴리오에 혜택을 제공한다는 사실을 깨달아야 한다.

최고의 날들과 최악의 날들

타이밍 전략을 비판하면서 10일이나 20일에 걸친 최고의 기간을 놓치면 얼마나 많은 수익률을 손해 보는지를 말하는 연구 결과를 15번은 본 것 같다. 이런 연구 결과는 흥미롭게 보일지도 모르지만 그것을 뒤집어서 시장이 우리에게 안기는 최악의 기간을 흘려보낼 가능성이나 그에 따른 혜택을 얘기하는 게 잘못된 것일까?

표 C를 보면 우리의 데이터베이스에서 최악의 날에 S&P 500 지수가 -20.4퍼센트나 급락했다는 사실을 알 수 있다. 1987년 10월 19일에 나처럼 호가 단말기 앞에 앉아서 다우가 몇 초마다 5퍼센트씩 내려가는 것을 지켜본 투자자는 많지 않을 것이다. 나는 투매 물량이 너무 많아서 호가가 약 1시간이나 밀린다는 것을 알게 되었다. 다행히 다음 날 은행들이 개입하여 유동성을 공급한 덕분에 금융 시스템이 붕괴되는 것을 막을 수 있었다. 실제로 금융 시스템이 무너진다고 생각한 사람이 많았다. 지금은 급락이 나오면 매수 기회라고 여긴다. 대량 매도는 '이익 실현'의 결과다. 하지만 시장이 하락할 때 모두가 이익을 실현하고 있다고 정말로 믿는 사람이 있을까?

우리의 단순 타이밍 전략은 폭락으로 이어지는 시장의 하락을 감지하고 10일 전에 안전하게 국채로 옮겨갔다. 타이밍 전략에서 '최악의 날'은 -6.8퍼센트의 하락을 기록했다. 이는 요즘 기술주들이 흔히 기록하는 하락폭이다.

　타이밍 전략을 비판하는 사람들이 깨닫지 못하거나 말하고 싶어 하지 않는 사실은 손실이 포트폴리오에 미치는 파괴적인 영향이다. 매수 후 보유 전략을 따를 경우 '최악의 10일이 기록한 전체 하락폭'은 -77.3퍼센트다. 반면 타이밍 전략을 따를 경우 '최악의 10일이 기록한 전체 하락폭'은 -49.5퍼센트다. 최고의 10일과 최악의 10일을 모두 반영한 매수 후 보유 포트폴리오의 수익률은 -23.6퍼센트다. 단순 타이밍 전략을 따르면서 최악의 10일과 최고의 10일 동안 시장에 참가하지 않았다면 그 결과는 -12.0퍼센트의 우위다.

　하락은 상승보다 명백히 감정적 파급력이 더 강하다. 아마도 그 이유는 하락장에서 느끼는 공포가 상승장에서 느끼는 쾌락보다 더 크기 때문일 것이다.

　250일에 걸친 결과를 봐도 타이밍 전략이 우위에 선다. 최고의 250일 동안 기록한 수익률을 최악의 250일 동안 기록한 수익률에 더할 경우 타이밍 전략은 47.3퍼센트의 수익을 올린다. 반면 매수 후 보유 전략은 32.4퍼센트의

● 표 C

	최고의 10일 전체(%)	최악의 10일 전체(%)	최고의 날(%)	최악의 날(%)	최고의 250일(%)	최악의 250일(%)
S&P 500 지수 매수 후 보유	53.7	-77.3	-.1	-20.4	74.0	-41.6
국채 3개월물	1.6	0.1	0.2	0.0	15.6	2.8
단순 타이밍 전략	37.9	-49.5	5.2	-6.8	64.4	-17.1
50/50 혼합	39.3	-56.5	5.2	-10.2	67.6	-28.3
완벽한 타이밍 전략	53.7	0.1	9.1	0.0	372.3	50.3

● 1960.1.4~2000.12.13

수익을 올린다. 상방 및 하방으로 신문에 나올 만한 변동이 나오는 모든 기간을 살펴보면 타이밍 전략이 보다 합리적이라는 결론을 내리게 된다. 리스크와 스트레스가 더 적은 반면 수익률은 비슷하기 때문이다.

연 수익률

분석 대상은 하락기로 정했다. 하락기가 투자자들에게 스트레스를 안겨서 투자 계획을 포기하게 만들기 때문이다. 많은 학문적 연구에서 투자자의 행동을 간과하는 것은 중대한 실수다. 현실적으로 투자자들은 손실을 싫어하며, 특히 포트폴리오에 손실이 났을 때 감정적으로 결정한다. 하락기를 분석하기 위해 그림 B에 (2월부터 1월 말까지) 12개월에 걸친 연 수익률을 표시했다. 매수 후 보유 전략의 경우 그런 기간이 8번이었다. 반면 타이밍 전략은 7번이었다. 보다 중요한 점은 그 규모(즉 고통과 스트레스)가 몇 번씩 큰 폭의 하락한

● **그림 B: 단순 타이밍 전략, 매수 후 보유 전략, 국채의 연 수익률 비교**(1960.1.4~2000.12.13)

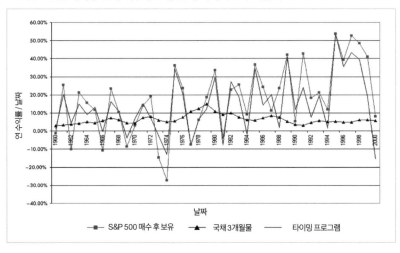

매수 후 보유 전략보다 훨씬 작다는 것이다.

월 수익률 비교

또 다른 방법은 최악의 수익률과 최고의 수익률을 분류하고 그 속성을 서로 비교하는 것이다. 그림 C는 두 전략의 월간수익률을 나타낸다. 보다시피타이밍 전략은 아주 나쁜 달의 리스크를 일부 제거하는 대신 상승하는 달의 수익률을 조금 포기한다. 월간 기준으로 두 전략은 비슷한 수의 수익 기간과 손실 기간을 지닌다.

● **그림 C : S&P 500 매수 후 보유 전략 대 단순 타이밍 전략의 비교**(1960.01.04~2000.12.13)

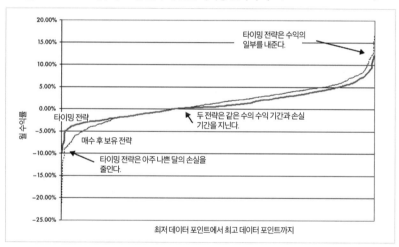

최저 데이터 포인트에서 최고 데이터 포인트까지

타이밍 전략이 투자자들에게 도움을 주는 진정한 이유

타이밍 전략을 고객의 포트폴리오 중 일부로 고려해야 하는 가장 중요한 이유는 이런 통계들로는 제시할 수 없다. 나는 24년 동안 고객의 자산을 운용하면서 투자자들이 높은 수익률을 좇고, 근래에 실적이 좋았던 투자 상품을 매수하고, 실적이 나빴던 투자 상품을 저가에 매도하는 모습을 지켜보았다. 수많은 연구 결과에서 타이밍 전략이 전반적인 수익률을 낮춘 이유가 거기에 있다.

모든 연구 결과가 타이밍 전략의 실적이 나쁘다는 사실을 보여 주는데 굳이 활용할 이유가 있을까? 그 답은 현실적으로 타이밍 전략을 따를 때 논리가 아니라 투자자의 심리가 더 영향을 미친다는 것이다. 우리의 단순 타이밍 전략—또는 수많은 투자 매니저들이 활용하는 보다 정교한 전략—은 시장이 상승할 때 매수하도록 강제한다. 변동의 방향이나 지속 기간에 대해 의문을 가질 필요가 없다. 또한 큰 수익이 나서 도취감에 빠져 있지만 시장이 하락하기 시작할 때 매도하도록 강제한다. 그래서 전형적인 투자자들에게 결여된 절제력을 부여한다.

내가 포트폴리오에서 타이밍 기법을 활용할 수 있었던 또 다른 심리적 측면은 나 자신을 잘 안다는 데 있었다. 나는 1973년부터 1974년까지 2년 동안 매수 후 보유 전략을 고수할 수 없었을 것이다. 포트폴리오에서 48퍼센트의 손실이 나는데도 아무 대응도 하지 않고 언젠가는 손실을 만회할 것이라고 바라기만 할 수는 없다. 타이밍 전략은 시장의 리스크에 대응하면서 노출을 줄일 수 있다는 심리적 고양감을 부여한다. 손실을 줄일 수 있고, 수익을 불릴 수 있다는 사실은 기운을 북돋아 준다. 더불어 대다수 투자자가 시장의 상승과 하락에서 겪는 온갖 감정적 등락에 굴복하지 않고 매일 나의 투자 두뇌가 올바른 일을 하는 데 집중하게 만든다.

트레이딩이 임하는 자세가 명확하고 엄격하지 않으면 시장은 리스크가 무엇인지 제대로 가르쳐 준다. '신경제'가 주식시장을 계속 오르기만 하는 돈복사기로 만들었다는 패러다임을 믿지 않는다면, 적어도 타이밍 전략을 분산화된 포트폴리오의 일부로 삼는 것을 고려해야 한다.

지수 이동평균을 구한 공식

> 오늘의 빠른 지수 이동평균=어제의 빠른 지수 이동평균+0.3×(오늘의 가격-어제의 빠른 지수 이동평균)
>
> 오늘의 느린 지수 이동평균=어제의 느린 지수 이동평균+0.05×(오늘의 가격-어제의 느린 지수 이동평균)

TREND FOLLOWING
MINDSET

리스크 관리
시스템

딘 런델Dean E. Lundell의 'CTA가 되려는 사람들을 위한 지침'에서 발췌했다.

새로운 포지션 리스크

1. 트레이딩 시스템을 통해 진입 가격을 결정한다.
2. 손절 가격을 결정한다.
3. 진입 가격과 손절 가격의 차이를 계약당 금액으로 환산한다. [예: 금을 온스당 400달러에 매수하고, 손절 지점을 390달러에 설정한다 (종가 기준 10일 이동평균선에 따른 추적 손절매). 계좌 규모: 20만 달러.]
   (400-390)×$100/포인트=계약당 $1,000 리스크

4. 자본 대비 비중을 통해 거래당 리스크를 파악한다.

$200,000×1%=거래당 $2,000

5. 거래당 리스크를 계약당 리스크로 나누어서 해당 포지션에서 매수할 계약의 수를 정한다.

거래당 리스크 $2,000/계약당 리스크 $1,000=2계약

지속적 리스크 노출

1. 자본 대비 기존 거래당 리스크의 한도를 정한다. 가령 2.5%

2. 가격 및 손절 지점의 변동을 토대로 계약당 리스크를 파악한다.

(450-405)×$100/포인트=$4,500

3. 포트폴리오의 자본을 토대로 허용 가능 리스크를 파악한다.

$210,000×2.5%=$5,250

4. 허용 가능 리스크를 계약당 리스크로 나누어서 계약의 수를 정한다.

$5,250/$4,500=1.167(1로 반올림)

이 비교적 단순한 리스크 관리 시스템을 약간 더 복잡하게 만들려면 다양한 시장에 걸쳐 자산을 배분하거나 전체 포트폴리오의 리스크를 통제할 수 있다. 개인적으로 이는 스펀지에서 마지막 한 방울의 물을 쥐어짜는 것과 같다고 생각한다.

TREND FOLLOWING
MINDSET

선물 변동성
측정

역시 딘 런델의 'CTA가 되려는 사람들을 위한 지침'에서 발췌했다.

일간 변동성

1. 지난 2거래일의 시가, 고가, 저가, 종가를 확인한다.

2. 지난 24시간에 걸친 가격 변동의 '실질 변동폭'을 파악한다. 그 방법은 전일 종가나 당일 고가 중 더 높은 것과 전일 종가나 당일 저가 중 더 낮은 것의 차이를 측정하는 것이다.

3. 틱 기준 '실질 변동폭'을 계약당 금액으로 환산하여 일 평균 변동성을 파악한다. 평균 실질 변동폭 $3×포인트당 $100=계약당 평균 변동성 $300

4. 트레이딩 전략에 따라 10일이나 20일 등 여러 날에 걸쳐 해당 수치의 평균을 낸다.

5. 먼저 계좌 자본을 원하는 변동성 한도(가령 1%)로 곱하여 계약 금액을 계산한다. 그다음 해당 수치를 위에 나오는 계약당 변동성으로 나누어서 보유할 계약 수를 파악한다. ($200,000×1%)/$300=6.67 계약(6으로 반올림)

6. 이 답을 지속적 리스크 노출에서 파악한 계약 수와 비교하여 더 적은 쪽을 취한다.

시장의 마법사, 톰 바소가 얘기하는 추세추종의 논리와 트레이딩 심리 개선 방법

톰 바소와의 인터뷰
애런 파이필드, 2015.7.22

애런 저는 『새로운 시장의 마법사들』에서 선생님의 인터뷰를 다시 읽었고, 마이클 코벨의 팟캐스트에서 하신 많은 얘기를 들었습니다. 모두 정말로 통찰력이 있었습니다. 그래서 오늘 저희에게 들려줄 말씀이 기대됩니다. 간단하게 자기소개를 해 주시고, 무엇으로 가장 많이 알려졌는지 말씀해 주시겠습니까?

톰 그러죠. 저는 트렌드스탯 캐피털 매니지먼트를 만들어서 28년 정도 대표로 일했습니다. 화학 엔지니어로 일하다가 트레이딩에 뛰어들었고, 어쩌다 보니 일이 그렇게 흘러갔습니다. 처음에는 주식을 거래하다가 채권과 옵션을 조금 다루었습니다. 그러다가 선물 트레이딩에 뛰어들었고, 약 80개 시장으로 확대했죠. 이후 외환 트레이딩에 뛰어들었고, 마지막에는 자본의 상당 부분을 외환 트레이딩에 썼습니다. 뮤추얼펀드와 선물도 조금 거래했고요.

많을 때는 고객의 자금을 6억 달러 정도 운용했습니다. 그래서 미국에서 트레이딩 자문사와 투자 자문사로 등록했죠.

2003년에 회사 문을 닫은 후에는 지난 12년 동안 은퇴 생활을 즐겼습니다.

애런 아주 인상적인 얘기로 인터뷰가 시작되네요. 어떻게 처음에 트레이딩을 하게 되었고, 무엇 때문에 금융시장에 이끌렸는지 알고 싶습니다.

톰 저는 화학 엔지니어로 사회생활을 시작했습니다. 그때 미국 경제에 호황과 불황이 있다는 걸 알게 되었죠. 경기가 좋으면 회사에서 엔지니어들을 더 고용했고, 경기가 나빠지면 정리 해고가 이루어졌죠. 저는 정리 해고를 당하고 싶지 않았고, 최소한 비상 계획을 갖고 싶었습니다. 그래서 돈을 벌 수 있을 때 저축을 하는 게 좋겠다고 판단했죠.

돈이 약간 모였을 때 은행에 그냥 묵혀 두기보다 다른 걸 하기로 결정했습니다. 마침 저처럼 화학 엔지니어로 일하던 친구 몇 명이 점심시간에 주식 얘기를 하더군요. 그걸 듣고 흥미가 생겨서 같이 주식 투자를 시작했습니다. 그다음부터 저도 대화에 끼어들 수 있었죠.

그게 투자 클럽으로 이어졌고, 나중에는 우리가 클럽을 운영하는 수준을 넘어서 소규모 투자 자문 사업을 하게 되었습니다. 저는 다른 두어 명과 손잡고 사업을 운영했죠. 그러다 보니 사업 규모가 상당히 커졌어요. 저는 제가 가진 회사의 지분을 팔고 트렌드스탯을 만들었습니다. 트렌드스탯은 저 자신의 돈뿐 아니라 고객의 돈도 운용하기 위한 수단이었어요.

트렌드스탯은 시간이 지날수록 계속 커졌고, 복잡성과 시장의 수 등에서 진화를 이루면서 성공을 거두었습니다.

애런 처음에는 화학 엔지니어로 일했다고 말씀하셨잖아요. 엔지니어로서 배운 기술 중에 트레이딩에 적용한 게 있나요?

톰 가장 확실하게 말할 수 있는 건 소위 '프로세스 엔지니어링Process Engineering'이라는 겁니다. 화학 엔지니어로 일할 때 가장 먼저 배우는 것이죠. 파이프라인이 탱크로 들어가고, 거기에 물이 가득 차면 다시 파이프라인으로 나와요.

다른 유량이 특정한 시간 동안 탱크를 채우는 양상이나 탱크에서 물이 빠지는 양상 같은 걸 배웁니다. 들어오고 나가는 유량이 다르면 탱크에 물이 얼마나 늘어나거나 줄어드는지를 계산할 줄 알아야 합니다.

제 머릿속에서 이루어지는 프로세스 엔지니어링은 언제나 뭔가가 들어오고, 가공되고, 나가는 방식입니다. 트렌드스탯 캐피털 매니지먼트가 완벽한 사례였죠. 우리는 온갖 통신 링크와 인터넷을 통해 계속 데이터를 받았습니다. 일부 경우에는 틱이 바뀔 때마다 받았죠. 그다음 정보를 가공하는 절차를 거쳤습니다. 가장 많을 때는 40대의 컴퓨터와 10명의 직원이 오로지 수많은 데이터를 처리하는 작업에 투입되었죠. 그러면 흘러나오는 게 있습니다. 주문, 지침, 웹사이트 업데이트 같은 것들이죠. 제게는 그게 프로세스 엔지니어링이었습니다. 정보를 유입하고, 가공한 다음 내보내는 거요.

이 일을 더 빨리, 잘, 효율적으로 할수록 더 나은 성과를 낼 수 있습니다.

애런 처음 투자 사업을 시작할 당시의 얘기를 계속해 보죠. 첫 몇 년 동안에 초점을 맞추면 어떤 경험이 떠오르나요?

톰 가장 먼저 떠오르는 건 웃음입니다. 첫 몇 년 동안은 상당히 많은 손실을 내고 실수를 저질렀죠. 저는 방황하면서 길을 찾으려 애썼습니다. 펀더멘털 같은 것을 배웠고, 여러 소식지를 구독했고, 완전히 혼란스러울 지경이 되도록 수많은 의견을 읽었습니다.

그러다가 트레이더는 결국 자신이 하려는 일에 대해 스스로 책임을 져야 한다는 걸 깨달았습니다. 그 유일한 방법은 모든 걸 단순화해서 "이렇게 거래할 거야. 이 데이터를 구해서 분석하거나 가공한 다음에 주문을 낼 거야"라고 말하는 것이었습니다. 그 일을 효율적이면서 성실하게 그리고 엄격하게 해낸 다음 그 접근법이 통하는지 여부를 분석하고, 만약 통하지 않는다면 수정하고 개선했습니다. 그게 트레이더로서 계속 발전하는 길이었습니다.

첫 두어 해 동안에는 사실 손실이 났습니다. 사업을 계속하는 데만 해도 엄청난 선견지명과 전략적 지식, 인내심이 필요했습니다. 언제까지 벽에 머리를 박을 수는 없으니까요. 첫 몇 년 동안에는 그런 경우가 많았습니다.

애런 대부분의 사람들은 첫 거래를 잊지 못할 거예요. 첫 거래를 기억하시나요? 결과가 어땠나요?

톰 구체적인 거래는 기억나지 않습니다. 주식을 매수한 건 기억나네요. 누군가에게 들은 투자 정보 때문에 샀죠. 알루미늄 관련 주식이었을 거예요. 매수한 지 한참이 지나서야 그 정보가 재무 상태와 어떤 관련이 있는지, 발을 들인 후에 어떻게 빠져나와야 하는지 모른다는 사실을 깨달았습니다. 심지어 차트를 그리거나 다른 걸 할 줄도 몰랐습니다. 완전히 물 밖에 나온 물고기가 된 기분이었죠. 제가 뭘 하고 있는지 몰랐어요. 그 사실을 아주 빨리 깨달은 덕분에 다행히도 큰돈을 잃지는 않았습니다. 조금 손실이 나기는 했지만 그래도 교훈을 얻었던 흥미로운 경험이었다고 생각합니다.

애런 처음 트레이딩을 했을 때 5년 연속으로 손실이 났다는 게 정말인가요?

톰 상품 트레이딩을 할 때 그랬습니다. 4년 차에 적어도 본전치기는 했을 거예요. 첫해에 돈을 잃었고, 2년 차에 그보다 덜 잃었고, 3년 차에 그보다 덜 잃었고, 4년 차에 마침내 본전치기를 했습니다. 실제로 적당한 수익을 올리기까지 4, 5년이 걸렸습니다.

애런 어떻게 4, 5년 동안 돈을 잃으면서도 트레이딩을 계속할 수 있었나요? 포기하지 않게 만든 동기는 무엇이었나요?

톰 어떻게 계속할 수 있었냐고요? 화학 엔지니어로 일하고 있었으니까요. 본업으로 돈을 많이 벌었습니다. 1970년대와 1980년대에 석유 금수 조치가 내려졌을 때 화학 엔지니어에 대한 수요가 아주 많았습니다. 덕분에 좋은 일자리를 얻었고 승진도 했죠. 직책이 높았습니다. 항상 연봉도 가장 많이 올랐고, 승진도 가장 많이 되었죠. 나중에는 경영진으로 올라갔습니다. 저는 그 길을 계속 나아가려고 노력하는 동시에 더 나은 트레이더가 되려고 노력했죠.

현금 흐름이 확보되어 있었습니다. 또한 항상 트레이딩 규모를 작게 유지했고, 작은 손실만 냈기 때문에 쉽게 손실을 메울 뿐 아니라 계좌 규모를 키울 수 있었습니다. 저는 분산화를 개선하고, 변동성이나 리스크 통제와 관련된 수치 그리고 초기 단계에서 배웠던 방법을 개선했습니다. 그중 일부는 더 많은 자본을 요구했습니다. 그렇게 열심히 일하면서 최대한 많은 돈을 모으고 계좌에 계속 추가하려고 노력했습니다.

트레이딩을 계속할 수 있었던 이유는 매해 연말을 돌아보면 진전을 이루었다는 걸 알 수 있었기 때문입니다. 실수를 덜했고, 돈을 덜 잃었고, 포착하려고 노력했던 유형의 움직임을 더 많이 포착할 수 있었습니다.

그래서 제가 올바른 경로로 나아가고 있으며, 단지 계속 연마해서 더 나아지고, 더 분산화하고, 비용을 낮춰야 한다는 생각을 하게 되었습니다. 그렇게 조금씩 나아가다가 마침내 성공에 이르렀습니다. 아주 오랜 시간이 걸렸죠.

애런 처음 시작할 때부터 수익을 낼 때까지 학습곡선을 줄일 방법이 있을까요?

톰 요즘은 증권사에서 계좌를 열도록 유도하려고 무료로 연습용 트레이딩 소프트웨어를 제공합니다. 그걸로 돈을 거의 또는 전혀 쓰지 않고 테스트를 할 수 있습니다. 인터액티브 브로커스Interactive Brokers가 떠오르네요. 물론 다른 증권사들도 있습니다.

다양한 수준에서 활용할 수 있는 수많은 소프트웨어가 있습니다. 그걸로 특정한 아이디어를 시험하거나 다양한 데이터를 포괄할 수 있습니다. 하지만 우리 때는 《월스트리트저널》이 다였죠. 저는 꾸준하게 모든 호를 모았고, 연구를 할 때 그걸 날짜별로 꺼내서 필요한 부분을 종이 위에 붙였습니다. 소형 컴퓨터가 아직 개발되지 않았거든요.

모든 게 수작업이었습니다. 차트지를 써서 두어 해에 걸친 데이터를 분석했죠. 특정 시장에 대한 두어 해 동안의 데이터를 대상으로 몇 가지 아이디어를 적용해 보려면 주말을 몽땅 할애해야 했습니다. 번거롭고 성가실 정도로 속도가 느렸죠. 그래도 그렇게 분석을 하고 나면 그 결과를 활용할 수 있었고, 잘 될 경우와 안 될 경우에 어떤 일이 생길지 알 수 있었습니다.

이런 방식은 트레이더로서 역사적 데이터를 통해 매일 트레이딩의 순간을 겪도록 해 주었습니다. 요즘은 아주 근사하고 정교한 소프트웨어들이 있어서 60개 시장을 대상으로 20년에 걸친 데이터를 돌려볼 수 있습니다. 그러면 12퍼센트의 수익률이라는 수치를 얻을 수 있죠. 그 12퍼센트가 어떻게 나왔는지는 자세히 알 수 없습니다. 그저 최종적으로 도출된 결과로서 온갖 요란한 통계와 함께 '마음에 드는

군. 이걸로 해 보자'라고 생각하게 만들죠.

여러분은 매일 트레이딩을 겪으면서 장중에 어떤 유형의 일들이 일어나는지를 파악하고, 그걸 심리적으로 체험할 수는 없을 겁니다. 하지만 저는 모든 걸 수작업으로 했기 때문에 매일 트레이딩이 어떻게 진행되는지 제대로 이해할 수 있었죠.

애런 트레이딩을 공부하기 위해 했던 다른 일들이 있었나요?

톰 책을 많이 읽었습니다. 점심때 다른 사람들과 아이디어를 교환하기도 했죠. 이 두 가지 방식으로 지식을 늘렸습니다.

애런 그때부터 가령 10년 차가 될 때까지 트레이딩에 접근하는 방식을 바꾼 적이 있었나요? 각성의 순간이나 깨달음 또는 교훈이 있었나요?

톰 『새로운 시장의 마법사들』에서 잭 슈웨거에게 얘기한 게 있습니다. 기억에 각인된 일이죠. 바로 헌트 형제의 은 매집 사건입니다. 이제는 연도도 기억나지 않네요.

1980년대였을 겁니다. 그때 저는 은 시장에서 제대로 롱 포지션을 잡았습니다. 그때 저의 선물 계좌는 7만 달러에서 10만 달러 사이로, 나름 규모가 있는 계좌였지만 다른 계좌에 비해서는 작았죠. 그런데 갑자기 은값이 급등하기 시작했습니다.

몇 계약이었는지는 잊었습니다. 4계약이나 5계약이었을 거예요. 계좌를 확인해 보니 12만 5,000달러에서 15만 달러, 17만 5,000달러, 20만 달러로 계속 금액이 불어났습니다. 한 번의 거래로 나중에는

50만 달러까지 불어났죠. 그러다가 고점이 다가오고 거품이 끼면서 계좌 금액이 하루에 2만 5,000달러에서 5만 달러씩 오르내렸습니다. 그때 저는 충실한 추세추종자였습니다. 저는 계속 포지션을 유지하면서 수익을 불리기로 했습니다. 수익은 불리고 손실은 줄이는 게 규칙이었죠. 규칙을 따라야 했습니다. 저는 거기에 아주 엄격했습니다. 저는 추세를 따라가면서 손절 지점을 올렸습니다. 결국 은값이 손절 지점으로 돌아섰고 당시 계좌 금액은 약 25만 달러였습니다. 언뜻 보면 잘못된 게 없습니다. 5만 달러 내지 7만 5,000달러에서 시작해서 25만 달러까지 불렸으니까요. 좋은 거래였습니다. 아주 많은 수익이 났어요.

하지만 나중에 생각해 보니 등락을 견디기 위해 아주 많은 용기를 내야 했다는 걸 깨달았습니다. 저는 생각했죠. '잠깐. 꼭 5계약을 끝까지 들고 가야 했을까? 시장이 미쳐 돌아갈 때 포지션을 줄이는 게 더 합리적이지 않았을까? 포트폴리오를 구성하는 모든 투자 상품이 수익을 낼 비슷한 수준의 능력을 갖도록 해야 하지 않을까?'

그때는 은이 포트폴리오를 완전히 지배한 상태였습니다. 다른 거래는 아예 하지 않는 게 나을 정도였죠. 하지만 저는 잘못되었다고 판단하고, 포트폴리오의 자본 비중을 기준으로 변동성에 대해 많은 연구를 했습니다. 그렇게 트렌드스탯이 나중에 아주 성공적으로 오랫동안 활용한 변동성 관리 모델의 초기 형태가 만들어졌습니다. 동시에 리스크 관리 모델도 개선되었어요. 트렌드스탯에서는 그것도 활용했습니다. 이 모델들은 특정 시장의 리스크와 거기에 따른 변동성을 제한했습니다. 둘 다 기준은 자본 비중이었어요.

이 두 가지 모델을 갖춘 다음부터 실적 예측이 가능해졌고 수익성도 개선되었습니다. 이 모델들은 한 시장이 너무 많은 손실을 내지 않게 적절한 수의 계약을 거래하도록 해 주었어요. 나중에는 두어 번의 경우에 자본 대비 증거금 비중을 관리했습니다. 당시 우리는 분산화가 제대로 된 진정한 포트폴리오를 구성할 능력이 있었습니다. 또한 모든 시장이 수익이나 손실에 스스로 기여하도록 만들 진정한 능력을 갖고 있었습니다.

그게 제게는 진정한 깨달음의 순간이었어요. 그 은 거래 때문에 밤에 잠을 제대로 못 잤거든요.

애런 자본 비중으로 변동성을 통제한다는 게 정확하게 어떤 뜻인지 설명해 줄 수 있나요? 어떻게 하면 다른 트레이더들이 그 방법을 응용해서 자본을 더 잘 관리할 수 있을까요?

톰 어렵지 않습니다. 정확한 공식을 알려 드리죠. 한 시장을 정하고, 선물 1계약을 대상으로 당일 고점과 저점의 차이가 금액으로 얼마인지 파악하세요. 어떤 통화든 상관없어요. 우리 경우에는 달러가 되겠죠.

그 금액이 그날 해당 시장에서 1계약의 변동성입니다. 저는 일간 변동성의 20일 지수평균을 활용하지만 원하는 걸 활용해도 됩니다. 모두 비슷한 기능을 합니다. 이를 통해 지난 20일 동안 얼마나 가격이 오르내렸는지 알 수 있습니다. 1계약당 1,000달러만큼 오르내렸는지, 200달러만큼 오르내렸는지, 500달러만큼 오르내렸는지 말이죠. 어느 경우든 가격이 얼마나 움직이는지 말해 줍니다. 즉 당신이 생각한 방향으로 움직이면 하루에 그만큼 수익에 기여할 것이고, 방향을 틀면 하루에 그만큼 타격을 입을 겁니다.

나온 수치를 계좌 금액으로 나눕니다. 제가 10만 달러를 운용하고, 특정 시장의 하루 변동폭이 1,000달러라고 칩시다. 그렇다면 해당 계약은 자본 대비 1퍼센트의 변동성을 지닙니다. 1,000달러를 10만 달러로 나누니까요.

트렌드스탯은 나중에 80여 개의 시장에서 트레이딩을 했습니다. 각 시장은 구체적인 변동성 한도가 정해져 있었죠. 우리는 절대 그 한도를 넘지 않았습니다. 매일 컴퓨터가 데이터를 받아들여서 변동성의 20일 이동평균을 다시 계산했습니다. 또한 그날 돈을 벌거나 잃어서 변동이 생겼기 때문에 자본도 다시 계산했습니다.

그러면 자본 대비 변동성 비중에 맞춰서 새로운 퍼센트가 정해졌어요. 전체 80개 시장에 걸쳐서 그걸 각 시장의 한도와 비교했습니다. 그러면 변동성 한도를 넘은 모든 경우에 규모를 줄일 일련의 주문 내역이 나옵니다. 해당 물량은 다음 날 시장에서 바로 매도했습니다.

애런 초기에도 나중에 실제로 그랬던 것처럼 큰 성공을 거둘 것이라고 항상 머릿속으로 그리셨나요? 장기적인 비전을 갖고 그것을 향해 노력하셨는지 알고 싶습니다. 어디로 가고 싶은지 알아서 그저 그 방법만 찾으면 되는 문제였나요?

톰 처음에는 전문 머니 매니저가 될 거라고는 전혀 예상하지 못했습니다. 저는 화학 엔지니어였어요. 그저 곁다리로 약간의 돈을 굴릴 방법을 찾았을 뿐입니다. 나 자신의 포트폴리오를 성공적으로 운용한다면 몇 년 일찍 화학 엔지니어 일에서 은퇴할 수 있을 거라고는 생각했죠.

처음에는 화학 엔지니어 일에 만족했습니다. 급여도 아주 많이 받았습니다. 저처럼 1974년에 졸업한 화학 엔지니어들은 석유 금수 조치와 다른 여러 요인 때문에 공학 분야에서 가장 높은 연봉을 받았습니다.

충분히 쓰고도 남을 만큼 많은 돈을 버는 젊은 20대 독신의 삶은 아주 좋았습니다. 계좌에 돈이 계속 쌓였습니다. 그래서 트레이딩하는 법을 배웠죠. 그저 곁다리로 포트폴리오를 운용하면 재산을 불릴 수 있을 것이고, 혹여 정리 해고를 당해도 보험이 되어 줄 거라고 생각했습니다.

그런데 제가 투자로 어느 정도 성공을 거두고 있다는 사실을 사람들이 조금씩 알게 되었습니다. 투자 클럽 사람들은 "우리 돈으로 투자를 조금 해 보면 어때요?"라고 말했습니다. 그렇게 한정된 수의 사람들을 대상으로 투자를 대신해 주다가 갑자기 투자상담사로 등록을 하게 되었습니다. 우연히 만난 다른 두 친구도 나중에는 같이 투자 자문 사업을 하게 되었죠.

그때도 투자는 여전히 부업으로 밤이나 주말에만 할 생각이었습니다. 두 번째 소득원이었죠. 여전히 자금은 온갖 서비스를 이용하는 비용, 등록을 위한 비용을 댈 수단에 불과했습니다. 어느 정도 돈이 들어갔거든요. 그런데 놀랍게도 부업으로 했는데도 한 명의 정직원을 둘 수 있을 만한 돈을 벌었습니다. 그래서 저는 두 동업자에게 이렇게 말했습니다. "당신들은 아이들도 있고 제대로 출장을 다닐 수 없으니까 저보다 약간 더 제약이 있죠. 저는 아이도 없고, 훨씬 여유가 있어요. 만약 지금 제가 받는 월급을 두 분이 제공해 주신다면 저는 회사를 그만두고 투자 사무실을 차릴 겁니다. 이걸 진지하게 본격적인 사업으로 성공시켜 봅시다."

그들은 동의했습니다. 저는 회사를 그만두고 투자 사업을 시작했습니다. 출장을 다니고, 고객들을 만나고, 회사를 등록하고, 컴퓨터 시스템을 만들고, 비서를 채용하고, 사무실을 임대하는 등 필요한 모든 일을 했습니다. 그렇게 일하는 사이에 두 번째 동업자가 나가고, 곧 세 번째 동업자가 합류했습니다. 우리는 더 많은 직원을 두었습니다. 모든 게 큰 성공을 거두었습니다.

애런 트렌드스탯에서 어떻게 트레이딩을 했는지 얘기해 주세요. 전적으로 시스템에 따라 운영된 것으로 알고 있습니다. 거기에 대해 설명해 줄 수 있나요?

톰 회사 이름은 제가 지었습니다. 추세추종 통계Trend Following Statistics를 줄인 거죠. 스탯은 통계를 뜻하고, 트렌드는 추세추종 또는 시장의 추세를 뜻합니다.

다양한 시장에 대해 수많은 데이터를 수집하고 추세를 파악한 다음 거기에 맞춰서 포트폴리오의 포지션을 정하고 나면 시간이 흐를수록 큰 움직임이 나오기 마련이고, 큰 추세는 대부분의 구간에서 수익을 안길 거라고 생각했습니다.

트렌드스탯 사업 첫해에 대해 언급할 만한 좋은 통계가 있습니다. 저는 우리가 어디서 돈을 벌고 잃었는지 분석했습니다. 그해에 가장 수익이 좋았던 거래부터 가장 큰 손실이 났던 거래까지 모든 거래를 평가했죠. 신뢰도는 30퍼센트 정도였습니다. 그러니까 모든 거래의 30

퍼센트에서 수익이 났고, 70퍼센트에서 손실이 난 거죠.

특히 두 번의 거래에서 아주 큰 수익이 났습니다. 그 두 번의 거래가 없었다면 본전치기밖에 하지 못했을 거예요. 그렇게 차이가 날 정도로 두 번의 거래가 너무나 대박을 쳐서 믿을 수 없는 수익을 안겼습니다. 포트폴리오에는 그런 거래가 있어야 합니다. 안 그랬다면 그해에 본전치기만 했을 겁니다.

그래서 해마다 큰 수익을 안기는 두세 번의 거래를 반드시 해야 한다고 생각했습니다. 그런 거래가 수익을 안기고, 나머지 모든 거래는 노력만 들어갈 뿐 아무 소득이 없어요.

이런 점 때문에 거래하는 시장을 늘리게 되었습니다. 더 많은 시장에서 거래하면 그만큼 한두 번의 대박 거래를 할 기회가 늘어나요. 어느 시장에서 어느 거래가 대박을 칠지 미리 알 길은 없었습니다. 하지만 최대한 그런 거래를 할 기회를 확보하고 싶었습니다.

그렇게 하기 위해 계속 컴퓨터를 늘렸습니다. 많을 때는 엔지니어인 저를 포함해서 3명의 컴퓨터 전문가가 프로그래밍부터 하드웨어까지 모든 걸 처리했습니다. 우리는 네트워크를 운영하고, 데이터를 외부 백업 설비에 보관했습니다. 컴퓨터와 관련된 모든 일을 한 거죠.

어느덧 회사는 데이터 처리 시설이 되었습니다. 많은 사람이 저를 트레이더라고 생각했고, 지금도 그렇습니다. 하지만 트렌드스탯을 운영할 때는 제가 트레이더이기는 하지만 동시에 데이터 처리 회사의 대표라고 생각했습니다. 돌이켜 보면 저는 분명 트레이더였어요. 저는 모든 프로그램을 만들어야 했고, 프로그래밍 담당 직원들에게 제가 무엇을 하려고 하는지 말해야 했습니다. 그건 트레이딩을 하기 위한 것이었죠. 하지만 그때 당신이 하루 종일 저를 따라다녔다면 누가 저를 트레이더라고 생각할지 궁금해 했을 겁니다.

애런 회사를 데이터 가공 허브라고 생각하신다는 게 정말 흥미롭네요. 재미있습니다.

대체로 트레이딩 시스템과 인간이 상호작용하는 부분이 있었나요?

톰 아뇨, 전혀 없었습니다. 우리는 데이터를 받아들이는 수많은 프로그램을 만들었습니다. 하루에 한 번 해당 데이터를 상대로 프로그램을 돌렸죠. 그러면 컴퓨터에 심어 둔 알고리즘이 결정을 내렸습니다. 그 결과가 출력되면 우리는 명백히 이상한 컴퓨터 장애나 데이터 오류가 없는지 훑어보기만 했습니다.

그때가 잘못된 프로그래밍 때문에 생기는 오류를 잡아낼 마지막 기회였습니다. 모든 게 정상으로 보이면, 그러니까 데이터가 정상으로 보이고 모든 점검 사항을 통과하면 주문이 형성되고, 버튼을 누르면 전송되었으니까요.

모든 게 자동으로 처리되었습니다. 사람이 해야 하는 일은 주문을 돌리고, 이상하게 보이는 부분은 없는지 눈으로 확인하고, 버튼을 눌러서 전송하는 것뿐이었습니다. 정말 그게 전부였습니다.

애런 트렌드스탯의 전성기는 1990년대였죠?

톰 네. 여러 과정을 거쳤죠.

애런 그 무렵 이렇게 시스템에 기반한 자동화된 접근법이 자산운용사들 사이에서 흔했나요, 아니면 자산운용 분야에서 상당히 새로운 것이었나요? 선생님이 활용한 기술이 당시에는 첨단이었다고 봐도 될까요?

톰 '첨단'이라는 표현은 사람마다 의미가 다를 겁니다. 그럼에도 첨단이라고 말할 점이 있다면 우리가 절차를 자동화하기 위해 수많은 시장에 걸쳐서 보다 장기적인 트레이딩 전략을 취했다는 겁니다. 분명 1990년대에도 자동화된 트레이딩 시스템을 사용하는 사람들이 있었을 겁니다. 하지만 그들은 일중 트레이딩, 스트래들 트레이딩Straddle Trading(동일한 기초자산에 대한 풋/콜 옵션을 동시에 매매하는 기법—옮긴이)과 페어 트레이딩Pairs Trading(상관성이 높은 두 종목 사이의 괴리를 활용하는 기법—옮긴이) 같은 유형을 주로 했을 겁니다. 아주 단기적인 트레이딩에 자동화가 많이 집중되어 있었죠. 우리는 정반대로 아주 장기적인 트레이딩에 집중하면서도 시스템적인 방식을 따랐습니다. 아마도 그런 측면에서 우리는 특이했을 겁니다.

애런 처음 시스템적 접근법에 이끌리게 만든 요인은 무엇이었나요?

톰 게을렀기 때문이죠. 인간 특유의 게으름 말이에요. 처음 트레이딩을 할 때는 일일이 차트지를 잘라야 했습니다. 또한 밤새 눈이 빠지도록 시장 동향을 파악하고, 새로운 데이터를 입력하고, 주문 지점을 확인하고, 팩트를 정리한 팩스를 트레이딩 데스크로 보내서 다음 날에 주문을 넣도록 해야 했습니다. 아주 많은 작업이 필요했습니다.

개인용 컴퓨터가 처음 나왔을 때 저는 엔지니어 출신이어서 프로그래밍을 할 줄 알았습니다. 그래서 이런 생각이 도출되었죠. '컴퓨터를 구해서 내가 매일 하는 일을 하도록 프로그래밍을 하면 어떨까? 그러면 일련의 주문이 생성될 것이고, 나는 그걸 출력해서 팩스에 넣기만 하면 돼.'

저는 나중에 팩스 카드Fax Card라는 걸 알게 되었습니다. 그걸 쓰면 출력해서 바로 팩스에 넣고 주문 데스크로 보낼 수 있었습니다. 그렇게 조금씩 제가 하는 일을 줄였습니다. 그 즈음 저는 인간의 활동에는 두 가지 형태가 있다는 생각을 갖게 되었습니다.

먼저 예술적이고, 창의적인 측면이 있습니다. 모두가 창작하고 발명하는 활동을 좋아하죠. 그다음에 기계가 할 수 있고, 매우 반복적이며, 대단한 사고력이 필요 없는 많은 일이 있습니다. 그런 일들은 어떻게 해야 하는지 규칙을 만들면 기계가 그 역할을 할 수 있습니다. 저는 그걸 프로그래밍해서 기계에 넣기만 하면 되죠.

제가 트렌드스탯에서 한 일은 모두가 최대한 창의적이고 창조적인 측면에 노력을 기울이고, 매일의 단조로운 작업은 컴퓨터로 처리하도록 만드는 것이었습니다. 그게 저의 경영 철학이었습니다.

애런 시스템적 접근법에 대해 말씀하셨지만 실제 트레이딩 방식은 추세추종에 많은 기반을 두고 있는 걸로 압니다. 추세추종 접근법의 어떤 면이 선생님의 성격과 잘 맞는다고 생각하시나요? 선생님이 보시기에 추세추종 접근법의 가장 큰 장점은 무엇인가요?

톰 수많은 대형 뮤추얼펀드와 증권사는 매번 "그건 안 통해"라고 말했지만 저는 추세추종 전략으로 성공적인 트레이딩을 한 유명한 사람들을 봐 왔습니다. 추세추종 전략은 수학적이에요. 또한 매시간 시장에서 일어나는 일을 걱정할 필요도 없죠. 본질적으로 장기적인 성격을 지니기 때문에 저와 잘 맞았습니다.

저는 바쁜 사람이었습니다. 매시간 일어나는 일에 대처할 시간이 없었죠. 그때는 트레이딩 초기였고, 여전히 엔지니어로 일하면서 부업으로 트레이딩을 해야 했으며, 심지어 MBA 코스도 밟고 있었고, 제가 직접 설계한 집을 숲속에 지으려는 중이었습니다. 20대와 30대에는 할 일이 넘쳤습니다. 그래서 대단히 효율적으로 일해야 한다고 생각했습니다.

추세추종은 주요 추세를 포착할 수 있도록 해 주는 수단이었습니다. 앞서 말한 대로 초기에는 두세 건의 거래가 그해에 돈을 벌지 아니면 본전치기를 할지를 좌우했습니다. 그래서 모든 대형 추세를 놓치지 말아야 했습니다. 추세추종은 언제나 수학적인 방식으로 아주 큰 움직임을 포착합니다. 실패하는 경우가 없죠. 그래서 저는 추세추종 전략이 맞다고 확신하게 되었습니다. 매일 하는 다른 모든 일, 24시간 중 3분의 2의 시간 동안 겪는 작은 손실들은 많은 노력이 들어가지만 아무런 소득이 없습니다.

애런　지금은 추세의 구조가 10년, 20년 전과 달라졌다고 보시나요? 추세가 그때는 훨씬 명확했고, 지금은 훨씬 날뛰는 경향이 있다고 말해도 무방할까요?

톰　그렇게 말할 수 있습니다. 솔직히 근래에는 그런 분석을 한 적이 없어요. 그래도 추세가 요동치는 경향이 있고, 그 주된 이유는 단기적인 프로그램 매매 때문이라고 말할 수 있습니다.

지난 3, 40년 동안 트레이딩 세계를 지켜보면서 하게 된 생각이 있습니다. 컴퓨터의 활용은 모든 것의 속도를 높였습니다. 지금은 전체 트레이딩 세계가 수십억 주를 움직일 수 있습니다. 제가 대학을 졸업한 1974년에는 2년간(1973, 1974년) 이어진 약세장이 끝나면서 거래가 활발한 날에는 뉴욕증권거래소에서 하루에 1000만 주가 거래되었습니다. 하지만 지금은 SPY만 해도 하루에 수억 주가 거래되죠. 한 종목의 거래 물량이 1974년 당시 뉴욕증권거래소 전체 거래 물량의 20, 30, 40배나 되는 겁니다.

그때는 모든 걸 수작업으로 해야 했습니다. 주문표를 작성하고, 전화를 하고, 계속 뛰어다니는 등 모든 게 아주 비효율적으로 진행되었죠. 한편 지금은 모든 작업을 훨씬 빠르게 처리할 수 있습니다. 심지어 컴퓨터에게 더 빨리 결정하고 전송하도록 명령할 수 있습니다. 모든 것이 갖춰져 있습니다. 추세가 크게 바뀐 건지는 모르겠지만 그 속도가 아주 빨라지기는 했습니다.

제가 보기에 전체 추세를 구성하는 것은 투자에 관한 인간 심리가 이루는 큰 주기입니다. '다시는 주식시장에 발을 들이지 않을 거야'라고 생각하는 단계가 있습니다. 그다음에는 주가가 올라가기 시작하지만 '아직 못 믿어' 하고 생각하는 단계가 있고, 주가가 약간 더 오르면 '확실하지 않지만 들어가야 하지 않을까?' 하고 생각하는 단계가 있습니다. 이후 칵테일파티에서 주식 얘기가 들리기 시작하면 주식을 거의 사지 않을 수 없는 지점에 이릅니다. 그러다가 막상 주식을 사면 그때가 사실은 고점이어서 심리가 반전되고 주가는 내려가죠.

요즘은 우울에서 환희로 넘어가는 심리적 전환이 훨씬 빨리 일어나는 것 같습니다. 전자 통신과 로그Log가 있고, 온갖 뉴스가 휴대폰으로 들어옵니다. 그리스 사태에 대한 최신 소식이 무엇인지, 총리가 무슨 말을 하는지도 알 수 있습니다. 25명이 그가 할 말 또는 하지 않을 말을 분석하고 정보를 압축합니다. 과거에는 그런 정보를 구하려면 《월스트리트저널》이 배달될 때까지 기다려야 했습니다. 그러나 요즘은 모든 게 전자화되고, 아주 빠르게 반응합니다.

애런   요즘 많은 트레이더는 현재 일어나는 일에 대처하기보다 앞으로 일어날 일을 예측하는 데 집착하는 것 같다고 말씀하셨죠. 그 점에 대해 자세히 설명해 줄 수 있나요?

톰   사람들은 파티 자리 같은 데서도 제가 트레이더였다는 사실을 알면 투자 얘기를 합니다. 투자는 거의 모든 사람에게 영향을 미칩니다. 그래서 "달러가 어떻게 될 것 같아요? 지금부터 어떻게 될 것 같아요? 정부는 어떻게 할 것 같아요?"라고 제게 묻습니다.

저는 지적인 대화를 이어 갈 수 있습니다. 과거에는 각 나라들이 자국 통화를 어떻게 관리하는지 알아야 했고, 그 문제에 대해 아주 많은 글을 읽었습니다. 대형 은행이 외환 트레이딩 관리를 맡기려고 면접을 보는 경우에 대비해서라도 다양한 경제에 대해 지적으로 얘기할 수 있어야 했습니다. 또한 트레이딩과 아무 관련이 없다고 해도 전 세계에서 일어나는 다양한 경제 현안에 대해 최소한 지적이고 식견 있는 사람처럼 보이고 싶었습니다.

저는 계속 그렇게 해 왔습니다. 지금은 유로와 그리스 사태를 흥미롭게 지켜보고 있습니다. 1997년에 인터뷰 자리에서 저는 조금도 주저하지 않고 유로를 만드는 게 바보 같은 생각이며, 절대 오래가지 못할 거라고 장담했거든요. 절대 오래갈 수 없어요. 너무나 다른 정치 시스템과 경제 상황을 토대로 단일 화폐를 만들 수는 없습니다. 그게 될 리가 없어요. 어떤 나라는 속임수를 쓰거나 노력을 하지 않을 겁니다. 다른 나라는 손해를 봐야 하고, 제대로 하지 않는 나라들 때문에 생긴 비용을 지불해야 합니다. 지금 그런 일이 일어나고 있습니다.

일부 독일 국민들은 다른 나라들에게 염증을 느낄 겁니다. 그리스, 이탈리아, 포르투갈, 스페인 그리고 사회주의 정책을 쓰고 부채에 시달리면서도 재정적으로 제대로 행동하지 못하는 나라들이 그 대상입니다. "더 이상은 안 돼" 하면서 다시 갈라설 때까지 이런 상황이 얼마나 오래갈까요?

저는 유로를 만드는 게 항상 바보 같은 짓이라고 생각했습니다. 그런 예상은 얼마든지 할 수 있습니다. 하지만 현실적으로 트레이딩을 하면서 제가 유일하게 신경 쓰는 것은 이 순간, 바로 지금 어떤 포지션을 잡아야 하는가, 입니다. 그것 말고는 없어요. 내일 무슨 일이 생길지는 알 수 없습니다. 어제 무슨 일이 있었는지는 신경 쓸 필요가 없습니다. 이미 지나가서 절대 돌이킬 수 없으니까요.

포트폴리오를 살피는 데 집중해야 합니다. 폴 튜더 존스Paul Tudor Jones 가 가끔 하는 말이 있습니다. 그는 매일 모든 포지션이 틀렸다고 가정하면서 하루를 시작하는 걸 좋아합니다. 그래서 모든 걸 다시 시작해야 하고, 바로 지금 어떤 포지션을 잡고 싶은지 다시 분석해야 합니다. 모든 게 틀렸다고 가정하면 모든 포지션을 비판적인 관점으로 보게 됩니다. 그런 관점에서 '아냐. 이 포지션은 좋아. 하루 더 갖고 갈 거야' 하고 판단할 수 있는지를 보는 거죠. 그게 현재에 집중하게 만드는 그의 방식이라고 생각합니다. 좋은 방식이죠.

트레이더로서 당신이 유일하게 통제할 수 있는 것은 지금 매수하거나 매도하는 겁니다. 3주 후에 할 매수를 지금 할 수는 없습니다. 그건 의미가 없어요.

애런 이전에 동전 던지기에 대해 얘기하신 적이 있었죠? 진입보다 자금 운용, 좋은 리스크 관리, 탈출이 더 중요하다는 말씀이었던 것으로 아는데요.

톰 무작위 실험을 했습니다. 컴퓨터로 무작위 수 생성기를 만들었죠. 그걸 8개의 시장에 적용했고, 매일 하루를 마감할 때 포지션이 없으면 무작위 수 생성기를 이용해서 포지션을 잡았습니다. 호주의 다른 사람이 같은 방식을 20개 시장에 적용했는데 결과는 같았습니다. 실제로 그들은 저보다 더 많은 돈을 벌었을지도 몰라요. 어쨌든 우리는 모두 약간의 수익을 얻었습니다. 많지는 않지만 조금 수익이 났죠.

결국에는 앞서 말한 것과 같은 결론이 나왔습니다. 1년 내내 거래하다 보면 두세 번의 거래가 아주 좋은 수익을 줄지 아니면 본전치기가 될지를 좌우합니다. 그 거래들을 놓치면 안 됩니다. 또한 포지션을 잡은 후에는 계속 무르익으면서 당신이 추구하는 아주 큰 수익을 안길 때까지 놔둬야 합니다.

무작위 수 생성기를 쓰는 방식은 이렇게 말하는 것과 같습니다. "나는 어느 쪽으로 가든 상관없어. 시장은 크게 하락할 수도 있고, 크게 상승할 수도 있어. 나는 동전을 던질 것이고, 그 결과가 무엇이든 내일 아침에 매수하거나 매도할 거야."

새로운 포지션을 잡고 나면 정말로 큰 수익이 날 거라고 가정해야 합니다. 그래서 논리적인 수준에서 손절 지점을 정해서 상승할 여지를 충분히 줘야 합니다. 리스크를 안전하게 제한하는 동시에 정상적인 움직임이 이루어질 여지를 줘야 합니다. 평균 실질 변동폭, 차트 돌파 지점 같은 것들은 얼마나 정교하게 활용하느냐에 따라 시장이 정상적인 움직이도록 놔둘 뿐 아니라 해당 거래에 있어서 수익이 계속 불어나도록 허용하는 데 역할을 할 수 있습니다. 손절이 발동되는 것은 당신이 찾던 추세가 아님을 말해 줍니다. 포트폴리오를 성공시키기 위한 수익을 안길 대형 추세가 아니라는 거죠.

그러면 시장에서 발을 뺀 다음 다시 동전을 던져야 합니다. 무작위적인 방식은 50퍼센트의 경우는 매수, 50퍼센트의 경우는 매도가 나옵니다. 그렇게 계속하다 보면 곧 돈을 벌어 줄 대형 추세와 맞물리게 됩니다. 그래서 마지막에 약간의 수익을 남기는 거죠.

많은 거래에서 손실이 나고, 일부 거래에서 수익이 날 겁니다. 또한 1번이나 2번, 3번의 거래는 아주 큰 수익을 안길 겁니다. 그런 거래를 잡아야 합니다. 무작위 수 생성기는 그렇게 할 수 있도록 해 줍니다.

애런   심리는 아마도 수익성 있는 트레이딩에서 가장 중요한 측면일 겁니다. 왜 그렇다고 생각하시나요?

톰   좋은 트레이딩은 반드시 필요한 세 가지 영역으로 나누어진다고 생각합니다. 첫 번째 영역은 모두가 모든 시간을 들이는 매수 및 매도 결정입니다. "나는 이런 방식으로 매매해" 하고 말할 수 있어야 합니다. 두 번째 영역은 "어떤 상품을 얼마나 사야 하는가?" 하는 질문에 답하는 것입니다. 저는 이 분야를 일종의 포트폴리오 관리, 리스크 관리, 변동성 관리라고 생각합니다. 그걸 성공적으로 해내야 합니다. 세 번째이자 제가 생각하기에 가장 중요하지만 수많은 사람이 가장 적은 시간을 고민하는 영역은 심리입니다. 과거 트렌드스탯이 완전히 자동화된 시스템으로 돌아갈 때도 저는 오너로서 컴퓨터를 꺼 버리거나 분석 결과를 무시하는 것 같은 일을 할 수 있었습니다. 제가 100퍼센트의 지분을 갖고 있었으니까요.

저의 심리와 우리가 하는 일에 대한 지식이 양호하지 않았다면, 우리가 만든 시스템에 대한 믿음이 없었다면, 손실이 나는 순간 저 자신과 컴퓨터들에 대해 의구심을 품었을 겁니다. 컴퓨터 담당 직원들에게 완전히 새로운 방식이 필요하다고 말했을 겁니다. 작년에 50퍼센트의 수익률을 기록했다는 최신 인기 전략을 연구하자고 말했을 겁니다. 어느 쪽이든 차이가 없지만 블랙박스 프로그램을 사거나 만들었을 겁니다. 계속 트레이딩 방식을 바꾸다가 연거푸 실패했을 겁니다. 심리가 올바르지 못하니까요.

설령 자동화가 되었다고 해도 트레이딩 방식에 대해 양호하고 균형 잡힌 태도를 가져야 합니다. 반 타프 박사에게서 들은 아주 좋은 말이 있습니다. 바로 "좋은 트레이딩은 그날 당신의 전략을 따르는 것"이라는 말입니다. 그날 돈을 벌었는지, 잃었는지는 중요치 않습니다. 오직 전략을 따랐는지가 중요합니다. 이는 아주 심오한 말입니다. 아주 오래전에 이 말을 들었을 때 강한 인상을 받았습니다. 저는 '맞는 말이야. 그리고 나는 매일 그렇게 하고 있어'라고 생각했습니다. 제가 그와 같이 일한 이유가 거기에 있습니다. 저는 몇 년 동안 그의 세미나를 도와주었습니다. 전 세계에서 수많은 사람을 만나는 건 흥미로운 일이었습니다. 제가 너무 바빠서 더 이상 세미나에 참석할 수 없을 때까지 우리는 즐거운 시간을 보냈습니다.

그의 말은 아주 실질적이고 현명합니다. 좋은 트레이딩은 자신의 전략을 따르는 겁니다. 돈을 번다고 해서 좋은 트레이딩이 아니고, 돈을 잃는다고 해서 나쁜 트레이딩이 아닙니다. 좋은 전략 개발은 해야 하는 일을 하는 것이고, 전략을 수립한 후에는 그것을 따르고 실행해야 합니다.

트레이딩이 한창 진행되는 동안 순간적인 충동 때문에 전략을 바꿔서는 안 됩니다. 특정 포지션에서 3퍼센트 손실이 났다고 해서 전략을 포기할지 고민해서는 안 됩니다. 손실이 날 가능성을 진작 고려한 상태에서 맹목적으로 트레이딩을 해야 합니다. 다만 포지션을 정리하고 시장이 마감했을 때 가만히 앉아서 지난 트레이딩을 복기하고 더 나은 방식이 있었는지를 생각하는 건 괜찮습니다.

계속 노력하지 말아야 한다는 말은 아닙니다. 저는 지금도 근래에 주식을 연구한 결과에 완전히 푹 빠져 있습니다. 저는 62살이고, 은퇴했지만 여전히 연구를 하죠. 여러분도 계속 노력하고 나아져야 합니다. 단 더 나은 방식을 알기 전까지는 기존 전략을 고수해야 합니다. 그렇게 못하는 사람이 많습니다. 그들은 전략을 포기하거나 심지어 블랙박스를 삽니다. 그러다가 6개월 후에 다시 그걸 버려 버리고 모든 걸 바꿉니다. 너무나 많은 필터를 추가하죠.

사람들은 페이스북 메시지로 제게 많은 질문을 합니다. 저는 "어떤 전략을 쓰는지 알려 주면 조언해 줄 게 있는지 볼게요"라고 말하죠. 그러면 그들은 ADX가 어때야 한다는 등 온갖 필터링을 열심히 설명합니다. 그런 방식으로 트레이딩을 할 수나 있을지 모르겠어요. 적용하는 필터가 너무 많습니다. 그들은 완벽을 기하려 합니다. 그들이 쓰는 전략은 너무 복잡해서 통하지 않을 겁니다. 필터가 걸러 내는 바람에 결정적인 수익을 안기는 두세 번의 거래를 놓칠 가능성이 높습니다.

저는 사람들에게 자신의 성향을 제대로 알라고 말합니다. 트레이딩을 하기에 더 적합한 성향을 가진 사람들이 있습니다. 때로는 대단히 머리가 좋고, 지적이고, 명민해서 다른 누구보다 자신이 똑똑하다고 생각하는 사람들이 트레이딩를 하는 데 애를 먹습니다. 아는 게 너무 많거든요. 반면에 투자에 대해 잘 모르고, MBA와 거리 있는 평범한 사람들이 매수 전략만으로 최고의 트레이더가 됩니다. 그들이 성공적인 트레이더가 된 이유는 통하는 전략을 찾아내서 계속 고수하기 때문이에요. 그들은 시장이 자신에게 큰 타격을 입히도록 놔두지 않습니다. 모든 것을 분석하고 이론적으로 이해하려는 생각이 없거든요. 그저 어느 정도 돈을 벌어서 집으로 가고 싶어 합니다. 그래서 그렇게 해요.

모두가 자신의 심리를 살피고 보다 균형 잡힌 태도를 갖기 위해 어떤 일을 할 수 있을지 자문해야 합니다. 그래야 실제로 트레이딩을 할 때 현재에 머무를 수 있고, 가고자 하는 지점을 분석할 수 있고, 감정에 크게 휘둘리는 일 없이 빠르게 대응할 수 있습니다. 그게 진정으로 좋은 트레이딩입니다. 그런 태도 말이에요.

전략은 얼마든지 연구할 수 있습니다. 하지만 핵심적인 세 번째 영역인 심리를 갖추지 못하면 앞선 두 영역을 실행할 수 없습니다.

애런　잭 슈웨거는 『새로운 시장의 마법사들』을 위한 인터뷰에서 선생님을 '미스터 세레니티'라고 불렀어요. 냉정하고, 차분하고, 침착하게 트레이딩을 한다는 의미죠. 어떻게 그런 태도를 가질 수 있었나요? 손실이 나는 동안에도 평정심을 유지하는 비결이 뭔가요?

톰　저도 저 자신에게 여러 번 그 질문을 했습니다. 유일하게 할 수 있는 대답은 저의 삶을 돌이켜 보면 언제나 너무나 바빴다는 거예요. 할 일이 너무 많아서 전화기 옆이나 호가 단말기 앞에 계속 앉아 있을 수가 없었습니다. 시장과 거리가 먼 관심사가 아주 많았습니다. 한밤중에 깨어나 유로가 어떤지 보려고 침대 옆에 둔 호가 단말기를 확인하는 사람들이 있습니다. 제가 보기에 그건 집착이에요.

저는 친구들에게 전화하는 걸 좋아합니다. 오늘 저녁은 직접 요리할 겁니다. 다른 트레이더들을 돕는 것도 좋아합니다. 어제는 앞마당의 나무를 다듬었어요. 저는 모든 꽃이 만발하는 이탈리아식 조경을 좋아하거든요. 덤불과 나무를 제가 직접 다듬습니다. 하루 동안 할 일이 아주 많아요. 트레이딩은 아주 많은 일과 중 하나일 뿐이죠. 하루를 바쁘게 살면 세상의 온갖 사건에 일일이 신경 쓰지 않게 됩니다. 그리스 사태가 어떻게 되었다거나 "금값이 10달러나 올랐어"라거나 정신을 사로잡아서 갑자기 심리적 함정으로 끌어당기는 다른 온갖 일 말이에요.

저는 너무나 바쁘기 때문에, 컴퓨터가 일을 하게 놔두기 때문에, 제가 원하는 일을 하도록 시간을 들여서 컴퓨터를 프로그래밍했기 때문에, 컴퓨터가 그 일을 한다는 걸 알기 때문에 마음의 평화를 얻습니다. 그래서 오늘 저녁에는 무슨 요리를 할지 궁리하고, 골프에 집중하고, 어딘가에서 휴가를 즐길 수 있죠. 매일 신문을 읽고, 호가 단말기를 확인하고, 차트를 살피고, 모든 것에 대해 골머리를 썩이면서 집착할 필요가 없어요.

심하게 들떠 있는 트레이더가 아주 많습니다. 저를 인터뷰할 당시의 잭도 마찬가지였습니다. 그는 뉴욕에 살고, 모든 것을 서두르고, 흥분하고, 끊임없이 몰아붙이는 스타일이었습니다. 그가 『시장의 마법사들』에서 인터뷰한 많은 트레이더 중에서 일부는 더 이상 활동하지 않습니다. 그들은 결국 아주 빠른 속도로 트레이딩을 하면서 높은 리스크를 감수하는 사람들이었죠. 그중 일부는 큰 손실을 내는 바람에 오래 살아남지 못했습니다.

반면 저는 아주 따분한 스타일이에요. 저의 특이한 점은 시스템을 따르고, 단순하게 만들고, 스트레스를 받지 않는다는 것이었습니다. 그 점이 잭에게 인상적이었던 모양이에요. 그도 저의 접근법 중 일부를 받아들이고 싶어 했습니다. 그런 과정이 재미있습니다. 잭과 얘기하는 게 즐거워요. 좋은 사람이죠.

애런 삶을 영화처럼 바라본다고 말씀하셨는데요. 어떤 의미인지 그리고 그게 어떻게 선생님의 삶, 구체적으로는 트레이딩에 긍정적인 영향을 미쳤는지 말씀해 주세요.

톰 영화를 보면 지금 스크린에 나오는 장면이 언제나 현재가 됩니다. 그걸 보고 플롯이 어디로 갈지 예측할 수 있죠. 예측이 맞을 수도 있고, 틀릴 수도 있습니다. 시장도 마찬가지입니다. 더 상승할 거라고 생각했지만 아닐 수도 있습니다. 그래도 바로 거기서 뭘 보고 있는지는 알아요. 지금 스크린에 나오니까요.

현재 순간에 주의를 기울이면 호러 영화를 보고 무서움을 느끼거나 감동적인 영화를 보고 눈물을 흘릴 수 있습니다. 또한 코미디 영화를 보고 웃을 수 있습니다. 주의를 기울이고 있고, 우스운 장면이 나오니까요. 그래서 '웃기다'라고 생각하죠.

우리는 영화를 보면 감정이 요동치더라도 거기에 자신을 결부시키지는 않아요. 영화라는 걸 아니까요. 그냥 오락거리일 뿐인 거죠. 여전히 우리의 삶과 신념이 있고, 내면의 모든 것이 있습니다. 저는 시장과 삶을 일종의 영화라고 생각하는 걸 좋아합니다. 영화는 어느 방향으로 갈지 대충 알지만 삶은 예기치 못한 수많은 반전을 일으키죠. 시장도 마찬가지입니다. 그저 그걸 보면서 '흥미롭군. 이제 어떻게 하지' 하고 생각해야 합니다. '거기에 어떻게 대응할 것인가? 새로운 정보가 나오거나 여건이 바뀌었을 때 전략대로 하려면 어떻게 해야 하는가?' 이런 태도는 실제 트레이딩에 감정이 개입하지 않도록 만들어줍니다.

트레이딩도 영화처럼 바라볼 수 있습니다. 트레이딩이 당신의 삶이고, 어디를 보든 시장에 둘러싸여 있다고 생각하지 않는 게 중요합니다. 어떤 트레이더는 아침에 일어나면 바로 시장을 확인하고, 저녁에 잠들 때도 시장을 확인합니다. 게다가 하루 종일 휴대폰을 들여다보죠. 그들은 점심시간에도 사람들과 대화하지 않습니다. 유로 시장에서 일어나는 일이 걱정되니까요. 그건 영화를 보는 것과 다르죠. 같다면 영화에 너무 심하게 빠져든 거예요.

애런 선생님은 머니 매니저로 활동하는 동안 그리고 은퇴한 지금도 여전히 트레이딩 방식을 선생님이 원하는 라이프스타일에 맞추려고 의식적으로 노력하시죠. 그 반대가 아니라요.

톰 전화나 페이스북, 트위터 메시지를 통해서 제가 트레이딩하는 방식에 대한 질문을 많이 받습니다. 그럴 때면 무례하게 말하고 싶지는 않지만 "왜 그걸 알고 싶어 하죠?"라고 되묻고 싶어요. 모두 자신에게 맞는 전략을 만들어야 합니다. 왜 제가 하는 대로 하고 싶어 하죠? 저는 재산도, 전문성도, 컴퓨터 장비도 다릅니다. 제가 거래하는 시장과 관련된 법적 규정도 다르죠.

인도 사람들도 제게 여러 질문을 합니다. 저는 인도의 주식시장이 어떤지, 규제가 어떤지, 거래 여건이 어떤지 모릅니다. 인도 주식에 투자한 적도 없죠. 뭔가 변화가 있지 않는 한 그럴 계획도 없어요. 즉 아무것도 아는 게 없습니다. 그런데 왜 제가 하는 걸 자신의 삶에 적용하려는 걸까요? 스스로 하고 싶은 걸 개발하는 편이 더 나은데요.

저는 은퇴했습니다. 매일 짧은 시간만 트레이딩을 해요. 오늘은 앞서 말한 대로 주식 연구에 약간 몰두해 있었습니다. 탐구하고 싶은 아이디어가 있거든요. 안타깝게도 중대한 결론에는 이르지 못했습니다. 그래도 확실히 몇 시간은 몰두했습니다. 이외에는 아무것도 변한 게 없어요. 내일도 오늘처럼 트레이딩할 겁니다. 하지만 연구가 생각할 거리는 주었습니다.

휴가를 갈 때도 컴퓨터를 갖고 가서 하루에 2, 30분 정도만 트레이딩을 합니다. 휴가 때는 그게 최대치예요. 요즘은 크루즈선에도 인터넷이 됩니다. 그래서 매일 짧은 시간만 들여서 전략대로 트레이딩을 할 수 있습니다. 저의 전략은 그렇게 할 수 있도록 설계되었어요.

직장이 있는데도 여러 시스템과 전략을 살피는 사람이 많습니다. 저는 그런 사람들을 보면 이런 생각을 해요. '직업이 있는데 어떻게 하려고 하지? 고객과 상담하거나 물건을 만들어야 하지 않나? 그런데 어떻게 집중해서 전략을 실행할 수 있지? 결국에는 트레이딩 기회를 놓치게 되고, 분산화할 자본도 없잖아.' 그들에게는 당장 직면할 많은 문제가 있습니다.

제가 보기에 수많은 사람에게 가장 큰 문제는 자본입니다. 그들은 아무것도 없이 시작하려고 합니다. 2,000달러가 있는데 선물 투자를 어떻게 시작하면 되는지에 대해 물어요. 그러면 저는 머리를 긁적일 수밖에 없습니다. 솔직히 저도 2,000달러나 3,000달러 정도로 시작했고, 뭘 해야 하는지 몰랐습니다. 나중에라도 방법을 찾아서 다행이라고 생각해요. 저는 4년 동안 돈을 잃었고, 본전을 찾을 때까지 오래 걸렸거든요. 그래도 자본이 늘어나고, 분산화가 더 많이 되고, 리스크 관리와 변동성 관리를 더 잘하게 되면서 모든 게 맞아떨어졌습니다.

2,000달러로 그 모든 걸 하는 건 수학적으로 불가능하다고 생각합니다. 사람들은 자본이 부족하고, 자신이 직면할 문제가 무엇인지 모릅니다. 그런데도 '나한테 맞는 전략을 설계하기 위해 무엇을 해야 할까?'라고 고민하지 않는 게 안타깝습니다. 그들은 '어떻게 하면 나만의 트레이딩 전략을 만들고, 오직 나만의 것으로 만들고, 나의 라이프스타일, 자본, 자원, 전문성에 맞도록 만들 수 있을까?'라고 생각해야 합니다. 그러면 현재에 집중하면서 필요한 일을 할 수 있는 심리적 절호점에 훨씬 잘 도달할 수 있을 겁니다. 자신의 전략이니까요.

저나 마이클 코벨 또는 잭 슈웨거가 어떤 전략을 어떻게 쓰는지는 신경 쓸 필요가 없습니다. 아무런 도움이 되지 않을 테니까요. 오직 자신의 전략을 어떻게 쓰는지만이 중요합니다.

애런 삶의 모든 측면에 대해 책임을 지는 태도가 중요하다고 굳게 믿으시는 것 같아요. 왜 그렇게 생각하는지 듣고 싶어요.

톰 이 깨달음은 제게 힘을 주었습니다. 시장은 급등하기도 하고, 급락하기도 합니다. 수많은 잡음이 생기는 때도 있고, 지루할 때도 있습니다. 그게 시장의 생리입니다. 당신의 문제에 대해서 시장을 탓할 수는 없습니다. 그러나 스스로 책임을 진다는 태도로 '앞으로 살아가면서 닥치는 모든 문제에 어떻게 대처해야 할까?'라고는 생각해야 합니다. 이 질문에 대한 답을 얻으면 당신에게 맞는 아주 좋은 트레이딩 전략을 개발할 수 있을 겁니다.

한 예로 지금 그리스 사태가 뉴스에 나오고 있습니다. 그리스는 재정 관리를 잘못한 데 대한 책임을 지지 않고 있습니다. 요즘은 사회의 다양한 분파들 사이에서 다른 사람을 탓하거나 다른 사람이 자신들의 문제를 해결해 주기를 바라는 경향이 있습니다. 갈수록 스스로 책임을 지려는 태도가 줄어들고 있죠. 저는 그게 올바른 방향이라고 전혀 생각하지 않습니다. 요즘 전 세계적으로 재정 문제를 겪는 정부가 많은 것 같습니다. 계속 디폴트 사태가 늘어나고 있습니다.

아르헨티나는 그렇게 좋아 보이지 않고, 베네수엘라는 재난 상태입니다. 미국은 세수보다 훨씬 많은 지출을 하고 있습니다. 조만간 이 모든 게 무너지기 시작할 겁니다. 그때 세상이 어떻게 대처할지 모르겠습니다. 굉장히 혼란스러울 거예요. 전 세계적으로 재정 문제에 시달리는 정부가 많아질 겁니다. 사람들이 국공채를 사서 정부에 돈을 주는 걸 멈추거나 돈을 너무 많이 찍어 내서 화폐 가치를 낮추거나 부풀리면 해당 국가의 국민들이 고생하게 됩니다. 사람들이 책임을 지지 않으면 고약한 상황이 벌어질 겁니다.

제게 스스로 책임을 지는 태도가 지니는 의미는 마음의 평화를 얻는 것과 같습니다. 그건 살면서 겪는 문제에 속수무책으로 당하지만 않고 대처할 능력이 있다는 걸 아는 데서 나옵니다.

모든 일에 대해 책임을 지려고 노력하면 문제에 더 잘 대처할 수 있습니다. 또한 삶을 좋은 방향으로 이끌고, 사회뿐 아니라 트레이딩 전략에 긍정적인 기여를 할 수 있습니다. 스스로 책임을 지는 태도가 이 모든 걸 개선합니다.

애런   '여정을 즐겨라'라는 말을 자주 하시죠. 트윗 마지막에 이 말을 넣는 경우도 많고요. 아주 간단한 말이지만 더 깊은 메시지가 담겨 있는 것 같아요. 거기에 대해 말씀해 주시겠습니까? 이 말의 의미는 무엇인가요?

톰   거기에는 철학적인 의미가 있습니다. 삶은 여행과 같아요. 오르막길과 내리막길이 있고, 예기치 못한 일들이 생기죠. 그리고 결국에는 죽어요. 그러니까 여정을 즐기는 게 나아요.

사람들은 어떤 일에 지나치게 빠져드는 것 같습니다. 저는 트레이딩에 너무 중독되어서 그만두지 못하는 수많은 트레이더를 알고 있습니다. 그들은 자신의 정체성이 트레이더라고 생각해요. 반면 아버지이자, 남편이자, 이웃이 자신의 정체성이라고는 생각하지 않죠. 그저 트레이딩이라는 일에 완전히 빠져 있습니다.

교사, 세일즈맨, 그늘막과 블라인드를 설치하는 사람에 대해서도 같은 말을 할 수 있습니다. 제가 댈 수 있는 온갖 사례가 있습니다. 은퇴할 나이가 한참 지났는데도 일을 그만두지 못하는 친구들이 있습니다. 자신을 그 일과 동일시하기 때문이에요. 그들은 그 일을 하는 자신 외에 다른 정체성을 만들지 않았습니다.

여정을 즐기라는 말은 그저 삶을 영화처럼 보라는 의미입니다. 영화처럼 여정을 즐기라는 거죠. 거기에는 예상하지 못한 반전이 있습니다. 우리는 웃고, 감동합니다. 그 모든 걸 즐길 수 있어야 해요. 삶은 짧으니까요. 그러니 즐기지 못할 이유가 있을까요? 정말로 그것 말고 다른 일은 할 필요가 없습니다. 시장이 하락할 때도 마찬가지예요. "여정을 즐겨요."

이 인터뷰를 하려는 시점에 하락 신호가 나왔습니다. 아직 장 중반인데 말이죠. 헤지가 발동되는 걸 보고 트위터에 그 사실을 알리는 트윗을 올렸습니다. 그러자 팔로워가 5명 늘었어요. 저의 트윗이 사방으로 공유된 것이죠. 이런 일들이 제게는 다소 이상하게 느껴집니다. 금전적인 측면에서 오늘은 손해가 난 날이에요. 그래도 시장 하락폭만큼은 아니니까 그 점은 좋죠. 리스크를 조금은 방지한 것 같습니다. 시장이 계속 내려가면 정말 다행이죠. 그러나 내일 시장이 반등하면 다시 멍청해 보일 거예요. 하지만 저는 그래도 괜찮습니다. 여정을 즐기고 있으니까요.

오늘 저녁에 멋진 요리를 만들 겁니다. 저녁 시간을 즐길 것이고, 시장에 대한 생각은 많이 하지 않을 겁니다. 내일도 다시 같은 일을 할 겁니다. 계속 여정을 즐길 거예요.

참고문헌

Basso, Thomas F. "Adding Low Sharpe Ratio Investments Can Increase Your Sharpe Ratio." Trendstat Capital Management.

Basso, Thomas F. "Algorithmic Trading Is Getting A Bad Rap." Trendstat Capital Management, November 28, 2018.

Basso, Thomas F. "CTA Cycles – Surges follow the declines." Trendstat Capital Management, December 1999.

Basso, Thomas F. "Currency Investing – Increasing Net Worth While Protecting Net Wealth." Trendstat Capital Management.

Basso, Thomas F. "Good Trading Is Not Rocket Science." Trendstat Capital Management.

Basso, Thomas F. "Some Leverage is Good, Too Much is Dangerous." Trendstat Capital Management.

Basso, Thomas F. "Study of Time Spent in Trending and Sideways Markets." Trendstat Capital Management, March 1999.

Basso, Thomas F. "Ten Rules to Consider When Investing Your Money." Trendstat Capital Management.

Basso, Thomas F. "The ETR Comfort Ratio." Trendstat Capital Management.

Basso, Thomas F. "The Value Added of Asset Allocation Combined with Rebalancing." Trendstat Capital Management, May 12, 2000.

Basso, Thomas F. "Thoughts on Good Investing Psychology in the Midst of

Turmoil." Trendstat Capital Management, September 17, 2001.

Basso, Thomas F. "Time Stocks Spent in Up, Down and Sideways Markets (2018 Update)." Trendstat Capital Management, October 2, 2018.

Basso, Thomas F. "Timing the Market Revisited." Trendstat Capital Management.

Covel, Michael, host. "Ep. 10: Tom Basso Interview with Michael Covel on Trend Following Radio." Trend Following Radio, April 25, 2012. http://trendfollowingradio.com/tom-basso-interview-trend-followingmanifesto-with-michael-covel.

Covel, Michael, host. "Ep. 83: Tom Basso Interview #2 with Michael Covel on Trend Following Radio." Trend Following Radio, November 28, 2012. http://trendfollowingradio.com/tom-basso-interview-2-trendfollowing-manifesto-with-michael-covel.

Covel, Michael, host. "Ep. 200: Tom Basso Interview #3 with Michael Covel on Trend Following Radio." Trend Following Radio, January 10, 2014. http://trendfollowingradio.com/ep-200-tom-basso-interview-3-with-michael-covel-on-trend-following-radio.

Covel, Michael, host. "Ep. 306: Tom Basso Interview #4 with Michael Covel on Trend Following Radio." Trend Following Radio, January 1, 2015. http://trendfollowingradio.com/ep-306-tom-basso-interview-4-with-michael-covel-on-trend-following-radio.

Covel, Michael, host. "Ep. 700: Tom Basso Interview #4 with Michael Covel on Trend Following Radio." Trend Following Radio, October 8, 2018. http://trendfollowingradio.com/ep-700-tom-basso-interviewwith-michael-covel-on-trend-following-radio.

Covel, Michael. *The Complete TurtleTrader.* New York: HarperCollins, 1337.

Covel, Michael. *The Little Book of Trading.* New Jersey: John Wiley & Sons, Inc., 1344.

Covel, Michael. *Trend Following 5th Edition.* New Jersey: Pearson Education, Inc., 1344.

Covel, Michael. *Trend Commandments.* New Jersey: John Wiley & Sons, Inc., 1345.

Fifeld, Aaron, host. "Ep. /3: The logic of trend following, and how to improve your trader psychology with Market Wizard, Tom Basso."

Chat With Traders, July 11, 1348. https://chatwithtraders.com/ep-3/3-tom-basso.

Lundell, Dean. "Guide to Becoming a CTA." Chicago Mercantile Exchange, 1332.

추세추종 투자전략

초판 1쇄 발행 2023년 7월 21일
2쇄 발행 2023년 9월 22일

지은이 마이클 코벨
옮긴이 김태훈

펴낸곳 ㈜이레미디어
전화 031-908-8516(편집부), 031-919-8511(주문 및 관리)
팩스 0303-0515-8907
주소 경기도 파주시 문예로 21, 2층
홈페이지 www.iremedia.co.kr   **이메일** mango@mangou.co.kr
등록 제396-2004-35호

편집 이병철, 주혜란 **디자인** 황인옥 **마케팅** 김하경
재무총괄 이종미 **경영지원** 김지선

ISBN 979-11-91328-92-9 (03320)

· 가격은 뒤표지에 있습니다.
· 잘못된 책은 구입하신 서점에서 교환해드립니다.
· 이 책은 투자 참고용이며, 투자 손실에 대해서는 법적 책임을 지지 않습니다.

당신의 소중한 원고를 기다립니다.
mango@mangou.co.kr